Colaboração Premiada

A palavra do colaborador como meio de prova e a busca da verdade

Felipe Carvalho Gonçalves da Silva

Colaboração Premiada

A palavra do colaborador como meio de prova e a busca da verdade

G|Z
EDITORA
Rio de Janeiro
2021

1ª edição - 2021

Diagramação
Olga Martins

CIP – Brasil. Catalogação-na-fonte.
Sindicato Nacional dos Editores de Livros, RJ.

S58c

Silva, Felipe Carvalho Gonçalves da

Colaboração premiada: a palavra do colaborador como meio de prova e a busca da verdade / Felipe Carvalho Gonçalves da Silva. - 1. ed. - Rio de Janeiro: GZ, 2021.

194 p.; 24 cm.

Inclui bibliografia e índice

ISBN 978-65-5813-012-3

1. Delação premiada (Processo penal). 2. Processo penal. 3. Crime organizado. I. Título.

21-68876

CDU: 343.2

contato@editoragz.com.br
www.editoragz.com.br

Av. Erasmo Braga, 299 – Sala 202 – 2º andar – Centro
CEP: 20020-000 – Rio de Janeiro – RJ
Tels.: (0XX21) 2240-1406 / 2240-1416 – Fax: (0XX21) 2240-1511

Impresso no Brasil
Printed in Brazil

Ao meu pai, Anibal Neto, meu exemplo de honradez e de fraternidade. Minha fortaleza.

À minha mãe, Angela Maria, fonte de dedicação para os estudos. Minha persistência se deve a ela. Sempre presente nas horas certas, boas ou difíceis. Dona do melhor colo do mundo.

À Daniele, minha amada esposa. Companheira, amiga, confidente. Não poderia haver mãe mais zelosa para os meus filhos.

Aos meus filhos Bernardo e Helena. Meus amores mais genuínos. Por quem tenho a vontade de andar de cabeça erguida e reproduzir as lições passadas pelos meus pais.

AGRADECIMENTOS

Há muito pelo que agradecer. Não sei exatamente a quem. Sou grato a muita gente. Agradeço a Deus, por ter feito o universo conspirar a meu favor. Por colocar tantos seres iluminados na minha vida.

Mas alguns nomes eu não poderia esquecer.

Ao professor desde a graduação, Humberto Dalla, pessoa responsável por fazer acordar a vontade, até então adormecida, de eu voltar a me dedicar à atualização e ao aprofundamento no Direito Processual. Sua vocação à docência é algo bonito de se ver. Nunca me esquecerei da sua mão estendida.

Ao Professor Flavio Mirza, uma das pessoas mais estudiosas e inteligentes que conheço. Meu agradecimento pela paciência e disponibilidade para os colóquios.

Ao Professor Aluisio Mendes, pelas lições acadêmicas e contagiante entusiasmo com que leciona.

Ao Professor Roberto de Aragão Ribeiro Rodrigues, pela acuidade com a qual revisou este trabalho e realizou sugestões.

Ao meu amigo Daniel Vianna, colega de toga, trocador de ideias e materiais, um achado que a UERJ me proporcionou.

Aos amigos da faculdade e da vida, Henrique Aragão, Luiz Marcelo Góis, Rodrigo Timóteo e Maxi Beyloni, pelo constante incentivo.

Ao meu irmão, André Gonçalves, amigo de todas as horas.

À Larissa do Nascimento de Oliveira, pelo valioso auxílio com a pesquisa bibliográfica.

APRESENTAÇÃO

A sociedade contemporânea vem sofrendo transformações em uma velocidade jamais vista na história. As inovações tecnológicas, as novas formas de relacionamentos sociais, bem como o fluxo de informação e mercadorias, demandam constantemente respostas do Estado à nova realidade. A ordem constitucional, a legislação ordinária, a jurisprudência e a doutrina recebem *inputs* da sociedade, da economia e da política. Como não poderia deixar de ser, a ciência processual penal também sofreu transformações profundas nas últimas décadas. Ainda baseada em um código de processo penal de origem fascista da década de 40 do século passado, o processo penal foi reinterpretado pela nova ordem constitucional, dando-lhe feição humanista, valorizando os direitos fundamentais do indivíduo. O avanço civilizatório decorrente dos limites do poder estatal de punir foi a maior transformação na ciência processual penal, após a Constituição Federal de 1988.

Por outro lado, fundamental para o exercício do *ius puniendi* do Estado, resguardando as garantias fundamentais do indivíduo, o processo penal também teve que se modernizar em novas técnicas de produção de provas, com o intuito de resguardar função precípua do direito penal, a proteção dos bens jurídicos. A vida, a integridade física e psicológica do indivíduo, a liberdade, a propriedade, a probidade administrativa, a economia popular, o meio ambiente, dentre tantos outros direitos tutelados pelo Estado, são caros à sociedade. O processo penal precisa de instrumentos de efetividade para reconstruir o passado e evitar a impunidade e o sentimento generalizado de insegurança.

A macrocriminalidade, consubstanciada nas organizações criminosas modernas, é muito bem estruturada, complexa e poderosa, o que leva a uma excessiva dificuldade em combatê-la. Esse problema social atinge várias nações democráticas. A colaboração premiada e novas técnicas de investigação, como o afastamento dos sigilos de dados bancários, fiscais, telemáticos de e-mails, nuvens de armazenamento de dados e telefônicos, foram introduzidas no ordenamento pátrio com o fim de melhor reconstruir o passado e aplicar de forma eficiente o direto penal. Todas essas modernas técnicas devem ser aplicadas atendendo aos princípios constitucionais e o respeito aos direitos fundamentais do cidadão.

O instituto da colaboração premiada vem sendo aperfeiçoado e muito utilizado durante os últimos anos em investigações de grande repercussão nacional. Infelizmente, ao adentrar no campo político partidário, a discussão teórica desvirtuou-se da racionalidade, sendo contaminada pela paixão humana. O instituto não é novo no ordenamento jurídico do Brasil, tampouco em dezenas de países no mundo. A presente obra é um alento ao trazer o tema de forma clara, dialética e profunda.

Objeto de profunda reflexão nessa obra, o tema colaboração premiada foi esmiuçado desde seu suporte no direito constitucional aos novos regramentos jurídicos legais. Sua gênese e sua regulamentação contextualizam o instituto e orientam a sua aplicação prática. De forma didática e profunda, a obra adentra à ciência processual discutindo as bases da reconstrução da verdade e das provas. Sua abordagem abre novos caminhos ao leitor para o debate sobre pontos processuais relevantes para o correto e justo exercício da jurisdição penal. As novas regras processuais introduzidas no ordenamento por leis como da organização criminosa e outras afins, delimitam e esclarecem a forma e a efetividade da utilização do instituto. A tendência da utilização desse negócio jurídico processual e seus riscos também são abordados de forma dialética e racional, demonstrando sua possível aplicação no contexto de resguardo aos direitos fundamentais do indivíduo sem perder a eficiência na proteção de bens jurídicos. Assim, não restam dúvidas ao leitor de que a obra se abre ao debate, esclarecendo e revelando caminhos para o desenvolvimento de um pensamento jurídico a respeito do tema.

Ao ser convidado para a apresentação desse livro, não esperava outro resultado da sua leitura. O presente estudo é fruto de um trabalho minucioso, de muita dedicação e maturidade do autor em sua dissertação de mestrado na Universidade do Estado do Rio de Janeiro (UERJ). Felipe Carvalho Gonçalves da Silva é Juiz de Direito no Estado do Rio de Janeiro desde 2006. Foi Defensor Público do Estado do Rio de Janeiro tendo vasta experiência na área criminal. Reconhecida a competência de sua atuação pelos seus pares, exerce atualmente a presidência da Associação dos Magistrados do Estado do Rio de Janeiro (AMAERJ) no biênio 2020/2021. Sua atuação ponderada e corajosa em processos de investigações criminais sobre organizações criminosas do tráfico de drogas e da milícia presentes no Rio de Janeiro restringiu sua liberdade e de sua família. Passaram anos escoltados pela polícia sob a ameaça de integrantes dessas organizações criminosas. O autor chegou a sofrer um covarde ataque à sua vida. Sua dedicação à magistratura também é reconhecida na atuação eleitoral. Atuou de forma independente e zelosa em causa de impacto na seara política eleitoral, sempre tendo o respeito de todos àqueles que com ele trabalharam. O exercício do múnus de parte e de Juiz no processo em outras áreas do direito lhe conferiu capacidade de melhor analisar os temas sempre aberto às argumentações e pensamentos diversos.

Minha admiração, respeito e carinho pelo autor, só aumentam o orgulho de ver esta importante conquista realizada. Aqueles que o conhecem entendem que a fala ponderada e, por vezes, reservada do primeiro contato, cativa a todos com lealdade e afeto. O convívio mais próximo permite conhecer seu humor refinado e o bom sujeito que tanto agrada as pessoas. Por onde passa faz amigos e conquista a admiração de todos. Nesse longo período de experiências compartilhadas, fico feliz por ter sido parte integrante de seu aprendizado e história de vida.

Aproveito a oportunidade para saudar a afetuosa família do autor que é um ponto essencial na construção do seu caráter. Seus pais, esposa e filhos que sofreram as angústias e riscos do exercício independente da magistratura e são o seu suporte de amor e carinho. Em uma amizade de mais de 25 anos, uma amizade para vida inteira, finalizo parabenizando Felipe Carvalho pelo trabalho realizado e convidando o leitor a desfrutar da importante leitura.

Rio de Janeiro, 09 de julho de 2020.

Rodrigo Timoteo da Costa e Silva
Procurador da República
Integrante da Força-Tarefa da Operação Lava Jato no Estado do Rio de Janeiro

PREFÁCIO

O acordo de colaboração premiada é negócio jurídico processual e meio de obtenção de prova disciplinado na Lei 12.850/2013. Surgiu com o escopo de conferir maior eficiência ao combate ao crime organizado, especialmente aos crimes do colarinho branco. Buscou pôr fim à compreensão de que crimes corporativos não são alvo de adequada persecução penal e de que o Estado se mostra leniente com a corrupção.

O instituto traz a lume um novo modelo de contraditório, de viés consensualista. Confere, ainda, acentuada mitigação ao dogma da indisponibilidade da ação penal, tornando possível ao Ministério Público não oferecer a denúncia quando preenchidas os requisitos da Lei 12.850/2013. Sendo amplamente utilizado no direito italiano e no direito estadunidense, contribui para a redução do tempo da persecução penal e da sensação de impunidade que se faz presente quando criminosos retardam indevidamente a conclusão de processos criminais.

Em tempo, ao se debruçar sobre os pressupostos teóricos e práticos dos acordos de colaboração e ao confrontá-los com a realidade institucional para a qual essa ferramenta foi transplantada, o autor lança luzes para infirmar as dúvidas que pairam sobre o tema. Primeiramente, o autor apresenta os fundamentos do direito processual e destaca a função da prova. Em seguida, dedica-se a estudar o aspecto histórico do instituto da colaboração premiada, contextualizando-o em relação às tendências do Direito comparado. Passa então a apresentar as principais distinções terminológicas desse instrumento. Por fim, aborda a palavra do colaborador e seu papel no processo penal.

A substanciosa obra de Felipe Carvalho Gonçalves da Silva inegavelmente contribui para a formação de conhecimento sobre o nosso microssistema processual penal, especialmente no campo probatório. A pesquisa foi desenvolvida durante o curso de mestrado na Universidade do Estado do Rio de Janeiro, sob a orientação do eminente Professor Dr. Humberto Dalla Bernardina de Pinho.

Durante a leitura, é possível perceber como o autor alia os conhecimentos teóricos da academia com a visão prática da sua experiência profissional. Desde 2006, Felipe Carvalho Gonçalves da Silva é Juiz de Direito do Tribunal de Justiça do Rio de Janeiro, tendo sido antes Defensor Público do mesmo Estado. Exerce atualmente a presidência da Associação dos Magistrados do Estado do Rio de Janeiro (AMAERJ) no biênio 2020/2021. Honra-me sobremaneira prefaciar a sua obra, ao passo que detenho, desde já, a plena certeza de sua indubitável contribuição para a teoria e para a prática do Direito.

Brasília, 21 de agosto de 2020.

Luiz Fux
Ministro do Supremo Tribunal Federal

SUMÁRIO

INTRODUÇÃO

No cenário brasileiro atual, eclodem diariamente escândalos sobre grandes esquemas de corrupção e operações de combate à criminalidade como as nomeadas "Lava Jato", "Calicute", "Carne Fraca", "Câmbio Desligo" e tantas outras, que ganham visibilidade através dos veículos midiáticos nacionais. Os mecanismos de divulgação das operações se revelam úteis para o conhecimento da população acerca da prática de corrupção e até mesmo do possível controle por ela exercido.

Em contrapartida, a espetacularização dos atos e processos que integram as operações, igualmente potencializados por meio da grande mídia, tem se tornado alvo de muitas críticas tecidas por juristas.[1]

Neste ensejo, um ponto importantíssimo não tem recebido a devida atenção: qual o valor da palavra do colaborador premiado?

Importa perquirir o valor daquilo que se obtém por meio do acordo de delação premiada, a palavra do colaborador.

Fica então a indagação: a palavra do colaborador, ainda que não ratificada em juízo, pode ser utilizada como meio de prova? Este trabalho pretende se debruçar sobre essa questão.

A prova oral vem sendo utilizada ao longo da história como importante ferramenta para solução de lides.[2] É instrumento do qual se valiam

---

1 O espetáculo midiático é ponto em comum com a Operação Mãos Limpas, que ganhou forte apoio da opinião publicada pelos veículos de imprensa, com a criação de um senso comum manipulado. "O recurso ao espetáculo midiático da operação foi outra característica da operação Mãos Limpas, que ganhou forte apoio popular: por meio da opinião publicada (e não pública), criava-se o senso comum, acrítico e manipulado. O cidadão seguia o rebanho acreditando, num contexto artificialmente criado, no fim das terríveis máfias italianas." (LEMOS, Bruno Espiñera; CALDEIRA, Felipe Machado. Delação Premiada de acusado preso. In: ESPIÑERA, Bruno; CALDEIRA, Felipe (orgs.). *Delação premiada*: estudos em homenagem ao Ministro Marco Aurélio de Mello. 2ª ed., Belo Horizonte: Editora D'Plácido, 2017, p. 77).

2 "Nos países que adotam o sistema da *common law*, a relevância da prova oral é ainda maior do que naqueles vinculados ao da *civil law*. Referindo-se à *common law*, Gian Antonio Michele e Michele Taruffo explicam: "Entre os meios de prova, dá-se relevo à superioridade do testemunho, entendido em seu mais amplo sentido, ou seja, como declaração em justiça versando sobre fatos do litígio, seja proveniente das partes, seja proveniente de um terceiro que tenha conhecimento direto dos fatos ou que possa fornecer ao juiz elementos úteis à sua valoração, graças a seus conhecimentos de cunho técnico - específico (não só jurídicos)." (MICHELE, Gian Antonio; TARUFFO, Michele. A prova. *Revista de Processo*, vol. 16, out./dez. 1979, p. 156).

os povos antigos, mesmo que predominasse a prova mística. Muitas vezes, é o único meio de prova disponível.[3]

No entanto, a confissão e o testemunho são meios de prova a serem manejados com acuidade, pois a percepção, a memória e a narrativa podem fragilizar o seu papel de reconstrução de um fato histórico.[4] Além disso, a motivação do depoente é fator que deve ser sopesado na análise da idoneidade da prova oral, especialmente quando há benefício material ou processual almejado.

A delação premiada é instituto que está presente na história da humanidade desde os escritos mais antigos, ainda que sem consequências jurídicas. No Brasil, esteve presente no período colonial português até a edição do Código de Processo do Império do Brasil de 1832, quando foi suprimido, por ter caído em desuso, vez que considerada atitude imoral.

O instituto foi reinserido no ordenamento jurídico pátrio pela Lei nº 8.072/1990, com novos contornos, influenciado pelas experiências estrangeiras europeia e norte-americana, mas, apesar de o instituto ser elogiado por boa parte dos operadores do Direito, vozes se levantaram contra o seu caráter utilitarista.

Até a edição da Lei nº 12.850/2013, a delação premiada era aplicada de forma unilateral, como causa de diminuição da pena ou flexibilização do regime de cumprimento da pena privativa de liberdade.

A Lei nº 12.850/2013 (define organização criminosa e dispõe sobre a investigação criminal, os meios de obtenção da prova, infrações penais

---

3 "Já os povos antigos, mesmo aqueles de civilização mais rudimentar, possuíam certa noção de prova. Contudo, nessa época, predominava a chamada prova mística, que sujeitava os acusados a determinados processos bárbaros e desumanos. Tais processos recorriam ao juízo dos deuses para a indicação do culpado. Para tanto, os suspeitos tinham de suportar toda sorte de sofrimentos, pois, se resistissem a eles, provariam sua inocência. Esse meio primitivo de prova denominava-se 'ordália'." (AQUINO, José Carlos G. Xavier de. *A prova testemunhal no processo penal brasileiro*, 6ª ed., São Paulo: Editora Letras Jurídicas, 2016, p. 17).

4 "Em muitos casos, somente por meio da memória e dos relatos de sujeitos observadores é possível 'presentificar' situações pretéritas que se situam no terreno de interesse do Direito, em função das suas consequências jurídicas. Sucede que se trata, como o senso comum denuncia, de um ambiente árido, impreciso e que implica grande dificuldade de atuação do sujeito cognoscente, nomeadamente pelo fato da fonte irradiadora das informações que se deseja obter: o ser humano, em toda sua complexidade de sentidos, memória, (pre)conceitos, valores e interesses. Por isso, precisamos desconfiar da única coisa digna de confiança de que dispomos para descrever nossa história: o testemunho." (CHAVES, Luciano Athayde. A prova oral e o problema da verdade no direito processual: as contribuições do construtivismo lógico-semântico. *Revista de Processo*, vol. 275, jan. 2018, p. 68).

correlatas e o procedimento criminal) trouxe o acordo de colaboração premiada como meio de obtenção de provas.

Ainda hoje, doutrinadores questionam a constitucionalidade da colaboração premiada,[5] embora o instituto tenha se revelado um poderoso instrumento de combate ao crime organizado e de investigação da verdade, pressuposto essencial da prolação da decisão justa.

A Lei das Organizações Criminosas possibilitou a realização de acordos de colaboração (delação) premiada entre o Ministério Público ou o delegado de polícia[6] e aquele que se disponha a colaborar efetiva e voluntariamente com a investigação e com o processo criminal para obtenção de um dos seguintes resultados: a) a identificação dos demais coautores e partícipes da organização criminosa e das infrações penais por eles praticadas; b) a revelação da estrutura hierárquica e da divisão de tarefas da organização criminosa; c) a prevenção de infrações penais decorrentes das atividades da organização criminosa; d) a recuperação total ou parcial do produto ou do proveito das infrações penais praticadas pela organização criminosa e; e) a localização de eventual vítima com a sua integridade física preservada.

Sem embargo da colaboração, é cediço que aquele que persegue o prêmio é naturalmente interessado no desfecho do processo.

Além disso, em seu artigo 3º, inciso I, a mencionada lei expressamente aponta o acordo realizado com o colaborador premiado como sendo um meio de obtenção de prova, sendo necessária a ratificação do depoimento em juízo.

---

5 Lucas Laire Faria de Almeida dá argumentos para a inconstitucionalidade do instituto: "Mesmo que o conceito de moral seja variável de acordo com lugar, circunstância e tempo, hoje em dia seria minimamente contraditório viver dentro de um Estado Democrático de Direito (onde há o princípio da moralidade) que sustente a traição institucionalizada. A questão ainda ultrapassa a ética e moral e colide de frente com vários princípios penais e processuais penais, elevados ao *status* de garantias constitucionais. Inicialmente já podemos verificar a violação do nexo retributivo entre o delito e a pena, com claro deslocamento da verificação da sanção (ou ausência dela) a ser aplicada ao delator arrependido, não em virtude da gravidade do crime ora imputado, mas sim de sua conduta processual (personalidade, o momento em que começou a colaborar, etc.)." (ALMEIDA, Lucas Laire Faria. Rompendo *la omertá*: considerações sobre a delação. In: ESPIÑERA, Bruno; CALDEIRA, Felipe (orgs.). *Delação premiada*: estudos em homenagem ao Ministro Marco Aurélio de Mello. 2ª ed., Belo Horizonte: Editora D'Plácido, 2017, p. 599).

6 O Plenário do Supremo Tribunal Federal, no julgamento da Ação Direta de Inconstitucionalidade (ADI) 5508, assentou a constitucionalidade da possibilidade de delegados de polícia realizarem acordos de colaboração premiada na fase do inquérito policial.

O acordo de delação premiada, tal qual a interceptação telefônica, a ação controlada, a infiltração de agente, a busca e apreensão, dentre outros institutos, é meio da obtenção de prova, conquanto a palavra do delator possa ser utilizada como elemento de convicção na demanda penal, pois a lei prevê a possibilidade de oitiva do delator, ainda que tenha sido beneficiado por perdão judicial ou não denunciado e, neste caso, renunciará ao direito ao silêncio e estará sujeito ao compromisso legal de dizer a verdade.

A partir da constatação de que o colaborador premiado é interessado no deslinde da causa, mas pode se retratar em juízo ou deixar de ratificar seu depoimento pré-processual em virtude de causas naturais (morte, doença incapacitante) ou ações humanas (ameaça, suborno, desaparecimento), importa, da mesma forma, análise do valor probatório da palavra do colaborador, quando ouvido antes do estabelecimento do contraditório. Para tanto, podem ser utilizados preceitos aplicados à prova emprestada, à confissão e ao testemunho de ouvir dizer (*hearsay*).

1
FUNDAMENTOS DO DIREITO PROCESSUAL

1.1. Sociedade. Estado. Constitucionalismo. Separação de Poderes

A organização em sociedade permite ao homem o desfrute de um sem-número de vantagens, ao mesmo tempo em que impõe restrições que podem colocar em xeque o próprio direito de liberdade. Apesar das limitações, ainda não se descobriu uma forma melhor de viver que não em sociedade. Filósofos, sociólogos, antropólogos, juristas, se debruçam sobre a questão, havendo aqueles que sustentam que o homem é um ser naturalmente sociável (teoria naturalista), a exemplo de Aristóteles[1], Cícero[2], São Tomás de Aquino[3], e modernamente, Ranelletti[4], e tantos outros que defendem que a sociedade é um ato de escolha humana, um contrato (teoria contratualista), como propõem Thomas Hobbes, na sua célebre obra *Leviatã*, Montesquieu, em *O espírito das leis*, e Rousseau em *O contrato social*.[5]

---

1 ARISTÓTELES. *Política*. Tradução de José Oscar de Almeida Marques. IFCH-Unicamp, Departamento de Filosofia, Campinas. Disponível em: http://www.unicamp.br/~jmarques/cursos/1998-hg-022/politica.doc. Acesso em: 02 jun. 2020.

2 CÍCERO, Marco Túlio. *Da república*. 1 ed., livro digital. eBookBrasil.com. Disponível em: http://www.ebooksbrasil.org/adobeebook/darepublica.pdf. Acesso em: 02 jun. 2020.

3 AQUINO, Santo Tomás de. *Escritos políticos de Santo Tomás de Aquino*. Tradução de Francisco Benjamin de Souza Neto. Petrópolis: Vozes, 1995.

4 RANELLETTI, Oreste. *Istituzioni di Diritto Pubblico*. 6ª ed., riv. ampl.. Padova: Cedam, 1937.

5 "Muito embora não possamos deixar de reconhecer a existência de algumas controvérsias a respeito do tema, é fato que modernamente a doutrina mais festejada tem defendido a tese segundo a qual o homem possui, independentemente de outros fatores, uma necessidade instintiva e insuperável de associação, o que, em última análise, forjou os primeiros agrupamentos sociais e, posteriormente, as sociedades primitivas (...) Em essência, ARISTÓTELES, com sua célebre afirmação 'o homem é naturalmente um animal político' (A Política, vol. I, p. 9), foi o primeiro estudioso a defender a ideia do impulso associativo natural, seguido, em Roma (sé. I a.C.), por Cícero e, na idade medieval, por SÃO TOMÁS DE AQUINO." (FRIEDE, Reis. *Curso de ciências políticas e teoria geral do Estado*: teoria constitucional e relações internacionais. 5ª ed. rev. e ampl., Rio de Janeiro: Freitas Bastos Editora, 2013. p. 32).

Indaga-se sobre a existência de finalidade nas sociedades humanas. Para os deterministas, a vida social é condicionada por leis naturais, sujeitas ao princípio da causalidade, como fatores econômicos ou geográficos e, por isso, não haveria a possibilidade de escolha de objetivo para a vida social. Já para os finalistas, haveria a possibilidade de escolha da finalidade social, livremente perseguida pelo homem. Essa finalidade a ser perseguida é o bem comum.[6]

A grande maioria das sociedades contemporâneas organiza-se por meio da constituição de Estados[7].

Dalmo Dallari refere que há três linhas de pensamento que se propõem a explicar a origem do Estado. Há autores que asseveram que o Estado sempre existiu como elemento universal na organização social humana. Uma segunda linha de pensamento advoga que as sociedades humanas existiram durante um tempo sem uma organização estatal e que os Estados foram surgindo de acordo com condições concretas que se desenvolveram nas sociedades. Para uma terceira corrente, o Estado só surgiu com elementos caracterizadores muito bem definidos, sobretudo, a soberania, condição que teria aparecido durante o feudalismo. Esses elementos culminaram na transição para o Estado Moderno (as quatro notas características do Estado Moderno, ou elementos essenciais, seriam a soberania, o território, o povo e a finalidade).[8 e 9]

O Estado Constitucional, ajustado a um sistema de princípios fundamentais, surge simultaneamente ao Estado Democrático, resultado da luta contra o absolutismo, e tem como marco a Carta Magna, instrumento de limitação imposto pelos barões ingleses ao Rei João Sem Terra em 1215.

No século XVII, a Revolução Inglesa consagrou a supremacia do Parlamento como órgão legislativo, aproximando-se da ideia de que o Estado deve ser um governo de leis, não de homens.

---

6 DALLARI, Dalmo de Abreu. *Elementos de teoria geral do estado*. 30ª ed., São Paulo: Saraiva, 2001, pp. 33-35.

7 "Todas sociedades políticas que, com autoridade superior, fixaram regras de convivência entre seus membros". Ibidem, p. 59.

8 Ibidem, pp. 21-30.

9 "O fim do Estado ou mesmo as suas finalidades, como preferem alguns, ou seja, o bem-estar de seu corpo social, foi apontado como quinto elemento essencial. Neste particular, chegou-se ao terceiro e último conceito de Estado como sendo um povo homogêneo, fixado em um território delimitado, com um governo próprio, no exercício de sua soberania, tendo como finalidade o bem-estar social." (PINTO, Kleber Couto. *Curso de teoria geral do estado* [livro eletrônico]: fundamentos do direito constitucional positivo. São Paulo: Atlas, 2013, p. 19).

No século seguinte, a reunião de vários fatores, sob a influência do jusnaturalismo, determinou o aparecimento das Constituições e a instituição dos seus princípios fundamentais.[10] Os três objetivos iniciais do constitucionalismo são: a afirmação da supremacia do indivíduo; a necessidade de limitação do poder dos governantes e a crença na racionalização do poder. Esse ambiente propiciou a edição das Constituições dos Estados Unidos da América, em 1787, e da França, em 1789/1791 e depois de muitas outras.

A limitação dos poderes do Estado justificou também a teoria da separação dos poderes, concebida como um sistema em que um legislativo, um executivo e um judiciário coexistem, harmônicos e independentes entre si, ideia incorporada ao constitucionalismo por meio da obra de Montesquieu.[11]

Uma Constituição autêntica, segundo Karl Loewenstein, deve ter os seguintes requisitos mínimos: i) a diferenciação das tarefas estatais e sua atribuição a diferentes órgãos ou detentores do poder; ii) um mecanismo que estabeleça a cooperação dos diversos detentores do poder, sendo, ao mesmo tempo, limitação e distribuição do exercício do poder; iii) mecanismos para evitar que, em caso de conflito entre os poderes, um se sobreponha ao outro; iv) um mecanismo para adaptação pacífica da ordem fundamental às mudanças sociais e políticas, v) um método racional de reforma constitucional para evitar o recurso à ilegalidade, à força ou à revolução; vi) reconhecimento expresso na Constituição de direitos e liberdades individuais, prevendo sua proteção contra a interferência de um ou de todos os detentores do poder.[12]

As Constituições surgiram em razão de aspirações liberais. No entanto, no pós-Segunda Guerra, teve início uma nova fase do constitucionalismo. Com a aprovação pela Organização das Nações Unidas da

---

10 "Nesta medida, corroborando o pensamento de Michel Miaille, não se pode deixar de aludir a que a ideologia do jusnaturalismo 'é a forma específica da legitimidade de uma ordem criada por via revolucionária. A invocação de direito natural foi sempre a forma através da qual as classes se revoltaram contra a ordem estabelecida (e) conferiram legitimidade à sua reivindicação de criar direito...'. Trata-se, portanto, da representação ideológica que tenta resolver certas contradições de uma sociedade, 'por projeção do domínio da utopia ... tem, pois, uma função prática, a de ser arma de combate'." (WOLKMER, Antônio Carlos. *Ideologia, Estado e Direito*.São Paulo: Editora Revista dos Tribunais, 1989, p. 127).

11 BONAVIDES, Paulo. *Teoria geral do estado*. 11ª ed., rev. e aum., São Paulo: Malheiros, 2018, p. 51.

12 LOEWENSTEIN, Karl. *Teoría de la Constitución*. Trad. Alfredo Gallego Anabitarte. 2ª ed., Barcelona: Ariel, 1976, p. 153.

Declaração Universal dos Direitos Humanos, em 1948, proclamaram-se direitos econômicos, sociais e culturais, com mesmo valor e eficácia dos direitos civis e políticos, que englobavam os direitos individuais. Aumentou-se, com isso, o papel político e social do Estado, que deixou de ser apenas o protetor da liberdade e dos direitos para assumir a condição de protagonista na criação de condições para efetivação desses direitos.[13] Este novo formato de constitucionalismo é conhecido como neoconstitucionalismo.[14]

O papel dos Poderes Instituídos teve significativa alteração nesse novo cenário. O Judiciário, em especial, assume o papel ativo de complementador das normas constitucionais, visando à sua efetividade. Deixa, portanto, de ser mero garantidor do respeito à legalidade estrita.

1.2. Neoconstitucionalismo. Neoprocessualismo. Garantias Fundamentais. Diálogo entre o Código de Processo Penal e o Código de Processo Civil

O neoconstitucionalismo substituiu mundo afora o positivismo jurídico. Ou, como prefere Luigi Ferrajoli, o Estado Constitucional de Direito tomou o lugar do Estado Legislativo de Direito.[15] O marco temporal global se deu com o fim da Segunda Guerra Mundial, no entanto, no

---

13 "No século XX a ideia de um nova Declaração de Direitos surgiu no final da II Guerra Mundial. O industrialismo do século XIX, ao mesmo tempo em que procurara levar às últimas consequências os princípios individualistas do liberalismo, promovera a concentração dos indivíduos que nada mais possuíam do que a força de trabalho. Com isto, iria deixar muito evidente a existência de desníveis sociais brutalmente injustos e favorecer a organização do proletariado como força política. Além disso, patenteou aos intelectuais e aos líderes não condicionados por interesses econômicos a necessidade imperiosa de se implantar uma nova ordem social, em que todos os homens recebessem proteção e tivessem acesso aos bens sociais. E a Revolução Russa, de outubro de 1917, abrindo caminho para o Estado Socialista iria despertar a consciência do mundo para a necessidade de assegurar aos trabalhadores um nível de vida compatível com a dignidade humana. Surge, então, a consciência de que os indivíduos que não têm direitos a conservar são os que mais precisam do Estado." (DALLARI, Dalmo de Abreu. Op. cit., p. 209).

14 RODRIGUES, Marco Antonio dos Santos. *A modificação do pedido e da causa de pedir no processo civil*. 1ª ed., Rio de Janeiro: LMJ Mundo Jurídico, 2014, p. 118.

15 FERRAJOLI, Luigi; MANERO, Juan Ruiz. *Dos modelos de constitucionalismo*: una conversación. 1ª ed., Editorial Trotta S.A, 2012. FERRAJOLI, Luigi apud TRINDADE, André Karam. *Crítica à imprecisão da expressão neoconstitucionalismo*. Disponível em https://www.conjur.com.br/2013-jan-19/diario-classe-critica-imprecisao-expressao-neoconstitucionalismo. Acesso em: 17 jul. 2018.

Brasil foi a Constituição Cidadã de 1988 o divisor de águas, uma vez que a partir de então o Estado Democrático Brasileiro entrou em ascensão.[16]

Espelhado no neoconstitucionalismo, o Código de Processo Civil de 2015 foi elaborado por notáveis juristas que tiveram como norte a máxima efetivação dos direitos e garantias fundamentais. É, pois, legítimo legado do movimento iniciado no Segundo Pós-guerra, cujo expoente maior foi Mauro Cappelletti,[17] fruto de processo de redemocratização após longo período de ditaduras no cenário mundial[18]. O renomado jurista promoveu verdadeira revolução ao propor novos paradigmas para o acesso à justiça, nos idos dos anos 70 do século passado.[19] A preocu-

16 "A Constituição Federal, mais do que qualquer outra, além de regular os temas constitucionais, como a organização do Estado e dos poderes, a forma e o regime do governo, assegurou um amplo rol de direitos e garantias fundamentais, trazendo ainda normas atinentes aos Direitos Civil, Penal, Tributário e Processual. No tocante ao Direito Processual, torna-se imperioso reconhecer que diante da consagração de inúmeros direitos e garantias tipicamente processuais, revelou-se uma nova conformação ao processo, seja em relação ao processo civil ou penal (e até mesmo aos procedimentos administrativos), adequada ao Estado democrático de direito. Os juristas, atentos aos efeitos expansivos dos enunciados constitucionais, passaram a reconhecer-lhes uma supremacia material e axiológica. No ponto, não podemos deixar de elencar alguns: inafastabilidade do controle jurisdicional (art. 5º, XXXV); Juízo natural (artigo 5º, XXXVII); princípio da legalidade e anterioridade da norma penal (art. 5º, XXXIX); devido processo legal (art. 5º, LIV); direito ao contraditório e à ampla defesa (art. 5º, LV); fundamentação racional das decisões e publicidade (art. 93, IX); duração razoável do processo (art. 5º, LXXVIII); princípio da presunção de inocência (art. 5º, LVII); além das garantias do *habeas corpus* (art. 5º, LXVIII); mandado de segurança (art. 5º LXIX); mandado de injunção (art. 5º, LXXI); *habeas data* (art. 5º, LXXII) e ação popular (art. 5º, LXXIII).". GABRIEL, Anderson Paiva. *O contraditório participativo no processo penal*: uma análise da fase pré-processual à luz do código de processo civil de 2015 e da Constituição. Rio de Janeiro: Gramma, 2017, pp. 7-8.

17 BARBOSA MOREIRA, José Carlos. Mauro Cappelletti. *Revista de Processo*, vol. 119, jan. 2005, pp. 299-300; MENDES, Aluisio Gonçalves de Castro; SILVA, Larissa Clare Pochmann da Silva. Acesso à justiça: uma releitura da obra de Mauro Cappelletti e Bryant Garth, a partir do Brasil, após 40 anos. *Quaestio Iuris (Impresso)*, v. 08, 2015, pp. 1827-1858.

18 RODRIGUES, Roberto de Aragão Ribeiro. Os limites do compromisso de ajustamento de conduta extrajudicial na tutela dos direitos transindividuais. *Revista Eletrônica de Direito Processual – REDP*. Volume IX. Periódico da Pós-Graduação *Stricto Sensu* em Direito Processual da UERJ, p. 698.

19 CAPPELLETTI, Mauro. *Acesso à justiça*. Traduzido por Ellen Gracie Northfleet. Porto Alegre: Sérgio Antônio Fabris Editor, 2002; CAPPELLETTI, Mauro. *Fundamental guarantees of the parties in civil litigation:* comparative constitutional, international, and social trends. Stanford: 25 Stan. L. Rev. 651, May, 1973.

pação com o acesso à justiça permanece contemporânea e é fenômeno global.[20]

Não à toa, um dos pais do atual código declarou,[21] ao comentar em recente obra coletiva, que o novo diploma adotou a teoria do processo constitucional.[22] E esse posicionamento do Código de Processo Civil é cristalino, uma vez que consagrado logo no art. 1º da Lei nº 13.105/2015.[23]

Diversos princípios substancialmente constitucionais agora estão timbrados expressamente no Código de Processo Civil: inércia – artigo 2º; acesso à justiça - artigo 3º; duração razoável do processo – artigo 4º; boa-fé – artigo 5º; cooperação – artigo 6º; igualdade de tratamento – artigo 7º; contraditório - artigos 7º, 9º e 10; publicidade – artigos 8º e 11; atendimento dos fins sociais – artigo 8º; exigências do bem comum – artigo 8º; dignidade da pessoa humana – artigo 8º; eficiência – artigo 8º;

20 HILL, Flávia Pereira. *O direito processual transnacional como forma de acesso à justiça no século XXI*: os reflexos e desafios da sociedade contemporânea para o direito processual civil e a concepção de um título executivo transnacional. 1ª ed., Rio de Janeiro: LMJ Mundo Jurídico, 2013. pp. 45-52; ANDREWS, Neil. Identifying fundamental principles of civil justice. *Revista de Processo*, vol. 178, dez. 2009, p. 107.

21 CARNEIRO, Paulo Cezar Pinheiro. Comentários ao capítulo I do título único do livro I: das normas fundamentais do processo civil. In: WAMBIER, Teresa Arruda Alvim; DIDIER Jr., Fredie; TALAMINI, Eduardo; DANTAS, Bruno (coords.). *Breves comentários ao novo código de processo civil*. São Paulo: Revista dos Tribunais, 2015, p. 57.

22 Segundo leciona Cândido Rangel Dinamarco: "Direito processual constitucional é, como está na moderna doutrina do direito processual, um sistema de princípios e garantias explicitados na Constituição e destinados a assegurar que o processo se desenvolva segundo os valores democráticos contidos naquele patamar supremo da ordem jurídica; ou 'o método consistente em examinar o sistema processual e os institutos do processo à luz da Constituição e das relações mantidas com ela' – ou ainda, em outro dizer, a 'condensação metodológica e sistemática dos princípios constitucionais do processo'." (DINAMARCO, Cândido Rangel. *Comentários ao código de processo civil – volume I (arts. 1º a 69)*: das normas processuais civis e da função jurisdicional; BONDIOLI, Luis Guilherme Aidar; FONSECA, João Francisco Naves da; GOUVÊA, José Roberto Ferreira (coords.). 1ª ed., São Paulo: Saraiva Educação, 2018. p. 49).

23 Art. 1º do Código de Processo Civil Brasileiro: "O processo civil será ordenado, disciplinado e interpretado conforme os valores e as normas fundamentais estabelecidos na Constituição da República Federativa do Brasil, observando-se as disposições deste Código."

legalidade - artigo 8º; proporcionalidade - artigo 8º; utilidade - artigo 9º, parágrafo único; motivação - artigo 11.[24]

As normas jurídicas como um todo devem ser interpretadas de modo a se amoldarem aos princípios e valores constitucionais.[25] O acesso à ordem jurídica justa é concretizado por meio das garantias fundamentais do processo.[26]

Leonardo Greco, referindo-se à classificação proposta no Luigi Paolo Comoglio, registra que as garantias fundamentais podem ser divididas em individuais e estruturais. As primeiras atendem à proteção dos direitos de cada uma das partes no caso concreto. As últimas, às condições prévias para o adequado funcionamento da estrutura judiciária. Adverte, ainda, que as garantias fundamentais abrangem em princípio tanto o Processo Civil, quanto o Penal, o Trabalhista e o Eleitoral, procurando identificar o conteúdo mínimo dessas garantias, como regras que devem ser observadas no processo judicial de todos os povos.[27]

Várias instâncias de acesso à justiça foram viabilizadas nas últimas décadas: juizados especiais cíveis e criminais, juizados de violência doméstica, justiças itinerantes, ampliação de atuação do Ministério Público e da Defensoria Pública, dentre outras.

Como a força normativa deve irrigar todo o tecido do ordenamento jurídico, o neoprocessualismo tem por desafio desenvolver uma instru-

---

24 MENDES, Aluisio Gonçalves de Castro; SILVA, Larissa Clare Pochmann da. Normas fundamentais do código de processo civil de 2015: breves reflexões. *Revista Eletrônica de Direito Processual - REDP*. Rio de Janeiro, ano 10, vol. 17, número 2, jul./dez. de 2016, pp. 38-56.

25 TROCKER, Nicolò. *Processo civile e costituzione*. Milano: Giuffrè, 1974, p. 142.

26 "Foram a constitucionalização e a internacionalização dos direitos fundamentais, particularmente desenvolvidas na jurisprudência dos tribunais constitucionais e das instâncias supranacionais de Direitos Humanos, como a Corte Europeia de Direitos Humanos que revelaram o conteúdo da tutela jurisdicional efetiva como direito fundamental, minudenciado em um série de regras mínimas a que se convencionou chamar de garantias fundamentais do processo, universalmente acolhidas em todos os países que instituem a dignidade da pessoa humana como um dos pilares do Estado Democrático de Direito." (GRECO, Leonardo. Garantias fundamentais do processo: o processo justo. In: *Estudos de direito processual*. Campos dos Goytacazes: Editora Faculdade de Direito de Campos, 2005. p. 226).

27 Ibidem, pp. 225-286.

mentalidade que torne o processo apto a produzir todos os seus escopos institucionais (jurídicos-políticos-sociais).[28 e 29]

Humberto Dalla, citado por Daniel Vargas, destaca que a jurisdição contemporânea é:

> [...] fenômeno complexo, multifacetado, com enfoque dinâmico a depender da matéria levada ao judiciário: viés garantista; viés cooperativo (atém do espaço de preservação e um espaço de cooperação - mitigação do adversarial system); um viés customizado - adaptabilidade procedimental; um viés uniformizador (evitar decisões colidentes sobre a mesma questão) função nomofilácica) (para alguns nomofilática) dos tribunais; viés coletivo - tutela dos direitos plurindividuais (tutela coletiva por meio dos julgamentos repetitivos - IRDR, repetitivos); e, por fim, um viés pacificador, diante da nova concepção do acesso à justiça.[30]

---

28 CAMBI, Eduardo. Neoconstitucionalismo e neoprocessualismo. *Panóptica*, vol. 2, n. 2, pp. 1-44, 2007; LOURENÇO, Haroldo. O neoprocessualismo, o formalismo-valorativo e suas influências no novo CPC. *Revista da EMERJ*, Rio de Janeiro, v. 14, n. 56, out./dez. 2011, p. 89.

29 "Antigamente, vigorava o entendimento de que o processo não seria apenas um instrumento, mas um produto, cujas regras deveriam ser totalmente observadas. Neste sentido, não poderia haver qualquer mínimo vício. O mais importante não era o pedido ou a justiça, mas, principalmente, não haver qualquer imperfeição; havia o chamado 'culto à forma'. Todavia, Cândido Rangel Dinamarco, na doutrina pátria, introduziu novos paradigmas na interpretação das lides processuais com a teoria da instrumentalidade do processo. Dessa forma, o processo deve ser concebido não mais como um fim em si mesmo, mas como um instrumento apto a assegurar o direito invocado (instrumentalidade negativa). Isso porque, conforme ressalta Dinamarco, a necessidade de oferecer segurança jurídica deve conviver com o princípio da liberdade e a racionalidade no exercício do poder, de modo a alcançar o desejável equilíbrio entre a legalidade e a liberdade formal. Não obstante, também se fala na instrumentalidade em seu aspecto positivo, ou seja, defende-se que por meio do processo o Estado seja capaz de realizar os escopos jurídicos, políticos e sociais da jurisdição, impondo o cumprimento dos preceitos jurídicos para a realização de justiça e, por conseguinte, da felicidade de todos." (PINHO, Humberto Dalla Bernardina de. *Direito processual civil contemporâneo*: teoria geral do processo, vol. 1, 7. ed, São Paulo: Saraiva, 2017. pp. 378-379).

30 VARGAS, Daniel Vianna. Estabilidade objetiva do IRDR: escritos sobre congruência e eficácia vinculante. In: PORTO, José Roberto Sotero de Mello; RODRIGUES, Roberto de Aragão Ribeiro (coords.). *Direito processual contemporâneo*: estudos em homenagem a Humberto Dalla Bernardina de Pinho. 1ª ed., Rio de Janeiro: LMJ Mundo Cristão, 2018. p. 133.

Vale relembrar que todos os ramos do Direito derivam de uma mesma árvore, que é o Direito Constitucional.[31]

Com relação ao Direito Processual, cabe notar que, se o Direito Processual Civil nas últimas décadas avançou a passos largos, o Direito Processual Penal caminhou a passos tímidos.

O Código de Processo Penal é diploma antigo, de estrutura obsoleta. Foi redigido por Francisco Campos, mentor da Constituição de 1937 e Ato Institucional nº 1 durante do golpe militar de 1964.[32]

Anderson de Paiva Gabriel chama atenção para o fato de que o diploma processual penal, embora editado sob a Era Vargas, tenha atravessado o populismo de João Goulart, a ditadura militar e a redemocratização.[33]

É bem verdade que nos últimos anos na seara do Processo Penal sobrevieram algumas modificações, especialmente no tocante ao exercício dos direitos ao contraditório e à ampla defesa, de igual maneira reflexos do neoconstitucionalismo,[34] *v.g.*, o interrogatório com o esclarecimento sobre o direito ao silêncio e advertência de que seu exercício não importará em prejuízo (Lei nº 10.792/2003), procedimento com interrogatório ao final (Lei nº 11.719/2008), e colheita de informações sobre a existência de filhos para eventual cumprimento de prisão preventiva em regime domiciliar (Lei nº 13.257/2016). Sem embargo, é preciso avançar muito mais.

O Código de Processo Penal não pode ficar sob a pecha de ser uma grande colcha de retalhos de normas e ideologias cunhadas por diferentes gerações. O Código de Processo Civil foi substituído duas vezes desde então e o Código de Processo Penal permanece o mesmo, cheio de cicatrizes.

---

31 GABRIEL, Anderson Paiva. Op. cit., p. 57.

32 MALAN, Diogo; MIRZA, Flávio Mirza (orgs.). *Setenta anos do código de processo penal brasileiro*: balanço e perspectivas de reforma. 1ª ed. Rio de Janeiro: Lumen Juris, 2011, p. vii.

33 GABRIEL, Anderson Paiva. Op. cit., p.16.

34 SILVA, Felipe Carvalho Gonçalves da Silva. Do reconhecimento de garantias constitucionais processuais penais pelo ordenamento jurídico: uma década de evolução. In: BALDEZ, Paulo de Oliveira Lanzellotti; CARVALHO, Luis Gustavo Grandinetti de; CASARA, Rubens Roberto Rebello; NICOLITT, André Luiz. (orgs.). *O novo regime jurídico das medidas cautelares no processo penal*. 1.ed., Rio de Janeiro: EMERJ, 2011. pp. 150-160.

Apesar de alguma resistência,[35] é forte a corrente que advoga a existência de uma Teoria Geral do Processo.[36] Há diversos pontos de contato entre o Direito Processual Civil e o Direito Processual Penal, notadamente no respeitante aos conceitos estruturais, tais como: ação; processo; procedimento; jurisdição; nulidades; provas etc. Não se infirma a importância das particularidades de cada um dos ramos, mas há muitos pontos de similitude.

São características do Direito Processual: 1) autonomia: não é submisso ao direito material; 2) instrumentalidade: é o meio para a concretização do direito material; 3) dogmatismo: é disciplina normativa própria.

Tanto o Direito Processual Civil quanto o Direito Processual Penal guardam essas características.

---

35 LOPES Jr., Aury. *Direito processual penal.* 11ª ed., São Paulo: Saraiva. p.59. Afrânio Silva Jardim de rebate os argumentos tecidos por Aury Lopes Júnior (JARDIM, Afrânio Silva. *Não creem na teoria geral do processo, mas ela existe.* Disponível em: www.conjur.com.br/2014-jul-04/afranio-jardim-nao-creem-teoria-geral-processo-ela-existe. Acesso em: 11 ago. 2018.

36 Fernando da Costa Tourinho Filho defende a existência de uma teoria geral do processo e assevera que pensam de igual maneira Frederico Marques, Carnelutti, Calamandrei, Alcalà-Zamora, Giovanni Leone, dentre outros processualistas de renome. Vale transcrever o seguinte trecho de sua obra mais famosa: "O processo, como instrumento compositivo de litígio, é um só. É por meio do processo que o Estado desenvolve sua atividade jurisdicional. Assim, Direito Processual Civil e Direito Processual Penal não passam de faces de um mesmo fenômeno, ramos de um mesmo tronco que cresceu por cissiparidade. Observa Giovanni Leone (*Trattato di diritto processuale penale,* v.1, p.16) que as pilastras do ordenamento processual são comuns aos dois tipos de processo: a) ambos têm a mesma finalidade (atuação do Poder Jurisdicional); b) em ambos a intervenção do Poder Jurisdicional é condicionada ao exercício da ação; e, finalmente, c) ambos se iniciam, se desenvolvem e se concluem com a participação de três sujeitos: autor, réu e juiz. Nas suas linhas estruturais, não divergem os Processo Civil e Penal. Muitos institutos de um e de outro são idênticos. Que é ação senão um direito público, subjetivo, qual o de provocar a atuação dos órgãos jurisdicionais? Não têm razão, por acaso, Alcalà-Zamora e Carnelutti, ao afirmarem que todas as ações de todos os ramos do Direito Processual têm caráter público, dado que se dirigem ao estado para obter a atuação de seus órgãos jurisdicionais? (cf. Derecho. cit., v.2, p. 69, e Sistema, cit., n. 356)." (TOURINHO FILHO, Fernando da Costa. *Processo penal.* vol.1. 20ª ed. rev., mod. e ampl. São Paulo: Saraiva, 1998. pp. 20-21). José Carlos Barbosa Moreira foi um dos grandes defensores da Teoria Geral do Processo, o que transparece em diversas obras, vide, *e.g.*: BARBOSA MOREIRA, José Carlos. A Constituição e as provas ilicitamente adquiridas. *Revista de Direito Administrativo.* Rio de Janeiro, n. 205, jul.-set. 1996, p. 19; ______. Provas atípicas. *Revista de Processo,* vol. 76, out./dez. 1994, pp. 114-126; ______. Processo civil e processo penal: mão e contramão? *Revista dos Tribunais,* vol. 985, nov. 2017, pp. 385-399.

Neste sentido, transcreve-se a salutar lição de Humberto Dalla:

> Distinguem-se, na doutrina, duas correntes acerca da sistematização do direito processual: a que acredita na unidade de uma teoria geral do processo (unitarista) e a que sustenta a separação entre a ciência processual civil e penal, por constituírem ramos dissociados, com institutos peculiares (dualistas). No entanto, a posição mais adequada, a nosso ver, é a que entende pela existência de uma única Teoria Geral do Processo, tendo em vista que a ciência processual, seja penal, seja civil, ou até mesmo trabalhista, obedece a uma estrutura básica, comum a todos os ramos, fundada nos institutos da ação, da jurisdição e do processo.
>
> Importante destacar que novos e modernos diplomas, como a Lei Maria da Penha - Lei n. 11.340/2006, que visa a prevenir e reprimir a violência doméstica, adotam a sistemática de juízos híbridos, sugerindo a criação de varas especializadas, com competência civil e criminal, de modo a facilitar o acesso à Justiça e conferir proteção mais efetiva à vítima de tais situações de violência.
>
> Dessa forma, o estudo da Teoria Geral do Processo é fruto da autonomia científica alcançada pelo direito processual e tem como enfoque o complexo de regras e princípios que regem o exercício conjunto da jurisdição pelo Estado-Juiz; da ação, pelo demandante (e da defesa, pelo demandado); bem como os ensinamentos acerca do processo, procedimento e pressupostos.
>
> As normas genéricas definidas pela Teoria Geral do Processo dizem respeito ao Processo, à Ação e à Jurisdição. Esses elementos integram a chamada Trilogia estrutural do Processo, porque são institutos básicos dos ramos do direito processual.[37]

O Código de Processo Penal, em seu artigo 3º, admite a interpretação extensiva e aplicação analógica, bem como o suplemento dos princípios gerais de direito.[38]

Há casos em que o Código de Processo Penal é aplicado supletivamente a disposições de Processo Civil. É o caso do artigo 28 do CPP, que é empregado por analogia ao rito das ações civis, quando membro do Ministério declina da atuação em feito que, para o Magistrado, existe interesse público em discussão. A referida norma foi alterada pela Lei nº

37 PINHO, Humberto Dalla Bernardina de. Op. cit., pp. 52-53.

38 TOURINHO FILHO, Fernando da Costa. Op. cit., pp. 170-171; NUCCI, Guilherme de Souza. *Código de processo penal comentado.* 5ª ed. rev., atual. e ampl., São Paulo: Revista dos Tribunais, 2006, p. 72.

13.964/19, mas permanece aplicável, uma vez que a redação dada ao artigo 28 do CPP pela Lei Anticrime se encontra suspensa em virtude de decisão liminar proferida pelo Ministro do Supremo Tribunal Federal Luiz Fux em 22 de janeiro de 2020.[39]

Cite-se outro exemplo: o artigo 152 do Estatuto da Criança e do Adolescente (ECA) prevê a aplicação subsidiária das normas gerais previstas na legislação processual pertinente. No rito para apuração dos atos infracionais, estabelecido a partir do artigo 103, aplicam-se supletivamente as garantias processuais penais – não obstante o artigo 198 do estatuto determinar a observância do sistema recursal do Código de

39 "DIREITO CONSTITUCIONAL. DIREITO PROCESSUAL PENAL. ART. 3º-A, 3°-B, 3°- C, 3°-D, 3°-E e 3°-F DO CPP. JUIZ DAS GARANTIAS. REGRA DE ORGANIZAÇÃO JUDICIÁRIA. INCONSTITUCIONALIDADE FORMAL. ARTIGO 96 DA CONSTITUIÇÃO. INCONSTITUCIONALIDADE MATERIAL. AUSÊNCIA DE DOTAÇÃO ORÇAMENTÁRIA PRÉVIA. ARTIGO 169 DA CONSTITUIÇÃO. AUTONOMIA FINANCEIRA DO PODER JUDICIÁRIO. ARTIGO 96 DA CONSTITUIÇÃO. IMPACTO SISTÊMICO. ARTIGO 28 DO CPP. ALTERAÇÃO REGRA ARQUIVAMENTO. ARTIGO 28-A DO CPP. ACORDO DE NÃO PERSECUÇÃO PENAL. SISTEMA DE FREIOS E CONTRAPESOS ENTRE ACUSAÇÃO, JUIZ E DEFESA. ARTIGO 310, §4º, DO CPP. RELAXAMENTO AUTOMÁTICO DA PRISÃO. AUDIÊNCIA DE CUSTÓDIA. PROPORCIONALIDADE. FUMUS BONI IURIS. PERICULUM IN MORA. MEDIDAS CAUTELARES PARCIALMENTE DEFERIDAS. 1. A jurisdição constitucional, como atividade típica deste Supremo Tribunal Federal, diferencia-se sobremaneira das funções legislativa e executiva, especialmente em relação ao seu escopo e aos seus limites institucionais. Ao contrário do Poder Legislativo e do Poder Executivo, não compete ao Supremo Tribunal Federal realizar um juízo eminentemente político do que é bom ou ruim, conveniente ou inconveniente, apropriado ou inapropriado. Ao revés, compete a este Tribunal afirmar o que é constitucional ou inconstitucional, invariavelmente sob a perspectiva da Carta da 1988. (...) (c) Artigo 28, caput, Código de Processo (c1) Viola as cláusulas que exigem prévia dotação orçamentária para a realização de despesas (Artigo 169, Constituição), além da autonomia financeira dos Ministérios Públicos (Artigo 127, Constituição), a alteração promovida no rito de arquivamento do inquérito policial, máxime quando desconsidera os impactos sistêmicos e financeiros ao funcionamento dos órgãos do parquet; (c2) A previsão de o dispositivo ora impugnado entrar em vigor em 23.01.2020, sem que os Ministérios Públicos tivessem tido tempo hábil para se adaptar estruturalmente à nova competência estabelecida, revela a irrazoablidade da regra, inquinando-a com o vício da inconstitucionalidade. A vacatio legis da Lei n. 13.964/2019 transcorreu integralmente durante o período de recesso parlamentar federal e estadual, o que impediu qualquer tipo de mobilização dos Ministérios Públicos para a propositura de eventuais projetos de lei que venham a possibilitar a implementação adequada dessa nova sistemática; (c3) Medida cautelar deferida, para suspensão da eficácia do artigo 28, caput, do Código de Processo Penal; (...) (MEDIDA CAUTELAR NA AÇÃO DIRETA DE INCONSTITUCIONALIDADE 6.299 DISTRITO FEDERAL, Rel. Min. Luiz Fux, data da decisão: 22/01/2020)." Disponível em: https://www.conjur.com.br/dl/fux-liminar-juiz-garantias-atereferendo.pdf. Acesso em 02 de junho de 2020.

Processo Civil, com adaptações dispostas na própria Lei nº 8.069/90. Assim, o adolescente é cientificado sobre o direito ao silêncio antes da sua oitiva, conforme sufraga o artigo 186, *caput* e parágrafo único do Código de Processo Penal. Ademais, muitos magistrados deferem que a oitiva do adolescente representado seja realizada após a produção da prova testemunhal, tal qual ocorre nos modernos ritos do processo penal. Há, portanto, verdadeiro diálogo das fontes[40] entre as diversas leis de cunho processual.[41]

Nesse sentido, foi aprovado na I Jornada de Direito Processual Civil do Centro de Estudos Judiciários do Conselho da Justiça Federal, realizada nos dias 24 e 25 de agosto de 2017, em Brasília, o Enunciado nº 3:"*As disposições do CPC aplicam-se supletiva e subsidiariamente ao Código de Processo Penal, no que não forem incompatíveis com esta Lei.*"

Inexiste vedação para a aplicação do Código de Processo Civil ao Processo Penal, não obstante tal previsão, antes constante no Projeto de Lei do Senado nº 166, ter sido suprimida do art. 15.[42]

Cabe diferenciar interpretação extensiva, analogia e interpretação analógica. A interpretação extensiva é aplicada quando a lei disse menos do que queria. Assim, quando o artigo 61, inciso II, alínea "*c*", do Código Penal, refere-se à traição, emboscada, ou mediante dissimulação, ou outro recurso que dificultou ou tornou impossível a defesa do ofendido, quer apontar recursos semelhantes àqueles mencionados no texto legal. Analogia é um princípio segundo o qual a lei estabelecida para determinada hipótese fática aplica-se à outra, a despeito de inexistência de regulamentação expressa, em virtude da semelhança entre ambas. É técnica de integração aplicada aos vazios jurídicos. A título exemplificativo, mencione-se que os requisitos da carta precatória (art. 354 do CPP) são aplicados à carta rogatória (art. 368 do CPP), devido à inexistência de

---

40 MARQUES, Cláudia Lima. O "diálogo das fontes" como método da nova teoria geral do direito: um tributo a Erik Jayme. In: MARQUES, Cláudia Lima. *Diálogo das fontes do conflito à coordenação de normas no direito brasileiro*. São Paulo: Revista dos Tribunais, 2012.

41 "O diálogo das fontes deve ser norteado pelos valores constitucionais e pelos direitos humanos ou fundamentais, possibilitando influências recíprocas entre diplomas diversos (por exemplo, o PC/2015 e o CPP), bem como a aplicação conjunta de duas normas ao mesmo tempo e ao mesmo caso, seja complementarmente, seja subsidiariamente." (GABRIEL, Anderson Paiva. Op. cit., p.68).

42 SILVA, Bernardo Braga e. A influência do novo código de processo civil no processo penal. In: CARNEIRO, Paulo Cezar Pinheiro; GRECO, Leonardo; PINHO, Humberto Dalla Bernardina de (orgs.). *Direito intertemporal e o novo código de processo civil*. 1 ed., Rio de Janeiro: LMJ Mundo Jurídico, 2017, p. 306.

regulamentação expressa quanto a este ponto. Interpretação analógica é técnica utilizada para adaptação de disposição normativa imprecisa ou defeituosa. A lei possui disposição para o caso concreto, não obstante precise ser adaptada.[43] À guisa de exemplo de interpretação analógica, quando se cuida das causas de suspeição do juiz (art. 254 do CPP), deve-se incluir também o jurado, que não deixa de ser um magistrado, embora leigo.[44]

Cabe, ainda, diferenciar aplicação subsidiária de aplicação supletiva. Aplicação subsidiária se destina a suprir algo que não existe em determinada legislação, enquanto a segunda serve de ajuda ou de subsídio para a interpretação de alguma norma ou mesmo um instituto.[45]

A doutrina tem procurado estudar a influência do Código de Processo Civil sobre o Código de Processo Penal. Malgrado o artigo 15 do Código de Processo Civil de 2015 fazer referência expressa tão somente à aplicação de suas disposições de forma supletiva e subsidiária a processos eleitorais, trabalhistas ou administrativos, não há qualquer vedação pelo novel código à aplicação ao Processo Penal, conforme lecionam Flávio Mirza e Cândido Rangel Dinamarco.[46]

Desse modo, estudiosos têm enfatizado, dentre outros, os seguintes exemplos de normas constantes do Código de Processo Civil que podem ser aplicadas ao Processo Penal:[47] a) cooperação das partes – artigo 6º

43 TOURINHO FILHO, Fernando da Costa. Op. cit., pp. 170-171.

44 NUCCI, Guilherme de Souza. Op. cit., p. 72.

45 CARNEIRO, Paulo Cezar Pinheiro. Op. cit., p. 94.

46 DINAMARCO, Cândido Rangel. *Comentários ao código de processo civil – volume I (arts. 1º a 69):* as normas processuais civis e da função jurisdicional..., p. 153; MIRZA, Flávio. Valoração da prova: reflexões sobre o sistema de apreciação. In: MORAES, Carlos Eduardo Guerra de; RIBEIRO, Ricardo Lodi (coords.); MIRZA, Flávio (org.). *Direito processual – coleção Direito UERJ 80 anos.* 1ª ed., Freitas Bastos Editora, 2015, p.138.

47 MIRZA, Flávio. Op. cit., pp. 123-140; SILVA, Franklyn Roger Alves. Os efeitos do novo código de processo civil no direito processual penal. In: PORTO, José Roberto Sotero de Mello; RODRIGUES, Roberto de Aragão Ribeiro (coords.). *Direito processual contemporâneo*: estudos em homenagem a Humberto Dalla Bernardina de Pinho. 1ª ed., Rio de Janeiro: LMJ Mundo Cristão, 2018. pp. 207- 252; SILVA, Bernardo Braga e. Op. cit.; PINHO, Humberto Dalla Bernardina de; SILVA, Felipe Carvalho Gonçalves da. Prova emprestada: pontos de convergência e divergência entre a doutrina e a jurisprudência. *Revista de Processo*, vol. 275, jan./2018. pp. 163-190; KIRCHER, Luís Felipe Schneider. *Uma teoria dos precedentes vinculantes no processo penal.* Dissertação de Mestrado sob a orientação do Professor Doutor Danilo Knijnik no Programa de Pós-graduação em Direito da Universidade Federal do Rio Grande do Sul. Porto Alegre, 2017; GABRIEL, Anderson Paiva. Op. cit., pp. 57-79.

do CPC/2015; b) oportunidade de contraditório para se proceder a *emendatio libelli* - artigos 9º e 10 do CPC/2015; c) possibilidade de *translatio iudicii* - artigo 64, § 4º, do CPC/2015; d) participação de *amicus curiae* em matéria penal - art. 138 do CPC; e) convenções processuais e flexibilização - artigos 139, VI, 190 e 191 do CPC/2015; f) contagem do prazo em dias úteis - artigo 219 do CPC/2015; g) substituição de testemunhas - artigo 451 do CPC/2015; h) necessidade de fundamentação analítica - artigo 489 §1º do CPC/2015; i) uniformização de jurisprudência - artigos 926, 927, 947 e 976 do CPC/2015; j) uso da reclamação - art. 988 do CPC/2015; k) disciplina dos recursos excepcionais - artigos 1.029 a 1.041 do CPC/2015; l) fixação de honorários advocatícios na ação penal privada - artigo 85 do CPC/2015; m) utilização dos institutos da conciliação e mediação nos procedimentos em que sejam compatíveis - artigo 165 do CPC/2015; n) prazo em dobro ao Ministério Público - artigo 180 do CPC/2015; o) prazo em dobro no caso de réus patrocinados por defesas técnicas distintas - artigo 229 do CPC/2015; p) citação por hora certa - artigo 252 do CPC/2015; e q) prova emprestada - artigo 372 do CPC/2015.

No entanto, nota-se na prática forense que os julgadores são desconfiados e tímidos quanto à aplicação subsidiária do CPC de 2015 ao Código de Processo Penal. Alencar identifica o fenômeno, chamando-o de refração, ao comentar sobre a resistência dos processualistas em adotar inovações tecnológicas ao Processo Penal.[48 e 49]

48 "A novidade se contrapõe ao *status quo*. Na seara jurídica, o ortodoxo é a regra. As mudanças sofrem resistência. É uma resistência natural, eis que cria um desconforto para os que habitualmente trabalham com instrumentos muito conhecidos, notadamente o papel e as formas construídas a partir desse paradigma. Os textos legislativos, a exemplo do Código de Processo Penal de 1941, contêm regras que pressupõem o processo tradicional, a exemplo de intimações através da imprensa ou por carta precatória em forma de ofício físico. A refração que se tem ao novo vai, aos poucos, perdendo força, superando a maior opacidade inicial. A primeira forma de verificação do fenômeno é a empírica. Pela observação, percebe-se que a legislação não atende às exigências da sociedade com elevado grau de complexidade. A lei é a abstração dos casos concretos que se repetem dia a dia. A constância fática revela a necessidade de síntese de um enunciado, para resolver casos futuros. Antes da forma legal, todavia, o sistema jurídico se vale de uma técnica denominada interpretação progressiva, do art. 3° do CPP: 'a lei processual penal admitirá interpretação extensiva e aplicação analógica, bem como o suplemento dos princípios gerais de direito'. Foi com base na interpretação progressiva da lei processual penal que, mesmo antes da legislação formal, práticas que envolvem o uso de tecnologia e de meios eletrônicos, tornaram-se praxe forense." (ALENCAR, Rosmar Antonni Rodrigues Cavalcanti de. Informática jurídica e tecnologia no processo penal. *Revista dos Tribunais*, vol. 940/2014, fev. 2014, p. 284).

49 SILVA, Felipe Carvalho Gonçalves da. O registro eletrônico da prova oral e o novo

Natural, diante de uma mudança vanguardista para quem está acostumado a trabalhar com dispositivos de Processo Penal forjados quando nem sequer se falava em ondas renovatórias.

Código de processo civil. In PORTO, José Roberto Sotero de Mello; RODRIGUES, Roberto de Aragão Ribeiro (coords.). *Direito processual contemporâneo*: estudos em homenagem a Humberto Dalla Bernardina de Pinho. 1ª ed., Rio de Janeiro: LMJ Mundo Cristão, 2018. p. 170.

2
PROCESSO, VERDADE E PROVA

2.1. Finalidade do Processo

O homem é um ser que tem a necessidade de satisfazer seus desejos, aspirações, a respeito de diversos bens da vida.[1] Os interesses são múltiplos. E para regulamentar a vida em sociedade, o Estado procura tutelar o maior número possível de interesses relevantes. Quando dois homens têm interesses sobre o mesmo bem, surge o conflito de interesses. O interesse é juridicamente protegido quando o Estado lhe dá tutela por meio das ordens abstratas das leis.

Frequentemente, na busca pela satisfação de seus interesses, o homem viola normas de conduta que tutelam juridicamente interesse de outrem. Pode surgir daí o conflito.

A autodefesa é a forma instintiva de resolver os conflitos.[2] Nesta, o mais forte, poderoso ou inteligente leva a vantagem. Sendo assim, nem sempre aquele que teve o seu interesse violado sagrar-se-á vencedor do conflito. A autodefesa não foi completamente abolida pelos ordenamentos jurídicos. Entre nós, temos, por exemplo, o desforço imediato e a legítima defesa[3].

---

1 TOURINHO FILHO, Fernando da Costa. Op. cit., p. 7.

2 "O emprego da força maior devia ter sido a forma mais usual para a solução do conflito. Era a 'autodefesa'. Mas, sobre ser uma solução egoística, era por demais perigosa, pois, às vezes, como preleciona Alcalá-Zamora, o ofendido pode ser mais fraco que o autor do ataque e, assim, longe de obter a reparação do delito, ou do dano sofrido, podia experimentar um novo e mais grave ataque. E se o prejudicado não reagisse? E se por ele ninguém assumisse a defesa-vingança? A justiça privada se traduziria em impunidade (cf. *Derecho Procesal Penal*, v.1, p.10)." (Ibidem, p. 8).

3 "Autodefesa ou autotutela – Seria a forma mais primitiva de resolução de conflitos. Utiliza-se da força física contra o adversário para vencer sua resistência e satisfazer uma pretensão. Remonta ao Código de Hamurabi, que consagrou a Lei de Talião – 'olho por olho, dente por dente' -, que impunha o revide na mesma medida que a injustiça praticada, sendo utilizada, principalmente, no combate ao crime. Restringia-se à imposição de uma solução pelo mais forte sem que houvesse a afirmação da existência ou inexistência de direito, apresentando como características essenciais a ausência de juiz imparcial e a imposição do interesse da parte mais forte. Deve ser observado que a Lei de Talião trouxe apenas uma regra de proporcionalidade. O limite da agressão retribuída seria o da lesão causada. Por não garantir a justiça, mas somente a vitória do mais ousado sobre o mais tímido, tal

Outra forma de solução de conflitos é a autocomposição. Apesar de haver a possibilidade de o mais forte impor sua vontade, se for em um ambiente controlado é uma solução que pode atender aos interesses de todos os conflitantes e desafogar a tarefa estatal de solucionar os conflitos. A autocomposição está prevista no ordenamento jurídico brasileiro por meio de vários instrumentos: transação civil (arts. 840 a 850 do Código Civil); conciliação (arts. 21 a 26 da Lei nº 9.099/95 e art. 165, § 2º, do CPC/2015); mediação (art. 165, §3º, do CPC/2015 e Lei nº 13.140/2015); transação penal (arts.72 a 76 da Lei n. 9.099/95).[4]

A fim de evitar a autodefesa e regulamentar a autocomposição, o Estado chamou para si a tarefa de solucionar os conflitos de forma pacífica e justa. Para exercício dessa função, era preciso que a tarefa ficasse a cargo de um terceiro imparcial.

E somente o Estado teria legitimidade para colocar alguém nesse assento do terceiro desinteressado, administrando a Justiça. A intervenção do Estado na administração da Justiça foi paulatina. Primeiro regulamentou a "autodefesa". Depois, em alguns ordenamentos, foi proibida quanto a certas relações. Hoje, a sua permissão é bem restrita.

No ordenamento jurídico pátrio, o artigo 345 do Código Penal estatui: *"É proibido fazer justiça com as próprias mãos."*

A autodefesa é permitida para o desforço imediato, previsto no art. 1.210 do Código Civil.[5]

O Estado regulamentou ainda a heterocomposição, por meio da arbitragem, que consiste no julgamento do conflito pelo árbitro, pessoa

prática foi vedada pelos Estados modernos. Neste sentido, um passo muito importante foi a garantia do *due processo of law*, cuja origem remonta à Magna Carta (1215), pois esta impedia que qualquer pessoa fosse privada de seus bens ou de sua liberdade sem que fosse observado o devido processo legal, ficando proibida, portanto, a autotutela." (PINHO, Humberto Dalla Bernardina de. *Direito processual civil contemporâneo*: teoria geral do processo, vol. 1, pp. 45-46).

4 Ibidem, pp. 47-48; DINAMARCO, Cândido Rangel. *Instituições de direito processual civil*. vol. I. 9ª ed., rev. e atual. segundo o novo código de processo civil. São Paulo: Malheiros, 2017. pp. 210-214.

5 Art. 1.210 do Código Civil Brasileiro: O possuidor tem direito a ser mantido na posse em caso de turbação, restituído no de esbulho, e segurado de violência iminente, se tiver justo receio de ser molestado. 1º O possuidor turbado, ou esbulhado, poderá manter-se ou restituir-se por sua própria força, contanto que o faça logo; os atos de defesa, ou de desforço, não podem ir além do indispensável à manutenção, ou restituição da posse."

indicada pelas próprias partes, consensualmente.[6] A arbitragem encontra-se regulamentada pela Lei nº 9.307/96.

Ao se dirigir ao Estado a fim de que um conflito seja solucionado, o sujeito do direito supostamente violado está exercendo o seu direito de ação, manifestando a sua pretensão.

Para tanto, o artigo 5º, XXXV, da CRFB/88 estabelece o princípio da inafastabilidade da jurisdição. É por meio do processo que o Estado presta a jurisdição.

Leonardo Greco ensina que a jurisdição é a função predominantemente estatal que visa a tutelar interesses particulares através da solução dos litígios e outras providências de caráter assistencial, enquanto a ação é o direito de exigir o acesso à jurisdição, que se exerce através do processo.[7]

Pretensão é a vontade de subordinar interesse alheio ao próprio. No caso do Direito Penal, tem início com a ciência, por parte do Estado-Administração, da ocorrência de um crime. É intencional, dotado de persistência, prolongando-se no tempo, mesmo que o Ministério Público se convença de que o pedido não mereça procedência. É exteriorizada por meio da ação penal.

Lide é o conflito de interesses qualificado pela pretensão resistida. Aqui não há consenso doutrinário sobre ser condição essencial para o surgimento e desenvolvimento do processo, pois o processo é sempre necessário para aplicação da pena, ainda que o réu esteja de acordo, como no caso da justiça penal consensual.

Tourinho explica que, *"o processo é uma sucessão de atos com os quais se procura dirimir o conflito de interesses"*.[8] Pode-se dizer, também, que processo é aquela atividade que o juiz, encarregado que é de solucionar os conflitos de maneira imparcial, *secondo verità* e *secondo giustizia*, desenvolve, visando a dar a cada um o que é seu.[9]

Humberto Dalla destaca que o processo pode ser conceituado com uma definição positivista – o instrumento pelo qual a jurisdição é exercida; e uma outra pós-positivista – procedimento que, atendendo aos dita-

---

6 Idem. Ibidem, pp. 214-215.

7 "O processo é o terceiro pilar de sustentação da Teoria Geral do Processo. Os dois primeiros, como já analisado, são a jurisdição e a ação." (GRECO, Leonardo. *Instituições de processo civil*. vol. I. 5ª ed., Rio de Janeiro: Forense, 2015, p. 229).

8 TOURINHO FILHO, Fernando da Costa. Op. cit., p. 11.

9 Idem.

mes da Constituição da República, permite que o juiz exerça sua função jurisdicional.[10]

Existem bens e interesses que são tutelados penalmente pelo Estado. São direitos tidos pelo ordenamento jurídico como mais caros, muitos consagrados como fundamentais, a exemplo da vida, da honra, do patrimônio. Nesses casos, o próprio Estado, em vez do particular, exercita o direito de ação para aplicação do preceito sancionador.

Interesse é um conceito metajurídico. É o desejo, a ambição, a cobiça, o conquistar algo. É aquilo que se quer alcançar. O interesse indica uma relação entre as necessidades humanas (que são de várias ordens) e os bens da vida aptos a satisfazê-las.[11]

A pretensão punitiva surge com a prática da infração penal. O Estado, no exercício de sua função legislativa, produz leis penais que impõem sanções para o caso de transgressão aos mandamentos proibitivos. Há um dever de abstenção da prática dos atos tidos como ilícitos penais. Quando alguém pratica a conduta vedada pela norma penal, o direito de punir - *jus puniendi* – transforma-se de abstrato para concreto. Surge para o Estado o dever de aplicar pena ao autor da conduta proibida e o direito de exigir que o interesse do transgressor de conservar sua liberdade seja subordinado ao seu interesse em puni-lo, por meio de aplicação de pena prevista legalmente.

Importa notar que o Estado, ao mesmo tempo que é o titular da pretensão punitiva, também é o responsável por tutelar o direito de liberdade do acusado. Assim, o Estado não pode autoexecutar o seu poder punitivo. É preciso que o Estado crie um ambiente provido de garantias para o desenvolvimento da lide. É por essa razão que o Estado tem o dever de patrocinar uma defesa efetiva ao acusado caso ele não tenha condições de fazê-lo. Por meio do processo, portanto, o juiz vai aplicar a lei penal, e somente este pode aplicar a pena – *nulla poena sine judice* –,

---

10 De acordo com o segundo prisma, "o processo deve estar comprometido com a preservação dos princípios constitucionais e a utilização de mecanismos aptos a propiciar o máximo de efetividade à decisão judicial". PINHO, Humberto Dalla Bernardina de. *Direito processual civil contemporâneo*: teoria geral do processo. vol. 1, p. 377.

11 Neste viés, o conceito timbrado por Moacyr Amaral dos Santos é muito reproduzido pela doutrina: "A razão entre o homem e os bens, ora maior, ora menor, é o que se chama interesse. Assim, aquilata-se o interesse da posição do homem, em relação a um bem, variável conforme suas necessidades." Moacyr Amaral dos Santos apud TÁVORA, Nestor; ALENCAR, Rosmar Rodrigues. Curso de direito processual penal. 11ª ed., revista, ampliada e atualizada, Salvador: Editora JusPodivm, 2016, p. 49.

com observância do devido processo legal, previsto no artigo 5º, LIV, da CRFB/88 – *nulla poena sine judicio*.

Leonardo Greco explica que

> [...] o processo pode ser definido como um conjunto complexo de atos coordenados que são praticados pelos diversos sujeitos processuais, através dos quais se prepara e se exerce jurisdição para a solução das demandas ou postulações que são submetidas.[12]

Procedimento e processo são conceitos distintos. O processo caracteriza-se por seu caráter teleológico, isto é, por sua finalidade precípua de permitir o exercício do poder jurisdicional para a aplicação dos preceitos constitucionais e a eliminação dos conflitos, com o objetivo de realizar a justiça possível naquele caso. O procedimento é o elemento visível do processo, é a sua manifestação fenomênica.[13]

O processo penal pode ser visto como um conjunto de atos coordenados visando ao julgamento da pretensão punitiva.

Esse conjunto de atos exterioriza uma verdadeira relação jurídico-processual de natureza triangular, em que se tem de um lado o Estado-Administração, representado pelo Ministério Público, o qual tem o direito subjetivo público de exigir a tutela jurisdicional; do outro, o acusado, ao qual o Estado tem o dever de proteger o direito de liberdade; e, equidistante das partes, o Estado-juiz, que tem a obrigação de se manifestar sobre a procedência ou improcedência da pretensão do Estado-Administração. O processo percorre várias fases, postulatória, probatória, das alegações, decisória etc.

A separação entre Direito Processual Penal e Direito Processual Civil é feita levando-se em consideração o conteúdo ou objeto. Se a causa for extrapenal, a regulamentação normativa é estabelecida pelo Direito Processual Civil; e, se se tratar de causa penal, pelo Direito Processual Penal.

De acordo com Tourinho, a finalidade mediata do Direito Processual Penal se confunde com a própria finalidade do Direito Penal, qual seja, a paz social, e a finalidade imediata é a "*realizabilidade da pretensão punitiva derivada de um delito, através da utilização da garantia jurisdicional*".[14]

---

12 GRECO, Leonardo. *Instituições de processo civil*. vol. I..., p. 229.

13 PINHO, Humberto Dalla Bernardina de. *Direito processual civil contemporâneo*: teoria geral do processo. vol. 1..., p. 378.

14 TOURINHO FILHO, Fernando da Costa. Op. cit., p. 33.

O direto de punir é exclusivo do Estado, característica que não se modifica quando se cuida de ação penal privada, pois, neste caso, o querelante atua na qualidade de substituto processual.[15]

Outrossim, estando a vingança privada banida como regra do Estado Democrático de Direito, com a tipificação criminal do exercício arbitrário das próprias razões como crime contra a administração da justiça, resta confiar no Direito Processual Penal a solução das demandas criminais, delineando toda a persecução penal do Estado, já que se cuida daquela esfera do direito que regula a tutela do Direito Penal.

Com relação à natureza jurídica do processo, várias correntes se propõem a determiná-la, podendo ser considerado:[16]

1) Relação jurídica que se dá entre partes e juiz, triangular ou angular, dependendo da subcorrente;

2) Procedimento cujo fim é a constituição da coisa julgada;

3) Contrato, atividade particular, em que poderia haver escolha de cláusulas e do juiz;

4) Quase-contrato, em que a vontade das partes tem lugar de forma indireta, decorrendo as obrigações mais da lei do que do consenso;

5) Serviço público (jurisdição como prestação executada pelo poder público);

6) Instituição jurídica, relação jurídica disciplinada normativamente, incluindo as teorias da norma jurídica e da relação jurídica;

7) Procedimento, concentração de atos sucessivos;

8) Categoria complexa;

9) Categoria jurídica autônoma.

Para Michele Taruffo,[17] uma das finalidades do processo é a obtenção da verdade dos fatos, aspecto necessário à decisão judicial. Os tribunais deveriam, utilizando-se dos meios de prova relevantes e admissíveis, estabelecer a verdade dos fatos relevantes. Salienta o catedrático que essa forma de pensar está atrelada às teorias processualistas de acordo com as quais a função fundamental do processo judicial é aplicar a lei aos casos concretos com base em critérios objetivos e no interesse

---

15 TÁVORA, Nestor Távora; ALENCAR, Rosmar Rodrigues. Op. cit., p. 48.

16 PINHO, Humberto Dalla Bernardina de. *Direito processual civil contemporâneo*: teoria geral do processo. vol. 1..., pp. 379-390; Ibidem, p. 55.

17 TARUFFO, Michele. *A prova*. Trad. João Gabriel Couto. São Paulo: Marcial Pons, 2014, pp. 20-21.

geral da justiça (Chiovenda). A decisão jurídica e justa teria como premissa a avaliação confiável dos fatos.[18]

Outra teoria bastante difundida, principalmente nos países da *common law,* defende que o objetivo principal do processo e da administração da Justiça é resolver o conflito entre as partes, chegando à justa composição da lide (Carnelutti).[19] Essa teoria é própria do processo civil e tem origem na ideologia liberal. Para essa teoria, uma demanda civil é apenas uma disputa entre particulares, sendo necessário um juízo que resolva a controvérsia, restaurando a paz por meio da resolução do conflito. Segundo esta visão, a verdade, apesar de útil, não é meta do processo. Ao se admitir como fim do processo a pacificação social ou a resolução de conflitos, relega-se a verdade a papel secundário, porquanto ela é vista como desnecessária. Nesse caso, não importa se a solução se baseia no conhecimento verdadeiro, desde que decida e resolva o conflito. Da mesma forma, ao se adotar uma Justiça Consensual, baseada na resolução do conflito, a verdade não é tida como essencial. A verdade seria apenas um efeito colateral. Apesar de prevalente nos sistemas de *common law*, que têm como princípio básico o sistema processual adversarial, há teorias similares em países da *civil law*.

Taruffo advoga que estas teorias, que se baseiam em valores diferentes, podem ser harmonizadas tomando-se como norte que a melhor solução possível para uma controvérsia entre as partes é uma decisão adequada e correta, a qual, necessariamente, deve se basear em um juízo verdadeiro acerca dos fatos do litígio. Assim, a verdade dos fatos do caso não é um objetivo em si mesmo, mas uma condição necessária das decisões justas e legítimas.[20]

Nesta linha de pensamento, a verdade teria papel importantíssimo na consecução dos escopos do processo, pois o processo visaria, de uma só vez, à atuação da vontade da lei, à correta aplicação do ordenamento jurídico-penal, à pacificação social, à resolução de conflitos e à busca da verdade.

Ainda que se tenha uma visão privatista, segundo a qual o processo visa a garantir a plenitude dos direitos subjetivos dos cidadãos e não à observância do direito objetivo ou à salvaguarda do interesse público, e disto resulta que o juiz não pode produzir provas não propostas pelas

---

18 DINAMARCO, Cândido Rangel. *Instituições de direito processual civil*. vol. I, pp. 218-230.

19 Idem.

20 TARUFFO, Michele. *A prova...*, p. 22.

partes,[21] é certo que o magistrado se sente muito mais confortável ao avaliar a situação posta para julgamento se conseguir visualizar os personagens e fatos que se dessumem dos autos, em vez de apreciar a causa por meio de ficções e presunções. Afinal, não é crível que o julgador queira proferir sentenças injustas.

Desta feita, não basta um juiz técnico. É preciso que o julgador seja munido de informações que o levem a enxergar os fatos e que o processo se dê em um ambiente de garantias, para que se chegue a uma decisão justa.

Apesar de o processo ser fenômeno cultural, e por esta razão sofrer influência dos costumes, tradições e experiências sociais e políticas, próprios de cada povo,[22] o acesso à justiça é fim almejado universalmente.[23] Lecionando sobre os princípios fundamentais, Mauro Cappeletti repara que o acesso à justiça é perseguido há séculos.[24]

Embora a verdade não possa ser tomada como fim do processo ou seu único objetivo, não se pode, de maneira alguma, descartar seu valor, até mesmo para a legitimação do processo.

Nesta linha de intelecção, o escólio de Gustavo Badaró:[25]

> Embora o tema seja sujeito a inúmeras controvérsias, considera-se que a busca da verdade processual se traduz em um valor que legitima a atividade jurisdicional, não podendo considerar como justa uma sentença que não tenha sido precedida de um processo que aspire a uma correta verificação dos fatos. Isso não significa, contudo, como erroneamente afirmam muitos, que o acertamento da verdade

---

21 GRECO, Leonardo. Publicismo e privatismo no processo civil. *Revista de Processo*, vol. 164/2008, out. 2008, p. 29.

22 TARUFFO, Michele. Cultura y processo. *Páginas sobre justicia civil.* Marcial Pons, Ediciones Jurídicas y Sociales, Madrid, Espanha, 2009, p.189.

23 GABRIEL, Anderson Paiva. Op. cit., p.1.

24 "These rights and guarantees are not necessarily new. Most of them are rooted in past centuries, and all of them can still be reduced to such ancient rules as the two that have traditionally represented the core of a system of "natural justice"- judicial impartiality and the right to be heard. Yet even these old rights and guarantees have acquired new force and significance through their modern constitutionalization and internationalization." CAPPELLETTI, Mauro. *Fundamental guarantees of the parties in civil litigation...*, p. 24.

25 BADARÓ, Gustavo Henrique. Meio de prova, meio de obtenção de prova ou um novo modelo de justiça penal? In: ASSIS, Maria Thereza de; BOTTINI, Pierpaolo Cruz (coords.). *Colaboração premiada.* 1 ed., São Paulo: Editora Revista dos Tribunais, 2017, pp. 137-138.

> é o fim último do processo, em especial do penal. A verdade é apenas um pressuposto para se poder adequadamente decidir qual é a hipótese legal aplicável ao caso concreto. Ou seja, se a descoberta da verdade é um fim essencial do processo e uma condição necessária para a justiça da decisão, certamente não é o último fim do processo.

Segundo José Rubens de Moraes, *"a verdade, no procedimento probatório, sem se confundir com o fim único do processo, comporta, portanto, ser interpretada como um valor a ser perseguido pelo julgador."*[26]

Filipe Guimarães assevera que, para parte da doutrina, a verdade constitui finalidade instrumental ou intermediária. Decerto, quanto mais a verdade é desvelada, maior a probabilidade de se chegar a uma decisão acertada.[27]

É certo também que a verdade, algumas vezes, é relegada a segundo plano, seja porque é de difícil ou impossível obtenção, seja porque o sistema processual impõe regras, procedimentos, para a reconstrução da verdade ou porque há valores superiores a serem preservados.[28]

2.2. A questão da verdade no processo

A verdade é assunto que traz profunda inquietação.[29]

Onir de Carvalho Peres repara que *"a busca da verdade aparece como instintiva em todos os campos do conhecimento. A inteligência ten-*

---

26 MORAES, José Rubens de. *Sociedade e verdade*: evolução da história da prova. MORAES, José Rubens de. Sociedade e verdade: evolução histórica da prova. Tese de doutoramento sob a orientação de José Rogério Cruz e Tucci. Faculdade de Direito da Universidade de São Paulo (USP), em 2008, p. 18.

27 "Com efeito, quanto maior a porção da verdade revelada, maiores são as chances de que o julgamento seja essencialmente justo." (GUIMARÃES, Filipe. Processo, prova e verdade. FUX, Luiz (coord.). *Processo constitucional*, 1ª ed., Rio de Janeiro: Forense, 2013, p. 1136).

28 Ibidem, p. 1137.

29 "A busca da verdade, eis a grande aventura da inteligência. Em todos os campos da atividade humana constitui a aspiração máxima do intelecto. Ausente a tenhamos, mostra-se insatisfeita a alma humana, porque nela repousa tudo o que deseja. Por isso constitui questão de magna importância a pergunta que, embora sem avaliar-lhe a dimensão, propôs Pilatos a Jesus Cristo, naquele momento submetido à tirania de sua pseudo justiça: *Quid est veritas*? O que é a verdade?" (PERES, Onir de Carvalho. Prova: essência do processo. *Revista dos Tribunais*, vol. 693, julho de 1993, p. 436).

de, irresistivelmente, para a verdade e nela encontra o seu repouso".[30] É natural, e até mesmo instintivo, que se pautem decisões com base na verdade. A palavra "verdade", de acordo com o dicionário Aurélio,[31] significa "conformidade com o real".[32] Este é o significado popular.

Para a ciência jurídica e a filosofia, o conhecimento da verdade é tema dos mais complexos[33] e tem estreita relação com outro assunto: a prova.

As provas são produzidas no processo para iluminarem a verdade dos fatos a fim de que o magistrado possa prolatar sua decisão. São essenciais, portanto, para o acesso à justiça, pois, por meio delas, a postulação será julgada procedente ou improcedente. Para o processo penal, a prova é manejada para a confirmação ou não do fato delituoso, capaz de retirar o direito de liberdade do réu.[34]

José Rubens de Moraes, em tese de doutoramento, assevera que *"a prova guarda íntima relação com as noções de 'verdade' e também de 'atividade', a ser realizada no processo, vocacionada a viabilizar a 'dimostrazione dela veritá di um fatto data con i mezzi legali', conforme já assevera Carnelutti"*.[35]

---

30 FERREIRA, Aurélio Buarque de Holanda. Mini Aurélio século XXI. 4ª ed., Rio de Janeiro, 2002, p. 707.

31 "a busca da verdade aparece como instintiva em todos os campos do conhecimento. A inteligência tende, irresistivelmente, para a verdade e nela encontra o seu repouso." Idem.

32 "Verdade, do latim veritate, significa realidade, conformidade com o real. A definição de Santo Agostinho era a seguinte: verum est id quod est - a verdade é o que é." (MANZANO, Luís Fernando de Moraes. Verdade formal versus verdade material. Revista dos Tribunais, vol. 875, set. 2008, p. 433).

33 "A verdade é objeto de muitas especulações desde a Antiguidade, consistindo sua busca em finalidade essencial da filosofia. Até os dias atuais, não se encontra consenso em torno de seu conceito." (VAZ, Denise Provasi. Estudo sobre a verdade no processo penal. Revista Brasileira de Ciências Criminais, vol. 83, mar./abr. 2010, p. 84).

34 "Desvendar os fatos reputados delituosos significa buscar a verdade que, segundo os clássicos, é a adequação ou conformidade entre o intelecto e a realidade, no sentido de uma interpenetração entre ambos. O intelecto é a inteligência, o entendimento, a razão, o conhecimento intelectual; a realidade é o ser. A adequação é a correspondência (correspondentia) entre o intelecto e o ser; assim, as ideias adequadas exibem com clareza as notas constitutivas do objeto." (PENTEADO, Jaques de Camargo. A natureza das normas sobre as provas criminais. Revista dos Tribunais, vol. 819/2004, p. 399).

35 MORAES, José Rubens de. Op. cit., p. 17.

Michele Taruffo destaca que os fatos não se incorporam nos procedimentos judiciais na sua realidade empírica ou material, pois, em geral, pertencem ao passado. Desta maneira, os fatos não podem ser percebidos pelo juiz e por isso devem ser reconstituídos pelo julgador com base na prova disponível.[36],[37]

Antonio Magalhães Gomes Filho, Professor Titular de Direito Processual Penal da Faculdade de Direito da Universidade de São Paulo, ensina que *"a palavra prova tem a mesma origem etimológica de probo (do latim, probatio e probus), que traduz as ideias de aprovação, confiança, correção"*,[38 e 39] relacionando-se com o vasto campo de operações do intelecto na busca e comunicação do conhecimento verdadeiro. Assevera o renomado jurista que a correta verificação dos fatos em que assentam as pretensões das partes é pressuposto fundamental para a decisão justa, motivo por que o tema prova é dos mais importantes da ciência do processo.[40]

Na mesma esteira, Michelle afirma que o devido processo legal substancial pressupõe a prolação de decisões justas. Em torno deste pensamento, construiu uma teoria:

> A teoria da decisão aqui proposta é baseada no pressuposto de que não há um critério único e capaz de construir o ponto de referência para o *feedback* sobre a justeza da decisão judicial. Em vez disso, parece necessário um conjunto de três critérios: apenas pela sua combinação pode vir um sistema de avaliação que permite determinar se e quando a decisão é acertada. Como se verá melhor a seguir, então a justiça da decisão toma a forma de um algoritmo que engloba e liga três conjuntos de valores.
>
> Os três critérios a que se refere são: (a) correção da escolha e interpretação da regra legal aplicável ao caso; (b) uma avaliação con-

---

36 TARUFFO, Michelle. *A prova...*, p. 19.

37 Taruffo acrescenta que no processo judicial "o que se prova ou se demonstra é a veracidade ou falsidade dos enunciados acerca dos fatos em litígio". Idem.

38 GOMES FILHO, Antonio Magalhães. Notas sobre a terminologia da prova (reflexos no processo penal brasileiro). In: YARSHEL, Flávio Luiz; MORAES, Maurício Zanoide de Moraes (orgs.). *Estudos em homenagem à professora Ada Pellegrini Grinover*. São Paulo: DPJ Editora, 2005, p. 305.

39 Confira-se também: AQUINO, José Carlos G. Xavier de. Op. cit., p. 22.

40 Para o renomado autor, "isso vale, ainda mais, no âmbito penal, pois só a prova cabal do fato criminoso é capaz de superar a presunção de inocência do acusado, que representa a maior garantia do cidadão contra o uso arbitrário do poder punitivo." (GOMES FILHO, Antonio Magalhães. Op. cit., p. 304).

> fiável dos fatos relevantes do caso; (c) o uso de um procedimento válido e justo para chegar a uma decisão.
>
> (tradução livre)[41]

Logo, se a avaliação confiável dos fatos relevantes do caso é condição para se chegar a uma decisão justa, a atuação dos sujeitos processuais não pode se afastar da necessária busca da verdade dos fatos a serem apreciados no cenário submetido ao exame do julgador.

Nas sempre bem lançadas palavras do saudoso catedrático da UERJ, José Carlos Barbosa Moreira, o juiz não pode ser um "*convidado de pedra*", deve ter papel ativo na condução do processo para a verdade.[42]

Não por outro motivo, Leonardo Greco registra que a sociedade não se contenta com qualquer reconstrução dos fatos, mas apenas com aquela tida pela consciência coletiva como autêntica, pois a reconstituição fidedigna dos fatos é um pressuposto fundamental de decisões justas e da própria eficácia da tutela jurisdicional dos direitos, legitimadora do poder político de que estão investidos os julgadores.[43]

Salta aos olhos, como bem observou o Mestre em Direito Processual e Juiz de Direito Daniel Vargas Viana, em aula que ministrou na EMERJ em 2016 sobre a teoria da prova do Código de Processo Civil de 2015, o

---

41 Transcreve-se o original: "La teoria della decisione giusta che qui si propone si fonda sul presupposto che non esista un singolo ed unico criterio idoneo acostituire il punto di riferimento per le valutazioni attinenti alla giustizia della decisione giudiziaria. Piuttosto, sembra necessario far capo ad un insieme di tre criteri: solo dalla loro combinazione potrà scaturire uno schema di valutazione che consente di determinare se e quando la decisione è giusta. Come si vedrà meglio in séguito, allora, la giustizia della decisione assume la forma di um algoritmo che ricomprende e collega tre ordini di valori. I tre criteri ai quali si allude sono i seguenti: a) correttezza della scelta e dell'interpretazione della regola giuridica applicabile al caso; b) accertamento attendibile dei fatti rilevanti del caso; c) impiego di un procedimento valido e giusto per giungere alla decisione". TARUFFO, Michele. Idee per una teoria della decisione giusta. *Rivista Trimestrale di Diritto e Procedura Civile*, vol. LI (núm. 2), 1997, p. 319.

42 BARBOSA MOREIRA, José Carlos. Breves observaciones sobre algunas tendencias contemporâneas del proceso penal. *Temas de direito processual (sétima série)*. São Paulo: Saraiva, 2001, p. 227.

43 GRECO, Leonardo. Limitações probatórias no processo civil. *Revista Eletrônica de Direito Processual – REDP*. Volume IV - Periódico da Pós-Graduação *Stricto Sensu* em Direito Processual da UERJ, 2009, p. 4.

número de vezes em que a palavra "verdade", ou derivadas, é impressa no recente diploma de processo civil.[44]

A reconstrução autêntica dos fatos é aquela que tem a verdade como norte. Não mais se concebe a "produção da verdade" em ambientes inquisitoriais, tais quais relembra Foucault em sua clássica obra "Vigiar e punir".[45] A verdade deve ser apurada, descoberta, é certo que com as limitações inerentes à reconstrução, em processo que assegure o contraditório participativo, com atuação ativa e influente das partes em todas as fases processuais, de modo a não serem surpreendidas por decisão judicial que tenha fundamento estranho à discussão construída pelos sujeitos do processo.[46]

Mas, para o Direito, ciência do espírito[47] que busca o equilíbrio das relações sociais através de princípios e normas disciplinadoras do

---

44 CPC, art. 77, I; CPC, art. 80, II; CPC, art. 99, § 3º; CPC, art. 319, VI; CPC, art. 341, *caput*; CPC, art. 344; CPC, art. 369; CPC, art. 378; CPC, art. 389; CPC, art. 398, *caput*; CPC, art. 400, *caput*; CPC, art. 408, *caput*; CPC, art.417; CPC, art. 427, parágrafo único, I e II; CPC, art. 458, *caput* e parágrafo único; e CPC, art. 504, II.

45 Foucault assevera que na França (assim como na maior parte dos países europeus), "de acordo com a ordenação de 1670, que resumia, e em alguns pontos reforçava, a severidade da época precedente, era impossível ao acusado ter acesso às peças do processo, impossível conhecer a identidade dos denunciadores, impossível saber o sentido dos depoimentos antes de recusar as testemunhas, impossível fazer valer, até os últimos momentos do processo, os fatos justificativos, impossível ter um advogado, seja para verificar a regularidade do processo, seja para participar da defesa. Por seu lado, o magistrado tinha o direito de receber denúncias anônimas, de esconder ao acusado a natureza da causa, de interrogá-los de maneira capciosa, de usar insinuações. Ele constituía, sozinho e com pleno poder, uma verdade com a qual investia o acusado; e essa verdade, os juízes a recebiam pronta, sob a forma de peças e de relatórios escritos; para eles esses documentos sozinhos comprovavam; só encontravam o acusado uma vez para interrogá-lo antes de dar a sentença". (FOUCAULT, Michael. *Vigiar e punir (Surveiller et punir)*. Trad. Raquel Ramalhete. 30ª ed., Petrópolis: Editora Vozes, 2005, p. 32).

46 "O contraditório contemporâneo encontra-se escorado em duas linhas mestras: a vedação às decisões-surpresa – corolário do direito de participação – e o direito de influenciar a decisão judicial, a qual tem no dever de motivar a decisão o seu escudo protetor." (CARNEIRO, Paulo Cezar Pinheiro. Op. cit., p. 78).

47 "As ciências do espírito, também chamadas de ciências sociais, objetivam o domínio do universo humano-histórico, ou seja, do homem e da sociedade. Já as ciências da natureza, ou exatas, têm em vista, tão somente, o domínio desta. É imperioso ressaltar que, hodiernamente, o papel das ciências do espírito vem se tornando tão ou mais importante que o papel das ciências naturais, na medida em que o crescente domínio da natureza tem aumentado o mal-estar da cultura, em vez de diminuí-lo." (MIRZA, Flávio. *Prova pericial*: em busca de um novo paradigma. Tese

convívio em sociedade,[48] não se tem unanimidade sobre o que seria a verdade, se pode ser alcançada e qual sua relevância na resolução das lides. Não existe um conceito matemático, exato, sobre a verdade.

Flávio Mirza registra que desde a escola socrática, o pensamento filosófico ateve-se à ideia de investigação da verdade, seja na razão divina (fideísmo), na razão humana (racionalismo), seja nos dados da experiência sensível (empirismo).[49]

Muitos filósofos chegam até mesmo a negar a existência da verdade, como se verifica pela leitura das ideias de Nietzsche, que, no afã de defender o livre intelecto guiado pela intuição, contrário ao racionalismo, rejeita a ideia da investigação da verdade, pregando o seu abandono.[50] Abandonam a busca da verdade algumas teorias irracionalistas, tais quais o intuicionismo, o solipcismo e o idealismo extremo.[51]

A ciência moderna procura chegar à verdade por meio de métodos,[52] que são conjuntos de procedimentos racionais, baseados em regras que visam a atingir um objetivo determinado. Mesmo nas ciências

---

de doutoramento pela Universidade Gama Filho sob a orientação do Professor Leonardo Greco, 2007, p. 21).

---

48 PERES, Onir de Carvalho. Op. cit., pp. 437-438.

49 MIRZA, Flávio. *Prova pericial*: em busca de um novo paradigma..., p. 31.

50 Ibidem, p. 57.

51 "Diversas premissas filosóficas rechaçam tanto a ideia de que seja possível alcançar a verdade dos fatos no contexto judicial quanto a própria noção geral de verdade. Por exemplo, pode acontecer de – se seguirmos as tendências irracionalistas que por vezes emergem na cultura filosófica europeia e, portanto, na sua cultura jurídica – nem sequer podemos sustentar em termos racionais o problema da verdade, dentro ou fora do contexto judicial." (TARUFFO, Michele. *A prova*..., p. 25.).

52 Michele Taruffo destaca a importância da perseguição da verdade por meio da utilização de métodos. "Existen además distintas concepciones del modo en el cual la verdad podría ser descubierta, y también aqui entran em juego diferentes implicaciones culturales de carácter general. Así, por ejemplo, en una perspectiva fundamentalmente psicologista e irracionalista, se puede pensar que la verdad se deriva simplesmente de la intime conviction de los jurados o del juez, excluyendo por lo tanto que esa verdad pueda ser identificada aplicando um método controlable. Si, por el contrario, se adopta uma perspectiva racionalista – que hoy parece predominar en diferentes áreas culturales y em algunos ordenamentos de common law incluido Estados Unidos, además de otros de civil law como Italia Y España – ello implica discutir el método por medio del cual se practican las pruebas, y se analizan y valoran las informaciones respectivas. Surge así una dimesión epistémica del fenómeno probatorio, en la cual se analizan las pruebas desde el punto de vista de su capacidad de operar como instrumentos dirigidos a la determinación de la verdad." (TARUFFO, Michele. Cultura y processo..., p. 203).

do espírito, é necessário se imporem métodos, ainda que próprios destas, para validação do conhecimento científico.[53]

Entretanto, há natural dificuldade na aplicação de métodos às ciências do espírito, porque para alguns filósofos o método cerceia a originalidade do conhecimento científico.

Outro ponto importante: é preciso que se destaque que, apesar da existência de entendimentos contrários, certeza não se confunde com verdade.

Para Malatesta:[54]

> A verdade, em geral, é a conformidade da noção ideológica com a realidade; a crença na percepção desta conformidade é a certeza. A certeza é, portanto, um estado subjectivo do espírito, que pode não corresponder à verdade objectiva. A certeza e a verdade nem sempre coincidem: por vezes tem-se a certeza do que objectivamente é falso; por vezes duvida-se do que objectivamente é verdade; e a própria verdade que parece certa a uns, aparece por vezes como duvidosa a outros, e por vezes até como falsa ainda a outros.

Recorrendo, mais uma vez, às lições de Flávio Mirza, têm-se que certeza e verdade não se confundem na medida em que certeza seria um critério de verdade, não a verdade em si mesma. [55]

Acerca da distinção entre verdade e certeza, Denise Provasi Vaz defende, [56]

> [...] a verdade distingue-se da certeza, posto que apresenta caráter objetivo, enquanto esta é de natureza subjetiva. A certeza significa a crença na percepção da conformidade do conhecimento com a rea-

---

53 "Assim sendo, a ciência moderna permite a verificação da verdade pelo método, pela possibilidade de seguir, tantas vezes quanto for desejado (ou necessário), o mesmo caminho cognitivo já trilhado. Dessa maneira, a medida do conhecimento não é mais a verdade, mas sim a verificação e a certeza que dela advém. Esse é o *ethos* da ciência moderna." (MIRZA, Flávio. *Prova pericial*: em busca de um novo paradigma..., p. 32).

54 MALATESTA, Nicola Framarino del. *A lógica das provas em matéria criminal*. Trad. J. Alves de Sá. 2ª ed., Lisboa: Livraria Clássica Editora, 1927, p. 21.

55 "A verdade consiste na concordância entre a coisa e o juízo formado a seu respeito pelo sujeito cognoscente. A certeza, diversamente, nada mais é que o estado de ânimo seguro da verdade de uma proposição formada sobre a coisa." (MIRZA, Flávio. *Prova pericial*: em busca de um novo paradigma..., p. 32).

56 VAZ, Denise Provasi. Op. cit., pp. 84-85.

> lidade; corresponde ao estado de ânimo seguro da verdade de uma proposição, "um estado de espírito representado pela 'segurança subjetiva da verdade de um conhecimento' ou 'pela garantia de que um conhecimento oferece da sua verdade'. Desse modo, a verdade e a certeza não obrigatoriamente correspondem, já que é possível se ter certeza do que é falso, assim como duvidar do que é verdadeiro.

A certeza, pois, é o convencimento de se ter chegado à verdade. A certeza é subjetiva, íntima.

Decerto a verdade absoluta não pode ser encontrada, pois há imperfeições no processo da reconstrução dos fatos. Todavia, é necessário que se tenha o maior grau de certeza possível.

A busca pela verdade passa pela natural captação da realidade e sua interpretação pelo sujeito cognoscente de modo que o resultado é sempre uma verdade relativa.[57]

É certo, de igual forma, que apesar do seu papel fundamental, a verdade não pode ser obtida a qualquer preço, pois ela esbarra na licitude dos meios de prova, na limitação dos mecanismos existentes para a sua produção e nas restrições quanto ao momento em que é juntada aos autos.[58]

2.3. Teorias sobre a verdade

Como dito, a verdade é objeto de estudo filosófico desde a Antiguidade. Diversas teorias se propõem a explicar o que é verdade.

Luciano Athayde Chaves repara que passados 2.500 anos de pensamento filosófico, não há ainda filósofo que tenha encontrado um critério científico válido universalmente.[59]

---

57 "A investigação da verdade (absoluta) ou realidade, coincidente com os fatos ocorridos, envolve inevitavelmente a relação entre o sujeito cognoscente, carregado de valores éticos, religiosos e históricos, e o objeto cognoscível, de sorte que o produto dessa revelação se submete a duas variáveis (o sujeito cognoscente e o modo como este capta intelectualmente o objeto cognoscível) e, pois, resultaria em verdade humana, subjetiva, falível e relativa. Por isso se afirma que a verdade (absoluta) ou realidade é inatingível; para alguns, numa perspectiva exagerada, até mesmo inexistente, posto que impossível de ser atingida, transcendental, fora do alcance humano." (MANZANO, Luís Fernando de Moraes. Verdade formal *versus* verdade material. *Revista dos Tribunais*, vol. 875, set. 2008, p. 433).

58 PINHO, Humberto Dalla Bernardina de; SILVA, Felipe Carvalho Gonçalves da. Prova emprestada: pontos de convergência..., pp. 163-190.

59 CHAVES, Luciano Athayde. Op. cit., p. 68.

Quatro são as mais importantes teorias sobre a verdade,[60 61 e 62]: a) teoria da correspondência; b) teoria da coerência; c) teoria pragmática; e d) teoria da semântica.

2.3.1. Teoria da correspondência

Para a teoria da correspondência, a verdade significa a correspondência de uma proposição com um fato, *"a adequação ou conformidade*

---

60 VAZ, Denise Provasi. Op. cit., p. 164.

61 PITOMBO, Cleunice A. Valentim Bastos. *Processo penal*: prova e verdade. Tese de doutorado, São Paulo, USP, 2003, p. 71..

62 Luís Fernando de Moraes Manzano elenca cinco: "A filosofia tem refletido sobre vários conceitos de verdade, cabendo aqui referência a cinco teorias mais difundidas entre os filósofos, quais sejam a verdade como correspondência; a verdade como revelação; a verdade como conformidade a uma regra ou conceito; a verdade como coerência e a verdade como utilidade. A verdade como correspondência consiste na adequação da coisa ao intelecto (*adaequatio rei et intellectus*). Nas palavras de Platão, 'verdadeiro é o discurso que diz as coisas como são; falso o que diz como não são'. Aristóteles também corroborava esta teoria, apregoando que 'afirmar o que é e negar o que não é, é o verdadeiro'. Tomás de Aquino ensinava que a verdade é a 'conformidade entre o entendimento e as coisas'. Para o direito, relaciona-se com a 'verdade do fato'. A verdade como revelação busca extrair das coisas uma verdade suprema, eterna, a qual se revela no espírito ou na intuição humana por um ente divino ('verdade suprema ou divina'). A verdade como conformidade a uma regra ou conceito, segundo Miguel Reale, tem formulação perfeita na ideia de Kant, 'para quem a verdade consiste na conformidade com as leis gerais necessárias do intelecto, postas transcendentalmente', acorde com o *jus naturalis*, que leva o juiz a julgar por critérios de equidade e razoabilidade, de forma prudente, e não matemática ou pela simples letra da lei. Na órbita jurídica é referida como 'verdade do direito'. A verdade como coerência surge da experiência humana, como algo que, de coerente, passa a ser real e, nas últimas consequências conduz à consciência absoluta. Esparzia-se no campo da religiosidade, especificamente na seara da interpretação e vivência das escritas teológicas. A verdade como utilidade é apregoada por duas linhas filosóficas: o utilitarismo e o pragmatismo. Segundo o pensamento de Nietzsche, verdadeiro não significa senão o apto para a conservação da humanidade; o que me faz parecer quando creio que não é verdadeiro para mim, é uma relação arbitrária e ilegítima do meu ser com as coisas externas. O que me faz morrer é não acreditar nas coisas que são aptas para a minha vida. Tais conceitos sobre a verdade não se excluem. Carlos Aurélio Mota de Souza exclui do raciocínio jurídico as verdades como revelação e coerência, e conclui que o juiz pode se utilizar cabalmente dos conceitos de correspondência, ou conformidade entre o seu entendimento e os fatos; também, segundo os neokantianos pode se dar uma conformidade à regra, ou mesmo utilizar o conhecimento para alcançar o que é verdade, ao modo pragmatista." (MANZANO, Luís Fernando de Moraes. Verdade formal *versus* verdade material. *Revista dos Tribunais*, vol. 875, set. 2008, pp. 433-434).

entre o intelecto e a realidade". Assim, a verdade resulta da correspondência entre o enunciado com um estado empírico dos fatos. A descrição é verdadeira quando descreve um fato real, ou seja, quando recria a imagem fidedigna de algo no mundo empírico.

Aristóteles e Platão difundiram essa teoria. Alfred Tarski, modernamente, a refinou.

Michele Taruffo repara que essa teoria se contrapõe à teoria da verdade como coerência.[63]

2.3.2. Teoria da coerência

A verdade de um enunciado de fato é somente função da coerência de um enunciado específico em um contexto de vários enunciados. A verdade ou a inverdade só podem ser verificadas a partir dos enunciados, assim, o plano da verdade é o da linguagem e dos relatos.[64]

As teorias da coerência e da correspondência têm sido muito visitadas para o enfrentamento da relação entre prova e verdade. A teoria da verdade como coerência normalmente vincula-se à concepção retórica dos elementos de prova. Os elementos de prova, nesta perspectiva, são muito mais um recurso persuasivo, retórico, do que heurístico que o julgador pode utilizar como instrumento para a revelação da verdade dos fatos em litígio.

Desta maneira, os elementos de prova seriam utilizados para um relato convincente.

A teoria da verdade como coerência é muito manejada nos países de *common law*, em que as partes detêm o domínio da tarefa probatória.

---

63 TARUFFO, Michele. *A Prova*... p. 26. E prossegue o renomado autor: "Outra importante questão que surge na discussão acerca da ideia de verdade é muito mais desconcertante e ainda mais importante no contexto processual. Tal questão trata da básica distinção entre a <<teoria da correspondência>> da verdade, que é uma questão de grande importância no âmbito da epistemologia geral. Segundo a <<teoria da coerência>>, a verdade de um enunciado de fato é somente a função da coerência de um enunciado específico em um contexto de vários enunciados. Uma vez que a veracidade ou falsidade somente pode ser prevista a partir dos enunciados, o único nível possível para a verdade é o dos enunciados, ou seja, da linguagem e dos <<relatos>>. De acordo com a <<teoria da correspondência>>, a verdade resulta da correspondência do enunciado com um estado empírico dos fatos. (Idem).

64 "A teoria da coerência, proposta por Leibniz e Espinosa, funda-se em 'um conjunto de crenças perceptíveis e preexistentes', sendo que se diz verdadeira ou falsa uma proposição conforme seja coerente ou não com um sistema de proposições." (VAZ, Denise Provasi. Op. cit., p. 164).

Para a teoria da verdade como correspondência, a prova tem a função de levar ao julgador conhecimento fundado empírica e racionalmente sobre os fatos em análise.

A coerência narrativa, neste caso, poderia ser utilizada como critério subsidiário, para eleger a melhor das reconstruções do fato que podem surgir lastreadas na mesma prova. A coerência, pois, é importante, mas não pode ser o único critério considerado.[65]

Com efeito, a verdade como coerência pode levar a julgamentos que se apartam do resultado racionalmente justo.

Os Tribunais do Júri, por exemplo, são palcos de julgamentos teatrais nos quais o resultado do processo decorre muito mais da atuação dos defensores do que daquilo que efetivamente se extrai da atividade probatória.

2.3.3. Teoria pragmática

A verdade pragmática, ou quase-verdade, está traduzida na seguinte assertiva de Charles Sanders Peirce, timbrada no artigo intitulado "How to make our ideas clear", publicado em 1878: *"considere que efeitos práticos concebemos que o objeto de nossa concepção tem. Então, nossa concepção desses efeitos constitui o conteúdo total de nossa concepção desse objeto"*.[66]

Para esta teoria, a verdade pragmática de uma proposição depende dos seus efeitos práticos. Uma hipótese ou teoria pode ser tida como pragmaticamente verdadeira se as suas consequências básicas são verdadeiras.[67] A teoria pragmática sustenta a utilidade, a praticidade e a eficácia da verdade.[68]

---

65 Michele Taruffo adverte que "[...] as narrativas coerentes e persuasivas podem ser falsas ou [...] podem não pretender ser verdadeiras. Esse é o principal argumento para rejeitar qualquer teoria da verdade como simples coerência [...]". TARUFFO, Michele. A prova..., pp. 27-28.

66 HIFUME, Carlos. *Uma teoria da verdade pragmática*: a quase-verdade de Newton C.A. da Costa / Carlos Hifume - Campinas, SP : [s.n.], 2003.

67 ABE, Jair Minoro. *Verdade pragmática*. Disponível em http://www.scielo.br/scielo.php?script=sci_arttext&pid=S0103-40141991000200010. Acesso em 01 de junho de 2020.

68 Segundo o pragmatismo, *"[...] o intelecto é dado ao homem, não para investigar e conhecer a verdade, mas sim para poder orientar-se na realidade"*. HESSEN, Johannes. *Teoria do conhecimento*. Tradução de António Correia. 7ª ed. Coimbra: Arménio Amado, 1979. p. 51, apud MIRZA, Flávio. *Prova pericial*: em busca de um novo paradigma..., p. 36.

2.3.4. Teoria da semântica

Quanto à teoria da semântica, esta trata de relacionar a demonstração da verdade ao uso da linguagem. Para a teoria lógico-semântica, o Direito pode ser considerado como um feixe de fenômenos comunicacionais decorrentes da interação entre os sujeitos e seus discursos. Enquanto método, prega o construtivismo lógico-semântico em que os objetos são compostos pela linguagem, e sendo assim, todo o conhecimento é formado por acordos linguísticos intersubjetivos. Neste norte, não seria possível tratar a verdade processual num patamar dogmático e cerrado, como tentou fazer a ciência processual em momento no qual buscava afirmar a validade científica de seus postulados.[69]

2.4. Verdade material *versus* verdade formal

A dicotomia entre verdade material, real ou objetiva e verdade formal, processual ou judicial, há tempos está superada pela melhor doutrina,[70] ainda que o tema esbarre na velha discussão acerca da existência ou não de uma teoria geral do processo.

Para a doutrina que advoga a existência da dicotomia, verdade material é aquela pertencente à metafísica, discutida antes e além do processo, a verdade "verdadeira", enquanto correspondência do enunciado

69 Para aprofundamento, recomenda-se a leitura de CHAVES, Luciano Athayde. A prova oral e o problema da verdade no direito processual: as contribuições do construtivismo lógico-semântico. *Revista de Processo*, vol. 275, jan. 2018, pp. 67-88.

70 BARBOSA MOREIRA, no artigo "A Constituição e as provas ilicitamente adquiridas", assim enfoca a controvérsia: "Dizer que o processo penal busca a chamada ´verdade real´, ao passo que o processo civil se satisfaz com a denominada 'verdade formal', é repetir qual papagaio tolices mil vezes desmentidas. A verdade é uma e interessa a qualquer processo, se bem que a justiça possa (e às vezes deva) renunciar – na área civil e na penal – à sua reconstituição completa, em atenção a outros valores de igual dignidade. A Constituição de 1988 equiparou com acerto o processo civil (*rectius*: qualquer processo) ao penal, no que tange às garantias dos litigantes. Por exemplo: o art. 5º, na LV, que sanciona o princípio do contraditório, nenhuma distinção admite desse ponto de vista: 'Aos litigantes, em processo judicial ou administrativo, e aos acusados em geral são assegurados o contraditório e ampla defesa, com os meios e recursos a ela inerentes'. Em outra oportunidade, o Mestre esclarece que de maneira alguma se justifica a adoção de diretriz diversa no terreno aqui focalizado. A diferença de tratamento não pode deixar de causar perplexidade: eis a explicação mais provável do fato de que ilustre constitucionalista haja afirmado que o texto "não distingue entre a instrução processual penal e a civil." (BARBOSA MOREIRA, José Carlos. A Constituição e as provas ilicitamente adquiridas. *Revista de Direito Administrativo*. Rio de Janeiro, n. 205, jul./set. 1996, p. 19).

com a realidade. Jordi Ferrer Beltrán registra que seria a verdade inatingível, pelo menos em muitos casos.[71]

Por outro lado, de acordo com o mencionado autor, referido por Denise Provasi Vaz,[72] *"a verdade formal é aquela que se obtém no processo como resultado da atividade probatória, que pode ou não coincidir com a material, mas que é dotada de autoridade pública".*

Mas não há que se falar em verdade "verdadeira" e verdade "faz de conta". A verdade é uma só.[73] Não é possível falar em verdade formal ou verdade material, pois a verdade não aceita adjetivos.

Relembre-se, no entanto, que há fatos dos quais não se tem certeza do seu acerto, mas que podem ser admitidos como presunções. E as presunções também se prestam à resolução das lides. [74]

Certo é que a dicotomia verdade material *versus* verdade formal está relacionada à maior ou menor intervenção do Estado na produção da prova, como explica Rafael Estrela Nóbrega.[75] Há inúmeros autores

---

71 "A verdade material é aquela de que se fala fora do processo judicial. Por isso, também é possível referir-se a essa pela denominação de verdade *tout court*, sem outros qualificativos. Não está claro quais seriam as condições de verdade, nesse sentido, em que os teóricos que propuseram tal distinção estavam pensando, mas é plausível sustentar que a verdade (material) de um enunciado dependa de sua correspondência com o mundo: da ocorrência dos fatos cuja existência é afirmada, ou da não ocorrência dos fatos cuja existência é negada. Essa é, precisamente, a verdade que se crê inalcançável, pelo menos em muitas ocasiões, no processo judicial." (BELTRÁN, Jordi Ferrer Beltrán. *Prova e verdade no direito*. Trad. Vitor de Paula Ramos. São Paulo: Revista dos Tribunais, 2017, p. 66).

72 VAZ, Denise Provasi. Op. cit., p. 167.

73 "Assumimos desde logo uma premissa muito clara: não há que se falar em verdade formal ou verdade material, pelo simples fato de que a verdade não aceita adjetivações. A primeira seria a pertinência absoluta entre uma afirmação e o que se passou na realidade fenomênica, enquanto a segunda seria a verdade meramente refletida no processo e que se encontra juridicamente apta a fundamentar uma decisão, identificando-se mais com uma ficção da verdade. Essa forma distinta de lidar com o tema verdade teve início por obra da doutrina alemã, especialmente de Wach von Bulöw e von Castein, como reação à constatação de que, em muitas oportunidades, fatos declarados provados não incidem com o que realmente ocorreu no mundo físico, enquanto alguns fatos substancialmente verdadeiros eram considerados como não provados." (GUIMARÃES, Filipe. Processo, prova e verdade. Op. cit., pp. 1141-1142).

74 De acordo com Cândido Rangel Dinamarco: "presunção é um processo racional do intelecto, pelo qual do conhecimento de um fato infere-se com razoável probabilidade a existência de outro ou o estado de uma pessoa ou coisa." (DINAMARCO, Cândido Rangel. *Instituições de direito processual civil*. vol. III. 2ª ed., São Paulo: Malheiros, 2002. p. 113).

75 NÓBREGA, Rafael Estrela. NÓBREGA, Rafael Estrela. *Controle jurisdicional da convencionalidade probatória penal*. Curitiba: Editora CRV, 1ª ed., 2018. pp. 33-64.

que defendem o publicismo[76] no Direito Processual e tantos outros que se posicionam a favor do privatismo.[77]

Aqueles que admitem divisão, identificam a verdade material como sendo própria do processo penal e a verdade formal típica do processo civil.

Era ordinário o pensamento de que no processo penal se perseguia a verdade substancial, enquanto no processo civil a verdade formal bastaria para resolução das lides. Justificava-se a dicotomia sob o fundamento de que o direito de liberdade, bem jurídico indisponível, não poderia ser tocado pelo *ius puniendi* se não com base na verdade real ou material, ao passo que o processo civil poderia se contentar com a verdade formal, pois apropriada para a resolução dos conflitos patrimoniais.

Deve-se lembrar, no entanto, que o direito civil passou por um fenômeno de constitucionalização. O próprio direito ao patrimônio foi inserido como direito fundamental[78], assim como tantos outros que não constavam das Constituições anteriores.

Ademais, várias garantias fundamentais reconhecidas na seara penal e processual penal são hoje aplicáveis ao processo civil por analogia.

Leonardo Greco, em célebre estudo, afirma:

> Em qualquer estudo sobre o direito à jurisdição é sempre necessária uma incursão, ainda que incompleta, no Processo Penal, porque nele se resolvem os mais agudos conflitos entre o Estado e o cidadão e é nele que repercutem em primeiro lugar as transformações políticas do Estado.
>
> Essas garantias especiais do Processo Penal acabam por refletir sobre o próprio Processo Civil, na medida em que este é também instrumento de solução de litígios decorrentes do exercício de atividades punitivas da Administração como o chamado Direito Administrativo Sancionador ou o Direito Tributário, em que o parti-

76 A exemplo de PICO I JUNOY, Joan. *El juez y la prueba:* estudio de la errónea recepción del brocardo iudex iudicare debet secundum allegata et probata, non secundum conscientiam y su repercusión actual. Barcelona, España: Jose María Bosch editor, 2007.

77 Neste sentido, AROCA, Juan Montero. Sobre el mito autoritario de la "buena fé" procesal. *Revista Boliviana de Derecho*, n. 2, Santa Cruz, Bolivia: Fundacion Iuris Tantum, 2006, pp. 87-133. Disponível em: http://www.redalyc.org/articulo.oa?id=427539902006. Acesso em: 13 out. 2018.

78 Art. 5º da CRFB/88: "Todos são iguais perante a lei, sem distinção de qualquer natureza, garantindo-se aos brasileiros e aos estrangeiros residentes no País a inviolabilidade do direito à vida, à liberdade, à igualdade, à segurança e à propriedade, nos termos seguintes: [...] XXII - é garantido o direito de propriedade."

> cular que contende com o poder Público deve dispor dessas mesmas garantias.
>
> As garantias do Processo Penal visam sobretudo a tratar o acusado com dignidade humana, impedindo que ele seja degradado a mero objetivo da persecução penal, desenvolvendo assim confiança do cidadão no Estado de Direito.[79]

Gian Antonio Michele e Michele Taruffo, quarenta anos atrás, já registravam que mesmo no processo civil havia clara intenção de se estabelecer a "verdade substancial" em oposição à "'verdade formal"', limitada por regras jurídicas respeitantes à demonstração dos fatos relativos ao litígio.[80] [81] [82] e [83]

---

79 GRECO, Leonardo. Garantias fundamentais do processo..., p. 274.

80 MICHELE, Gian Antonio; TARUFFO, Michele. *A prova*..., p. 156.

81 "De fato, a própria ideia de <<verdade judicial>> pode parecer vaga, confusa e duvidosa. Um argumento de vagueza e de dúvida é inerente ao próprio conceito de <<verdade judicial>>. Uma corrente bastante difundida sustenta que a <<verdade judicial>> deve se distinguir das verdades <<ordinárias>> ou <<normais>> que podem ser buscadas e alcançadas fora do contexto judicial. A verdade que pode ser alcançada nesse contexto é definida como <<formal>> ou <<convencional>> e é concebida, por várias razões, como uma verdade bastante diferente da verdade não judicial ou extrajudicial: porque os processos judiciais constituem um contexto muito especial; porque as partes e o juiz não podem se valer de qualquer meio possível para buscar a verdade (uma vez que devem se submeter a diversas regras relativas à admissibilidade e à produção da prova); e, também, porque hão de abandonar a busca pela verdade quando a necessidade de alcançar um solução final para o litígio se sobrepuser à necessidade de coletar provas adicionais. (TARUFFO, Michele. *A prova*.., p. 23).

82 "A rigor, a verdade, se possível de ser alcançada, há de ser uma só, sendo certo que qualquer processo (civil, penal, trabalhista ou administrativo) almeja atingi-la. Não há dúvida de que é pressuposto do ideal de justiça chegar à real ocorrência dos fatos. Assim, parece-nos impróprio falar em verdade real e formal. Avançando na discussão, passou-se a considerar uma verdade processual, ou seja, aquela que emerge dos autos. O convencimento do juiz haveria de subsumir-se ao provado, chegando-se, então, à verdade. A verdade processual, como afirma Badaró, seria uma verdade judicial, aproximada tanto quanto possível da realidade, detendo-se a pesquisa sobre a mesma ao que está nos autos. Assim, teríamos uma verdade possível ou processual, reflexo de um elevadíssimo grau de probabilidade de que os fatos tivessem ocorrido da forma alegada pelas partes." (MIRZA, Flávio. *Prova pericial*: em busca de um novo paradigma..., p. 56).

83 Afrânio Silva Jardim, no texto "Não creem na teoria geral do processo, mas ela existe", em que rebate os argumentos tecidos por Aury Lopes Júnior sustentando a teoria dualista, bem enfoca a questão: Agora digo eu: a maior ou menor atuação do juiz no campo probatório no processo penal, civil ou trabalhista não infirma

2.5. Função da prova

Recorrendo às históricas lições de Malatesta:

> Sendo a prova o meio objectivo pelo qual o espírito humano se apodera da verdade, a eficácia da prova será tanto maior, quanto mais clara, ampla e firmemente ela fizer surgir no nosso espírito a crença de estarmos de posse da verdade. Para se conhecer, portanto, a eficácia da prova, é necessário conhecer como a verdade se refletiu no espírito humano, isto é, é necessário conhecer qual o estado ideológico, relativamente à coisa a verificar, que ela criou no nosso espírito com a sua ação.[84]

Para o modelo persuasivo da prova, é impossível atingir a verdade histórica dos fatos. A reconstrução deve ficar o mais próximo possível da verdade, mas não será possível reconstruir a própria realidade.[85]

O modelo demonstrativo da prova tem como premissa a reconstrução dos fatos por meio da prova. Pressupõe a possibilidade de ser alcançada a verdade real sobre os fatos em sua completude.

---

a existência de um conceito unitário de processo. Aliás, no Direito brasileiro, temos regra expressa no sentido de que o juiz penal pode produzir prova de ofício, desde que supletivamente à atividade probatória das partes. Aliás, este é um dos temas hoje preferido da Teoria Geral de Processo. Há inúmeros livros em nossa pátria tratando do poder instrutório do juiz no processo civil e penal. Para que não pensem que nós, do processo penal, sejamos ingênuos, acreditando que se possa chegar à verdade absoluta, sugerimos substituir o nome do princípio da busca da verdade real por 'princípio da busca do convencimento do juiz'. A circunstância de o ônus da prova ser distribuído diversamente no processo penal não nega a Teoria Geral do Processo. Até porque, temos que tratar de temas gerais, como prova, ônus e preclusão. Sempre sustentamos que, na ação penal condenatória, o ônus da prova é todo da acusação. Neste sentido, nosso estudo doutrinário foi pioneiro. Entretanto, isto em nada dificultou a elaboração de meus outros textos, todos partindo de conceitos formulados pela Teoria Geral do Processo. Por derradeiro, ainda que assim não fosse, não esqueçamos, mais uma vez, das ações penais não condenatórias, onde a distribuição do ônus da prova pode ser igual ao processo civil." (JARDIM, Afrânio da Silva. Não creem na teoria geral do processo, mas ela existe, disponível em <http://www.conjur.com.br/2014-jul-04/afranio-jardim--nao-creem-teoria-geral-processo-ela-existe>. Acesso em 05 de julho de 2017.

84 MALATESTA, Nicola Framarino del. *A lógica das provas em matéria criminal.* Trad. J. Alves de Sá. 2ª ed., Lisboa: Livraria Clássica Editora, 1927, p. 19.

85 Segundo Montero Aroca, apud Filipe Guimarães, "a pretensão de se reconstituir a verdade é uma aspiração por demais ambiciosa". GUIMARÃES, Filipe. Op. cit., pp. 1138-1139.

Rafael Estrela Nóbrega, em excelente dissertação de mestrado sob a orientação do Professor Paulo Cezar Pinho Carneiro e coorientação do Professor Humberto Dalla Bernardina de Pinho, destaca que a visão persuasiva da prova é insuficiente, porquanto a prova não se presta somente a convencer. Uma posição que coloque a prova somente como instrumento de persuasão é insuficiente.[86] Sob essa ótica, a prova é direito fundamental, extraído do direito ao acesso à justiça (art. 5º, XXXV, da CRFB/88).[87]

Aqueles que defendem poderes instrutórios ampliados do julgador normalmente adotam o modelo demonstrativo da prova, pois veem nela a possibilidade de se julgar com base na verdade dos fatos, pressuposto para a decisão justa.[88]

Asseverem-se, ainda, dois aspectos da prova enquanto instrumento do direito processual: o objetivo e o subjetivo.

A faceta objetiva, destaca a prova como ferramenta apta a demonstrar a existência de um fato; a subjetiva, como aparelho voltado a atuar junto ao convencimento do julgador.[89]

2.6. Prova e seus significados: ação de provar, meio de prova, resultado da atividade probatória, elementos de prova e argumento de prova

A palavra prova, em sentido vulgar, é utilizada como sinônimo de teste, exame, traduz aquilo que pode levar ao conhecimento de uma qua-

86 "É imprescindível que ela exerça um papel na reconstrução racional dos fatos postos em juízo." NÓBREGA, Rafael Estrela. Op. cit., p. 28.

87 Ibidem, pp. 29-31.

88 "Da mesma maneira, vê-se distinção na concepção da verdade conforme a compreensão da função da prova. Essencialmente, a prova pode apresentar função cognitiva ou persuasiva. Em certos momentos da História, como na Antiguidade Greco-Romana, verifica-se uma concepção retórica da prova, pela qual ela seria um argumento persuasivo, visando ao convencimento em torno de um fato relevante para a decisão. Nessa ordem de ideias, considerando que se pode convencer e ter certeza sobre afirmações falsas, a prova não guarda relação direta com a verdade, que é tratada apenas lateralmente, vista como irrelevante. Ao contrário, em outras épocas, como na Idade Média, aproxima-se a prova do raciocínio lógico e do cientificismo, buscando-se a demonstração da verdade. Chega-se, então, ao outro extremo, em que a pesquisa da verdade torna-se ilimitada, admitindo todos os meios de investigação, justificando-se, inclusive, a tortura." (VAZ, Denise Provasi. Op. cit., pp. 85-86).

89 NÓBREGA, Rafael Estrela. Op. cit., p. 29.

lidade ou fato.[90] Tem a mesma origem etimológica de probo (do latim, *probatio* e *probus*), que traduz a ideia de aprovação, correção, confiança,[91] e relaciona-se com a tarefa de busca do conhecimento verdadeiro.

No entanto, verificam-se outros significados em sentido jurídico-processual.[92]

Na realidade, a prova é categoria metajurídica, não é exclusividade do Direito, que a tomou emprestada da realidade da vida, a fim de desenvolver a atividade instrutória para demonstração da realidade dos fatos para resolução das lides e formação da convicção do julgador.[93]

A doutrina aponta que o termo prova é utilizado na linguagem jurídica, ainda que de forma equivocada – e a problemática não passou despercebida pela melhor doutrina estrangeira[94] –, com várias acepções:

---

90 Neste sentido, Jorge Augusto Buzetti Silvestre reporta-se à observação de Adalberto José Q. T. de Camargo Aranha. (SILVESTRE, Jorge Augusto Buzetti. A flexibilização da prova emprestada. *Revista Síntese, Direito Civil e Processual Civil*, ano XII, n. 70, mar./abr. 2011, p. 126).

91 GOMES FILHO, Antonio Magalhães. Op. cit., p. 305.

92 FERREIRA, Willian Santos. Comentário ao capítulo XII – das provas. In: WAMBIER, Teresa Arruda Alvim; DIDIER Jr., Fredie; TALAMINI, Eduardo; DANTAS, Bruno (coords.). *Breves comentários ao novo código de processo civil*. São Paulo: RT, 2015, p. 991.

93 MIRZA, Flávio. Considerações sobre questões de direito probatório (em matéria penal). *Revista Eletrônica de Direito Processual REDP*. Volume XII. Periódico da Pós-Graduação *Stricto Sensu* em Direito Processual da UERJ, p. 194.

94 "Acerca do problema da prova e da verdade judicial apresenta-se outra questão linguística que merece atenção, em especial com respeito às teorias e regramentos europeus da prova. Nos sistemas da *common law* esse tópico praticamente carece de sentido: a distinção fundamental entre *evidence* (elemento ou meio de prova) e *proof* (prova como resultado) torna clara a diferença entre os dados, as informações, as circunstâncias, os documentos, os enunciados, e os conhecimentos que podem ser usados como premissa da decisão acerca dos fatos em litígio, por outro lado, e as conclusões alcançadas ou resultados obtidos através das inferências extraídas dos elementos de prova relevantes, por outro, que culminam em enunciados sobre a existência dos fatos em litígio e a veracidade desses enunciados. [...] A distinção entre *evidence* e *proof*, e seu correspondente nos sistemas de *civil law*, aborda uma diferença conceitual fundamental. A noção de *evidence* vincula-se somente indiretamente com a questão da verdade judicial. Os elementos de prova constituem dados cognitivos e informações, dos quais a verdade dos fatos pode derivar, se as inferências apropriadas desses forem extraídas e tais inferências conduzirem à verdade dos fatos controversos. Quando se alcança esse objetivo, porque há boas razões para crer que tal fato seja verdadeiro, então esse fato está 'provado', uma vez que confirmado pelos elementos de prova. Em certo sentido, em qualquer contexto processual 'meio de prova' é tudo aquilo que pode ser usado significativamente para apoiar a prova de um fato." (TARUFFO, Michele. *A prova...*, p. 33).

a) atividade probatória (*actus probandi*); b) para designar os meios de prova; c) resultado da atividade probatória;[95] d) elementos de prova; e) meios de pesquisa ou de obtenção de prova.

Antonio Magalhães Gomes Filho igualmente repara a multiplicidade de significados da prova.[96]

Cândido Rangel Dinamarco registra que a primeira acepção, que designa a prova como um conjunto de atividades de verificação e demonstração dos fatos relevantes para o julgamento, no intuito de formar o convencimento do julgador, é o conceito que mais interessa à teoria do processo.[97] Por meio da atividade probatória, busca-se o conhecimento verdadeiro acerca dos fatos discutidos no processo, utilizando-se procedimentos racionais e capazes de garantir a participação das partes sua influência na convicção do julgador.[98]

Nesse sentido, o termo é utilizado para designar a conclusão que se extrai dos elementos de prova a respeito de determinado fato. No caso, significa resultado da atividade probatória, que é a síntese elaborada pelo juiz, por meio de sua atividade intelectual, daquilo que se verificou por meio do cotejo dos elementos de prova. O resultado da atividade probatória é subjetivo, pois deriva de tarefa interpretativa; o julgador, no entanto, deve fundamentar sua convicção nos dados objetivos existentes no processo (elementos de prova).[99]

---

95 MIRZA, Flávio. *Prova pericial*: em busca de um novo paradigma..., p. 68.

96 "Também daí decorre outra constatação relevante: grande parte das dificuldades encontradas pelos juristas no tratamento da matéria está no emprego, nem sempre adequado, de certas expressões próprias da linguagem comum, da terminologia filosófica e científica ou mesmo elaboradas em outras culturas jurídicas, que nem sempre servem para esclarecer a natureza dos fenômenos ligados à prova judiciárias, mas, ao contrário, muito contribuem para incertezas, equívocos e contradições. Desde logo, e como exemplo, basta lembrar que o nosso Código de Processo Penal, nas disposições gerais sobre o tema (arts. 155 *usque* 157), emprega a expressão *prova* em três sentidos diferentes: o art. 155 a utiliza como *meio de prova*, o art. 156, como *resultado de prova* e, finalmente, o art. 157 como conjunto dos *elementos de prova*." GOMES FILHO, Antonio Magalhães. Op. cit.,

97 DINAMARCO, Cândido Rangel. *Instituições de direito processual civil*. vol. III..., pp. 43-44.

98 "Nesse contexto, a verdade tem papel de vedete. É necessária a construção de um encadeamento entre a afirmação dos fatos, a busca da verdade e a demonstração da afirmação acerca dos fatos, para formação do convencimento do juiz." (PINHO, Humberto Dalla Bernardina de; SILVA, Felipe Carvalho Gonçalves da. Prova emprestada: pontos de convergência..., p. 165).

99 GOMES FILHO, Antonio Magalhães. Op. cit., p. 304.

Michele Taruffo e Michele Gian Antonio enfatizam a importância do contraditório na atividade probatória:

> Todavia, pode dizer-se que, nos modernos Estados de direito, estes objetivos são atingidos por meio da criação de tribunais que, já no plano constitucional, inspiram maior confiança no que respeita à sua imparcialidade e à sua independência no julgamento. Disto decorre que toda a teoria moderna da prova deve ser considerada deste ponto de vista, isto é, de como poder-se-ia concorrer para formar a convicção do juiz do modo mais desprendido possível das regras de julgamento pré-constituído, assegurado, porém, às partes a possibilidade de controlar sua formação.
>
> Assim, é necessário que se levem em conta não somente os meios de convicção que os sistemas probatórios atuais oferecem ao juiz, mesmo em relação à evolução da tecnologia moderna, mas, também, as possibilidades que estes sistemas dão às partes para que estas controlem a maneira através da qual se forma o convencimento. Em uma palavra, os sistemas probatórios não se podem desligar do princípio do direito de defesa em justiça, e de seu corolário: o princípio do contraditório.[100]

Instrução é a atividade que visa a munir o processo de recursos necessários (elementos de prova) para o convencimento do juiz acerca da controvérsia de fato e de direito levados pelas partes, de maneira que possa julgar procedente ou improcedente o pedido.[101 102 e 103]

Inexiste diferença ontológica entre prova cível e prova penal.[104] No entanto, no processo penal, há necessidade de se provar o fato, ainda que esteja incontroverso. Assim, a mera confissão não é capaz de con-

---

100 MICHELE, Gian Antonio; TARUFFO, Michele. *A prova...*, p. 156.

101 SANTOS, Moacyr Amaral. *Primeiras linhas de direito processual civil*, v. II, 10ª ed., São Paulo: Saraiva, 1985. p. 271.

102 "Compreende, assim, os atos de colheita e produção da prova, bem como sustentação final da causa pelas partes, em debates orais ou alegações finais por escrito". (MIRZA, Flávio. Considerações sobre questões de direito probatório..., p. 195).

103 "Provar é demonstrar ao juízo, que desconhece os fatos, que estes ocorreram e, com base nisso, buscar um julgamento favorável. O processo enseja uma atividade apta à cognição da realidade em relação à qual há uma controvérsia e, na área criminal, uma justaposição de interesses - direito de punir e direito de liberdade -, instruindo-se-o com a representação daquele fato sobre o qual incidirá uma decisão. Essa atividade denomina-se instrução probatória." (PENTEADO, Jaques de Camargo. Op. cit., p. 717).

104 MIRZA, Flávio. Considerações sobre questões de direito probatório..., p. 194.

duzir à procedência do pedido.[105] Isto, porque o direito de liberdade é indisponível e o Estado tem o dever de tutelá-lo.

Meios de prova são os instrumentos ou atividades manejadas processualmente para produção dos dados probatórios (elementos de prova).[106]

Os meios de prova podem ser típicos – a saber, prova testemunhal, depoimento pessoal das partes, interrogatório livre, prova documental, prova pericial, inspeção judicial, prova emprestada – ou atípicos. A distinção tem como base a previsão, ou não, do meio de prova no ordenamento jurídico. Só podem ser considerados meios de prova os instrumentos reconhecidos pelo direito como idôneos, isto é, conforme as provas juridicamente admissíveis.[107]

O Código de Processo Civil anterior[108] e o atual[109] consagram a regra da atipicidade dos meios de prova.[110]

No Código de Processo Penal[111] não há regra expressa sobre a atipicidade. E ainda que vozes, diga-se, isoladas, defendam a taxatividade,[112]

---

105 Art. 197 do Código de Processo Penal: "O valor da confissão se aferirá pelos critérios adotados para os outros elementos de prova, e para a sua apreciação o juiz deverá confrontá-la com as demais provas do processo, verificando se entre ela e estas existe compatibilidade ou concordância.

106 "São, em síntese, os canais de informação de que se serve o juiz." (GOMES FILHO, Antonio Magalhães. Op. cit., p. 307).

107 THEODORO JUNIOR, Humberto. *Curso de direito processual civil*: teoria geral do direito processual civil e processo de conhecimento. vol. I. 47ª ed., Rio de Janeiro: Editora Forense, 2007, p. 481.

108 Art. 332 do Código de Processo Civil de 1973: "Todos os meios legais, bem como os moralmente legítimos, ainda que não especificados neste Código, são hábeis para provar a verdade dos fatos, em que se funda a ação ou a defesa."

109 Art. 369 do Código de Processo Civil de 2015: "As partes têm o direito de empregar todos os meios legais, bem como os moralmente legítimos, ainda que não especificados neste Código, para provar a verdade dos fatos em que se funda o pedido ou a defesa e influir eficazmente na convicção do juiz."

110 LUCON, Paulo Henrique dos Santos. Comentário ao capítulo XII – das provas. In: CABRAL, Antônio do Passo; CRAMER, Ronaldo. *Comentários ao novo código de processo civil*. Rio de Janeiro: Forense, 2016, p. 573.

111 Vejamos o que estatui o art. 155 do regulamento processual: "O juiz formará sua convicção pela livre apreciação da prova produzida em contraditório judicial, não podendo fundamentar sua decisão exclusivamente nos elementos informativos colhidos na investigação, ressalvadas as provas cautelares, não repetíveis e antecipadas."

112 "Caberia indagar, então, se tal regra tem aplicação ao processo penal, na falta de disposição semelhante, ou se neste a legalidade probatória – que representa a mais valiosa garantia do acusado contra decisões arbitrárias – conduziria à inadmissibilidade das provas não contempladas pelo ordenamento jurídico. A questão não é

não é o que prevalece, até mesmo porque a limitação dos meios de prova afrontaria a ampla defesa, princípio que tem sede constitucional.

As provas atípicas têm valoração livre, mas condicionada à motivação do julgador. Nem o Código de Processo Civil de 1973, tampouco o Código de Processo Penal vigente, dispensam tratamento sobre a prova emprestada.

Com efeito, a prova emprestada sempre foi largamente utilizada com base no princípio da atipicidade. Agora há tratamento expresso, ainda que tímido, no Código de Processo Penal,[113] que pode ser aplicado por analogia, com arrimo no artigo 3º do Código de Processo Penal.[114]

A restrição à produção é medida de exceção, sempre depende de fundamentação idônea. A fundamentação não pode ser genérica.

Não há hierarquia entre os meios de prova. Interessante notar que o Código de Processo Civil de 2015 não adota o sistema de provas legais nem os julgamentos *secundum conscientizam*. Mas também não reprisou o livre convencimento motivado. O convencimento deve ser motivado. É o mesmo sistema da persuasão racional, embora não haja mais no texto legal a palavra "livre". Há o dever de fundamentar a posição tomada. Não mais se admitem pronunciamentos genéricos.

---

meramente teórica diante do que se disse sobre a dificuldade de identificar outros meios de prova, além dos já previstos pelo legislador. Alguns exemplos da prática judicial servem para indicar outros aspectos do problema e, talvez, contribuir para o encaminhamento de uma solução. Assim, em certos casos, o Ministério Público pretende juntar, como prova, testemunho colhido unilateralmente em seu gabinete, alegando ser documento. Trata-se aqui de um verdadeiro jogo de palavras que levaria a se admitir a introdução, no processo, de elementos obtidos com violação da própria natureza da prova testemunhal, cujo valor está, justamente, na sua produção na presença do juiz e em contraditório, de forma a permitir que o magistrado e as partes possam acompanhar o depoimento, observando o comportamento e as reações do depoente, e formulando perguntas necessárias ao esclarecimento dos fatos relatados. Nessa situação não se trata, simplesmente, de infringência ao modo de introdução da prova, como o possível reconhecimento de nulidade, até porque as regras relativas à prova documental geralmente são observadas. A atipicidade está ligada ao próprio meio de prova, pois o canal de informação utilizado é diverso do estipulado em lei; a prova é atípica (primeiro sentido) e não pode ser admitida, sob pena de completa subversão do valor de garantia da legalidade probatória." (GOMES FILHO, Antonio Magalhães. Op. cit., p. 316).

113 Art. 372 do Código de Processo Civil de 2015: "O juiz poderá admitir a utilização de prova produzida em outro processo, atribuindo-lhe o valor que considerar adequado, observado o contraditório."

114 SILVA, Bernardo Braga e. Op. cit., p. 304.

A obtenção da prova deve respeitar a lei (exemplo, não pode violar a intimidade) e não pode ser imoral. Basta que a prova não seja obtida por meio ilícito, ou inidôneo moralmente, para que seja admitida no processo. Não é propriamente a prova que é ilícita, mas sim o meio pelo qual ela foi obtida, daí decorrendo a sua contaminação (inutilidade). Na determinação de provas pelo juiz com o objetivo da descoberta da verdade, o resultado da instrução atinge legitimamente a parte que não tem razão, desde que oportunizada a sua participação.

Diferencia-se, ainda, meio de prova do que a doutrina chama de meio de pesquisa de prova, ou meio de obtenção de prova. Este último instrumento diz respeito a certos procedimentos regulamentados por lei, com o objetivo de conseguir provas materiais, como a busca e apreensão, a interceptação telefônica, a quebra de sigilo de dados bancários, a ação controlada e a infiltração de agentes.

Controverte-se sobre a colaboração premiada, se é meio de prova ou meio de obtenção de provas, tema que será tratado adiante.

Apenas para introduzir o leitor nas diferenças entre os institutos, um traço que distingue o meio de prova do meio de obtenção de prova refere-se ao exercício do contraditório. A surpresa quase sempre acompanha os meios de obtenção de prova, *"ao passo que os meios de prova são produzidos com observância do contraditório, o que supõe tanto o conhecimento como a efetiva participação das partes na sua realização"*.[115]

Elementos de prova são dados objetivos que confirmam ou negam uma asserção acerca de um fato que importa para a resolução da causa. São elementos de prova, por exemplo, o conteúdo de um documento, a conclusão de um perito, o depoimento de um informante.[116]

Na doutrina italiana emprega-se, ainda, o conceito de argumento de prova (art. 116, §2º, do código de processo civil italiano), que permite que o juiz extraia argumentos de provas das respostas dadas pelas partes em seus interrogatórios livres, de sua recusa em consentir inspeções ou, em geral, de seu comportamento no processo. São dados que não têm a mesma carga probatória dos elementos de prova, mas, em cotejo com estes, podem somar para a formação da convicção do juízo.[117]

---

115 GOMES FILHO, Antonio Magalhães. Op. cit., p. 309.

116 "A expressão revela, por sinal, outra característica fundamental da atividade probatória, a de que o convencimento judicial resulta (ou deve resultar) de uma pluralidade de informações (provas), a partir das quais são realizados procedimentos inferenciais para que se chegue a uma conclusão sobre os fatos." (Ibidem, p. 307).

117 Transcreve-se, a título informativo, o texto legal italiano: "Art. 116 - Valutazione delle prove. Il giudice deve valutare le prove secondo il suo prudente apprezzamento,

A demonstração do fato pode ser feita por meio de prova direta, as quais *"referem-se ao próprio fato probando ou consistem no próprio fato, reproduzindo-o ou representando-o"*.[118] Ou por meio da prova indireta, *"Diferentemente, as provas indiretas referem-se a outro fato, do qual, por trabalho do raciocínio, se chega ao fato que se queira provas. São provas indiretas as presunções e os indícios."*[119]

Humberto Theodoro Junior destaca, ainda, outros dois sentidos nos quais conceito de prova pode se traduzir:[120]

> a) Um objetivo, isto é, como o instrumento ou o meio hábil, para demonstrar a existência de um fato (os documentos, as testemunhas, a perícia, etc);
>
> b) E outro subjetivo, que é a certeza (estado psíquico) originada quanto ao fato, em virtude da produção do instrumento probatório. Aparece a prova, assim, como convicção formada no espírito do julgador em torno do fato demonstrado.

salvo che la legge disponga altrimenti. Il giudice può desumere argomenti di prova dalle risposte che le parti gli danno a norma dell'articolo seguente, dal loro rifiuto ingiustificato a consentire le ispezioni che egli ha ordinate e, in generale, dal contegno delle parti stesse nel processo. Art. 117 - Interrogatorio non formale delle parti. Il giudice, in qualunque stato e grado del processo, ha facoltà di ordinare la comparizione personale delle parti in contraddittorio tra loro per interrogarle liberamente sui fatti della causa. Le parti possono farsi assistere dai difensori." Tradução livre: "Art. 116 - Avaliação das provas. O juiz deve valorar a prova segundo a sua prudente apreciação, a menos que a lei determine o contrário. O juiz pode deduzir o argumento de prova das respostas que as partes lhe deram de acordo com o artigo seguinte, de sua recusa injustificada em permitir as inspeções que ele ordenou e, em geral, do comportamento das próprias partes no processo. Artigo 117 - Interrogatório livre das partes. O juiz, em qualquer estado e grau do julgamento, tem a faculdade de ordenar o comparecimento pessoal das partes em contraditório entre elas para questioná-las livremente sobre os fatos do caso. As partes podem ser assistidas pelos defensores."

118 MIRZA, Flávio. Considerações sobre questões de direito probatório..., p. 200.

119 Idem.

120 THEODORO JUNIOR, Humberto. Op. cit., p. 472.

2.7. Objeto da prova. Sujeito da prova. Fonte de prova. Destinatário da prova

José Carlos G. Xavier de Aquino ensina que três são os elementos integradores da prova: o objeto; o sujeito ou órgão; e o meio de prova.[121]

O objeto da prova é o fato (*thema probandum*). Para o processo penal, o objeto da prova é o fato criminoso e sua autoria. São esses elementos que verdadeiramente interessam à solução de uma causa. O objeto da prova é determinado pelas proposições representativas dos fatos juridicamente relevantes e colocados pelas partes como base da acusação e da defesa, ou mesmo como fundamento de eventual pesquisa judicial.[122] O conteúdo da prova deve ficar restrito aos limites da imputação e da (s) teses (s) de defesa.[123 e 124]

O objetivo da prova é a criação de um ambiente propício ao julgamento da causa. Por isso, o juiz indeferirá as diligências inúteis ou protelatórias.

Vale ressaltar que existem fatos que precisam ser provados, de acordo com o Código de Processo Civil, aplicável por analogia ao Código de Processo Penal.[125]

O sujeito ou órgão da prova é a pessoa física que transmite o conhecimento do objeto de prova. A pessoa física é o sujeito ativo da prova e o juiz é o receptor. É através do meio de prova que se adquire o conhecimento de um objeto de prova.

Fonte de prova é onde os meios de prova coletam as informações. São pessoas, coisas, semoventes, fenômenos, etc. Podem ser reais (documentos) ou pessoais (vítima, perito, testemunha).[126]

---

121 AQUINO, José Carlos G. Xavier de. Op. cit., p. 27.

122 GOMES FILHO, Antonio Magalhães. Op. cit., p. 317.

123 AQUINO, José Carlos G. Xavier de. Op. cit., p. 29.

124 "Os fatos litigiosos são o objeto da prova". THEODORO JUNIOR, Humberto. Op. cit., p. 473.

125 "Art. 374 do CPC: Não dependem de prova os fatos: I - notórios; II - afirmados por uma parte e confessados pela parte contrária; III - admitidos no processo como incontroversos; IV - em cujo favor milita presunção legal de existência ou de veracidade."

126 Antônio Magalhães Gomes Filho defende que a palavra do acusado não pode ser utilizada como meio de prova, apesar de o acusado, eventualmente, poder ser fonte de prova quando, voluntariamente, fornece elementos probatórios para a decisão: "Num processo penal garantidor, no qual seja assegurado ao réu o direito de não colaborar para a obtenção de provas contra si mesmo (*nemo tenetur se accusare*), a distinção entre fonte e meio de prova é relevante: o acusado será, eventualmente,

Como percebe José Lebre de Freitas, o julgador da matéria de fato deve ter o contato mais direto possível com as pessoas ou coisas que servem de fontes de prova,[127] pois, afinal, tem ele o objetivo de extrair a verdade dos fatos.

Destinatário é todo aquele que possa utilizar dos meios de prova. O destino são os autos do processo. A pessoa que não participa do processo pode ser destinatária utilizando a prova de forma emprestada.

fonte de prova, na medida em que trouxer voluntariamente elementos probatórios úteis à decisão; mas o seu interrogatório não poderá ser considerado meio de prova porque não constitui atividade destinada a tal finalidade, mas antes um instrumento de defesa." (GOMES FILHO, Antonio Magalhães. Op. cit., p. 309). Essa situação não se confunde com o depoimento do delator em sede de colaboração premiada, como desenvolverá em capítulo próprio.

127 FREITAS, José Lebre de. *Introdução ao processo civil:* conceito e princípios gerais. 2ª ed., Coimbra: Editora Coimbra, 2009, p. 169.

3
DA COLABORAÇÃO (DELAÇÃO) PREMIADA

3.1. Aspectos históricos

Não se pode negar a importância da prova oral para a resolução das lides. Apesar de serem conhecidas historicamente como "a rainha das provas"[1] e a "prostituta das provas",[2] respectivamente, - pechas que levantam curiosidade acerca da pejoratividade das alcunhas - a confissão e o testemunho têm grande peso na ação de julgar. Na seara criminal, raras são as demandas que não têm a verdade perseguida com base em inquirições.

Neste contexto de procura por uma justiça efetiva e inspirada pelas experiências italiana e norte-americana, a colaboração (delação) premiada foi reintroduzida no ordenamento jurídico brasileiro com a Lei nº 8.072/90.

A delação premiada não é instituto novo. Ocorre quando alguém não só admite a prática do fato criminoso, mas também imputa sua autoria a outra pessoa ou a outras pessoas,[3] em troca de favores do Estado, que pode ser a redução da pena, a substituição do regime prisional, ou outro benefício. A ideia principal do instituto é premiar o delator que, de alguma forma, colabora com a autoridade policial ou judiciária, permitindo, eficazmente, evidenciar fatos que venham a contribuir com a apuração da materialidade delitiva e sua autoria.

A leitura histórica nos mostra que o referido mecanismo esteve presente anteriormente, em vários ordenamentos jurídicos alienígenas, e até mesmo no brasileiro, no Código Filipino.

As Ordenações Filipinas, ou Código Filipino, são uma compilação jurídica que resultou da reforma do código Manuelino, por Filipe II de

---

1 CRUZ, Rogério Schietti Machado. *A rainha das provas*. Conteúdo Jurídico, Brasília-DF: 11 maio 2009. Disponível em: http://www.conteudojuridico.com.br/?artigos&ver=2.23963&seo=1. Acesso em: 07 fev. 2018.

2 EMERICH, Amanda Patussi. *Provas no processo civil* - de prostituta à rainha. Disponível em: http: amandapatussi.jusbrasil.com.br/artigos/113237911/provas-no-processo-civil-de-prostituta-a-rainha. Acesso em: 07 fev. 2018.

3 SARCEDO, Leandro. A delação premiada e a mitigação do princípio da obrigatoriedade da ação penal. *Revista do Instituto dos Advogados de São Paulo*, vol. 27, jan./jun. 2011, pp. 191-205.

Espanha (Philippe I de Portugal), durante o domínio castelhano, e ao fim da União Ibérica (1580-1640) foram confirmadas para continuar vigendo em Portugal por D. João IV. O Código Filipino, embora muito alterado, constituiu a base do direito português até a promulgação dos sucessivos códigos do século XIX, sendo que muitas disposições tiveram vigência no Brasil até o advento do Código Civil de 1916. As normas relativas ao processo penal tiveram vigência até o Código de Processo Penal de 1832, editado para dar consecução aos ditames da Constituição de 1824.

As Ordenações Filipinas estatuíam regras que hoje se amoldariam ao instituto que a doutrina apelidou "delação premiada". O Título CXVI constante do Livro V é nomeado "*Como se perdoará aos malfeitores, que derem outros á prisão*" estabelecia:[4]

> Qualquer pessôa, que der á prisão cada hum dos culpados, e participantes em fazer moeda falsa, ou em cercear, ou per qualquer artificio mingoar, ou corromper a verdadeira, ou em falsar nosso sinal, ou sello, ou da Rainha, ou do Principe meu filho, ou em falsar sinal de algum Vêdor de nossa fazenda, ou Dezembargador, ou de outro nosso Official Mór, ou de outros Officiaes de nossa Caza, em cousas, que toquem a seus Officios, ou em matar, ou ferir com bêsta, ou espingarda, matar com peçonha, ou em a dar, ainda que morte dela se não siga, em matar atraiçoadamente, quebrantar prisões e Cadêas de fóra per força, fazer furto, de qualquer sorte e maneira que seja, pôr fogo ácinte para queimar fazenda, ou pessôa, forçar mulher, fazer feitiços, testemunhar falso, em soltar presos por sua vontade, sendo Carcereiro, em entrar em Mosteiro de Freiras com proposito deshonesto, em fazer falsidade em seu Offício, sendo Tabellião, ou Scrivão; tanto que assi dér á prisão os ditos malfeitores, ou cada hum delles, e lhes provar, ou forem provados cada hum dos ditos delictos, se esse, que o assi deu á prisão, participante em cada hum dos ditos malefícios, em que he culpado aquelle, que he preso, havemos por bem que, sendo igual na culpa, seja perdoado livremente, postoque não tenha perdão da parte.
>
> E se não fôr participante no mesmo maleficio, queremos que haja perdão para si (tendo perdão das partes) de qualquer malefício, que tenha, postoque grave seja, e isto não sendo maior daquelle, em que he culpado o que assi deu á prisão.

4 SENADO FEDERAL. *Codigo Philippino, ou, Ordenações e leis do Reino de Portugal: recopiladas por mandado d'El-Rey D. Philippe I.* Disponível em: http://www2 senado.leg.br/bdsf/handle/id/242733. Acesso em: 22 nov. 2017.

> E se não tiver perdão das partes, havemos por bem de lhe perdoar livremente o degredo, que tiver para Africa, até quatro annos, ou qualquer culpa, ou maleficio, que tiver commettido, porque mereça degredo até os ditos quatro annos.
>
> Porém, isto se estenderá, que o que dér á prisão o malfeitor, não haja perdão de mais pena, nem degredo, que de outro tanto, quanto o malfeitor merecer.
>
> E além do sobredito perdão, que assi outorgamos, nos praz, que sendo o malfeitor, que assi foi dado á prisão, salteador de caminhos, que aquelle, que o descobrir, e dér á prisão, e lho provar, haja de Nós trinta cruzados de mercê.

Percebe-se, pois, que o "delator" poderia ter seus crimes perdoados, pena reduzida, e até mesmo receber recompensa em moeda.

Sem embargo, a delação premiada caiu em desuso, por representar uma atitude imoral. Afinal, o dispositivo retratava o poder inquisitivo do Império. Eram perseguidos não só criminosos, mas também inimigos do império.[5]

Episódios históricos foram marcados pelo instituto jurídico que, hoje, se intitula de colaboração premiada.

José Carlos G. Xavier de Aquino timbra:[6]

> Historicamente, a delação premiada encontra seu germe na Bíblia, quando Judas Iscariotes entregou Jesus Cristo, em troca de trinta moedas de prata. Desde então, a sociedade vê a Justiça negociada como instituto antiético que premia delatores, de tal sorte que até hoje, no sábado de Aleluia existe a chamada 'Malhação do Judas', de onde se extrai esse sentimento de repulsa. Também, o direito repressivo romano já admitia a possibilidade de conceder perdão judicial ao delator. O ranço da investigação sigilosa repousa na Inquisição, pois o nome dos acusadores e dos testigos nunca eram divulgados.

---

5 Cândido Mendes de Almeida, em 1870, anotou: "O Poder Moderador póde perdoar a pena á quem entender que merece clemencia. A doutrina desta Ord. não he seguida presentemente, parecendo immoral, ou promotora de tendências ou actos em desacordo com os bons sentimentos que devem existir em Cidadãos de um Paiz livre, e que se respeitão. MENDES DE ALMEIDA, Cândido. *Codigo Philippino ou Ordenações e Leis do Reino de Portugal* – Recopiladas por mandado D´El-Rey D. Philippe Ordenações Filipinas. 14ª ed., segundo a primeira de 1603 e a nona de Coimbra de 1824. Rio de Janeiro, 1870, p. 1272. Disponível em: http://www1.ci.uc.pt/ihti/proj/filipinas/l5p1272.htm. Acesso em: 22 nov. 2017.

6 AQUINO, José Carlos G. Xavier de. Op. cit., pp. 185-186.

> Bem é de ver que o anonimato dos chamados 'dedos duros', alcaguetas, à evidência, cria um clima de inegável desconfiança e desacredita a prova. Tanto assim, que nesse processo de caráter inquisitorial por meio dos Tribunais do Santo Ofício, a importância da admissão da prática delitiva reconhecia como uma prática de arrependimento [...] Como se vê, a 'justiça negociada' não é um instituto moderno.

O episódio em que Judas vendeu Jesus aos romanos está em Mateus 26:[7]

> Então, quando Jesus terminou de falar todas essas coisas, ele disse aos seus discípulos: 2 "Vocês sabem que daqui a dois dias é a Páscoa, e o Filho do Homem será entregue para ser morto na estaca. 3 Então os principais sacerdotes e os anciãos do povo se reuniram no pátio do sumo sacerdote, que se chama Caifás e fizeram planos para, com astucia, prender Jesus e matá-lo. 5 No entanto, diziam: "Não durante a festividade, para que não haja alvoroço entre o povo."... 14 Então um dos Doze, o chamado Judas Iscariotes, se dirigiu aos principais sacerdotes e disse: "O que me darão para entregá-lo a vocês? Estipularam 30 moedas de prata. 16 De modo que daquele momento em diante ele procurava uma boa oportunidade para traí-lo.

A história brasileira também pintou com cores de sangue episódios marcados por delações premiadas. Os movimentos políticos resultantes nas Conjurações Mineira e Baiana foram duas telas de registros históricos marcados por colaborações premiadas.

A Insurreição Mineira foi delatada por Joaquim Silvério dos Reis, coronel, Basílio de Brito Malheiro do Lago, tenente-coronel, e Inácio Correia de Pamplona, luso-açoriano, em troca do perdão de suas dívidas com a Real Fazenda. Presos, os inconfidentes aguardaram durante três anos pela finalização do processo. Os réus foram sentenciados pelo crime de "lesa-majestade", definido, pelas Ordenações Afonsinas e Ordenações Filipinas, como traição contra o rei. Alguns foram condenados à morte e outros ao degredo. Algumas horas depois, por carta de clemência de D. Maria I, todas as sentenças foram alteradas para degredo, à exceção a do Tiradentes, o alferes Joaquim José da Silva Xavier, que continuou condenado à pena capital. Tiradentes foi o único conspirador punido com a morte por ser o inconfidente de posição social mais baixa, haja vista que todos os outros ou eram mais ricos, ou detinham patente militar superior. No dia 21 de abril de 1792, Tiradentes foi enforcado,

7 *Bíblia Sagrada*. Tradução de João Ferreira de Almeida. 3.ed., Santo André-SP: Geográfica Editora, 2014. Novo testamento. pp. 41-44.

esquartejado e as partes do seu corpo espalhadas por Vila Rica e nos locais em que proferiu os seus discursos revolucionários contra a Coroa. Arrasaram a casa em que morava, jogando-se sal ao terreno para que nada lá germinasse[8 e 9].

A Conjuração Baiana,[10] também denominada como Revolta dos Alfaiates, foi um movimento de caráter emancipacionista, ocorrido no final do século XVIII (1798-1799), na então Capitania da Bahia, na colônia brasileira. Os revoltosos pregavam a libertação dos escravos e a instauração de um governo igualitário, por meio da instalação de uma república na Bahia. Também tinham como bandeira a liberdade de comércio e o aumento dos salários dos soldados. O movimento era divulgado sobretudo pelos escritos do soldado Luiz Gonzaga das Virgens e pelos panfletos de Cipriano Barata, médico e filósofo. No dia 12 de agosto de 1798, alguns de seus membros foram detidos distribuindo os panfletos na porta das igrejas e colando-os nas esquinas da cidade. Assim como ocorreu na Conjuração Mineira, interrogados, os detidos acabaram delatando os demais envolvidos.

No decurso do período da repressão, centenas de pessoas foram denunciadas, dentre elas: militares, clérigos, funcionários públicos e pessoas de todas as classes sociais. Destas, quarenta e nove foram detidas, a maioria tendo procurado abjurar a sua participação, buscando demonstrar inocência.

Em 8 de novembro de 1799, procedeu-se à execução dos condenados à pena capital, por enforcamento, na seguinte ordem: soldado Lucas Dantas do Amorim Torres, aprendiz de alfaiate Manuel Faustino dos Santos Lira, soldado Luís Gonzaga das Virgens e mestre alfaiate João de Deus Nascimento.

---

8 SÓ HISTÓRIA. *Inconfidência Mineira*. Disponível em: https://www.sohistoria.com.br/ef2/inconfidencia/. Acesso em: 23 out. 2018.

9 BOTELHO, Jeferson. Direito penal premial: delação e colaboração premiada: ondas renovatórias do direito probatório. In: ESPIÑERA, Bruno; CALDEIRA, Felipe (orgs.). *Delação premiada*: estudos em homenagem ao Ministro Marco Aurélio de Mello. 2ª ed., Belo Horizonte: Editora D'Plácido, 2017. p. 212; COSTA, Marcos Dangelo da. *Evolução do direito premial no mundo*. Disponível em http://www.conteudojuridico.com.br/monografia-tcc-tese,delacao-premiada,22109.html. Acesso em: 05 jul. 2018.

10 SÓ HISTÓRIA. *Movimentos nativistas e de libertação: Conjuração Baiana*. Disponível em: https://www.sohistoria.com.br/ef2/conjuracao/. Acesso em: 23 out. 2018.http://www.sohistoria.com.br/ef2/conjuracao/>. Acesso em 06 de fevereiro de 2018.

O quinto condenado à pena capital, o ourives Luís Pires, fugitivo, jamais foi localizado. Pela sentença, todos tiveram os seus nomes e memórias "malditos" até à 3ª geração. Os despojos dos executados foram expostos da seguinte forma: a cabeça de Lucas Dantas ficou espetada no Campo do Dique do Desterro; a de Manuel Faustino, no Cruzeiro de São Francisco; a de João de Deus, na Rua Direita do Palácio (atual Rua Chile); e a cabeça e as mãos de Luís Gonzaga ficaram pregadas na forca, levantada na Praça da Piedade, então a principal da cidade.

Como visto, se trata de temática turbulenta, tendo em vista o forte caráter ético-moral que permeia tal instituto. Nota-se que a própria construção etimológica do termo "colaboração premiada", busca suavizar ou substituir o termo "traição", bem como o tom pejorativo que a palavra carrega.

Na década de 90, pressionado pelo sensível aumento da violência urbana e pressão popular pelo endurecimento da legislação criminal, o legislador edita a Lei nº 8.072/90, que reinclui no ordenamento pátrio, nos artigos 7º e 8º, a colaboração premiada.[11]

Posteriormente, a Lei nº. 9.034/95 (Dispõe sobre a utilização de meios operacionais para a prevenção e repressão de ações praticadas por organizações criminosas), hoje revogada pela Lei nº 12.850/2013, trouxe, no seu artigo 6º, a possibilidade de redução da pena de um a dois terços, quando a colaboração espontânea do agente levar ao esclarecimento de infrações penais e sua autoria.[12]

Naquele mesmo ano, as Leis nº 7.492/86 (Define os crimes contra o sistema financeiro nacional, e dá outras providências) e nº 8.137/90 (Define crimes contra a ordem tributária, econômica e contra as relações de consumo, e dá outras providências) foram modificadas pela Lei nº. 9.080/95.

Na Lei nº 7.492/86, foi incluído o parágrafo segundo do artigo 25, prevendo a redução de um a dois terços para o coautor ou partícipe que

11 "Art. 7º. Ao art. 159 do Código Penal fica acrescido o seguinte parágrafo: 'Art. 159. [...] § 4º. Se o crime é cometido por quadrilha ou bando, o coautor que denunciá-lo à autoridade, facilitando a libertação do sequestrado, terá sua pena reduzida de um a dois terços.' Art. 8º. Será de três a seis anos de reclusão a pena prevista no art. 288 do Código Penal, quando se tratar de crimes hediondos, prática da tortura, tráfico ilícito de entorpecentes e drogas afins ou terrorismo. Parágrafo único. O participante e o associado que denunciar à autoridade o bando ou quadrilha, possibilitando seu desmantelamento, terá a pena reduzida de um a dois terços."

12 "Art. 6º. Nos crimes praticados em organização criminosa, a pena será reduzida de um a dois terços, quando a colaboração espontânea do agente levar ao esclarecimento de infrações penais e sua autoria."

revelar a trama delituosa nos crimes contra o sistema financeiro cometidos em quadrilha ou coautoria.[13] Igual previsão foi inserida no artigo 16 da Lei nº 8.137/90.[14]

No ano de 1996, o parágrafo quarto do artigo 159 do Código Penal sofreu outra alteração, agora pela Lei nº 9.269/1996, para adequar a colaboração premiada nos casos de sequestro às hipóteses de concurso de pessoas, dispensando a necessidade de que tenha sido cometido por quadrilha ou bando.[15]

No ano de 1998 foi promulgada a Lei nº 9.613 (Dispõe sobre os crimes de "lavagem" ou ocultação de bens, direitos e valores; a prevenção da utilização do sistema financeiro para os ilícitos previstos nesta Lei; cria o Conselho de Controle de Atividades Financeiras - COAF, e dá outras providências). No parágrafo quinto do artigo 1º, a lei traz a possibilidade de delação premiada e inova ao estabelecer que pode o réu delator, além de ter a pena diminuída, ter estabelecido o regime aberto para seu cumprimento ou a substituição da pena privativa de liberdade por restritivas de direitos. Além disso, a lei previu a recuperação do produto do crime como objeto da colaboração premiada.[16]

Em 2012, a Lei de Lavagem de Dinheiro foi modificada pela Lei nº 12.683, a qual objetivou conferir mais eficiência a persecução penal dos

---

13 "Art. 25. São penalmente responsáveis, nos termos desta lei, o controlador e os administradores de instituição financeira, assim considerados os diretores, gerentes (Vetado). § 1º. Equiparam-se aos administradores de instituição financeira (Vetado) o interventor, o liquidante ou o síndico. § 2º. Nos crimes previstos nesta Lei, cometidos em quadrilha ou coautoria, o coautor ou partícipe que através de confissão espontânea revelar à autoridade policial ou judicial toda a trama delituosa terá a sua pena reduzida de um a dois terços."

14 "Art. 16. Qualquer pessoa poderá provocar a iniciativa do Ministério Público nos crimes descritos nesta lei, fornecendo-lhe por escrito informações sobre o fato e a autoria, bem como indicando o tempo, o lugar e os elementos de convicção. Parágrafo único. Nos crimes previstos nesta Lei, cometidos em quadrilha ou coautoria, o coautor ou partícipe que através de confissão espontânea revelar à autoridade policial ou judicial toda a trama delituosa terá a sua pena reduzida de um a dois terços."

15 "Art. 159 [...] § 4º - Se o crime é cometido em concurso, o concorrente que o denunciar à autoridade, facilitando a libertação do sequestrado, terá sua pena reduzida de um a dois terços."

16 "§5º. A pena será reduzida de um a dois terços e começará a ser cumprida em regime aberto, podendo o juiz deixar de aplicá-la ou substituí-la por pena restritiva de direitos, se o autor, coautor ou partícipe colaborar espontaneamente com as autoridades, prestando esclarecimentos que conduzam à apuração das infrações penais e de sua autoria ou à localização dos bens, direitos ou valores objeto do crime"."

crimes de lavagem de dinheiro. Houve um endurecimento com relação ao benefício da flexibilização do regime de cumprimento da pena privativa de liberdade. O parágrafo quinto do artigo 1º ganhou nova redação.[17]

A Lei de Proteção da Testemunha e Vítimas Ameaçadas, nº 9.807/1999, trouxe verdadeira revolução quanto à aplicação da colaboração premiada. A partir da sua edição, o benefício pode ser aplicado para qualquer crime, desde que cumpridos os requisitos. Ademais, foi incluída no ordenamento jurídico pátrio a possibilidade de perdão judicial, de ofício ou a requerimento das partes.[18]

A Lei nº 11.343/2006, conhecida como Lei Antidrogas, também traz, em seu artigo 41, mecanismo de colaboração premiada que prevê a redução da pena de um a dois terços ao indiciado ou acusado que colaborar voluntariamente com a investigação policial e o processo criminal na identificação dos demais coautores ou partícipes do crime e na recuperação total ou parcial do produto do crime.[19]

Por fim, a Lei n º 12.850/2013, que define organização criminosa e dispõe sobre a investigação criminal, os meios de obtenção da prova, infrações penais correlatas e o procedimento criminal promoveu verdadeira revolução do campo da colaboração premiada, ao instituir o acor-

17 "§5º. A pena poderá ser reduzida de um a dois terços e ser cumprida em regime aberto ou semiaberto, facultando-se ao juiz deixar de aplicá-la ou substituí-la, a qualquer tempo, por pena restritiva de direitos, se o autor, coautor ou partícipe colaborar espontaneamente com as autoridades, prestando esclarecimentos que conduzam à apuração das infrações penais, à identificação dos autores, coautores e partícipes, ou à localização dos bens, direitos ou valores objeto do crime. (Redação dada pela Lei nº 12.683, de 2012)"."

18 "Art. 13. Poderá o juiz, de ofício ou a requerimento das partes, conceder o perdão judicial e a consequente extinção da punibilidade ao acusado que, sendo primário, tenha colaborado efetiva e voluntariamente com a investigação e o processo criminal, desde que dessa colaboração tenha resultado: I - a identificação dos demais coautores ou partícipes da ação criminosa; II - a localização da vítima com a sua integridade física preservada; III - a recuperação total ou parcial do produto do crime. Parágrafo único. A concessão do perdão judicial levará em conta a personalidade do beneficiado e a natureza, circunstâncias, gravidade e repercussão social do fato criminoso. Art. 14. O indiciado ou acusado que colaborar voluntariamente com a investigação policial e o processo criminal na identificação dos demais coautores ou partícipes do crime, na localização da vítima com vida e na recuperação total ou parcial do produto do crime, no caso de condenação, terá pena reduzida de um a dois terços."

19 "Art. 41. O indiciado ou acusado que colaborar voluntariamente com a investigação policial e o processo criminal na identificação dos demais coautores ou partícipes do crime e na recuperação total ou parcial do produto do crime, no caso de condenação, terá pena reduzida de um terço a dois terços."

do de colaboração, instrumento bilateral de obtenção de prova, assim como a interceptação telefônica, a ação controlada, a infiltração de policiais, dentre outros.[20]

A Lei Anticorrupção, nº 12.846/2013, editada pouco tempo antes da Lei de Combate às Organizações Criminosas, previu ainda a possibilidade de acordo de leniência, permitindo que pessoas jurídicas autoras de infrações contra a ordem econômica colaborem nas investigações e apresentem provas novas e suficientes para a condenação dos demais envolvidos nas supostas infrações. O acordo de leniência é celebrado com a Controladoria-Geral da União (CGU). Como prêmios, os colaboradores podem evitar determinadas sanções, manter a possibilidade de receber incentivos, subsídios, subvenções, doações ou empréstimos de órgãos ou entidades públicas e de instituições financeiras públicas ou controladas pelo poder público, ou redução da multa aplicável.[21]

Abalizada doutrina nota que o artigo 36, §4º,[22] da Lei de Mediação, nº 13.140/2015, parece ter franqueado a possibilidade de acordo em

---

20 "Art. 3º. Em qualquer fase da persecução penal, serão permitidos, sem prejuízo de outros já previstos em lei, os seguintes meios de obtenção da prova: I - colaboração premiada; [...] Art. 4º. O juiz poderá, a requerimento das partes, conceder o perdão judicial, reduzir em até 2/3 (dois terços) a pena privativa de liberdade ou substituí-la por restritiva de direitos daquele que tenha colaborado efetiva e voluntariamente com a investigação e com o processo criminal, desde que dessa colaboração advenha um ou mais dos seguintes resultados: I - a identificação dos demais coautores e partícipes da organização criminosa e das infrações penais por eles praticadas; II - a revelação da estrutura hierárquica e da divisão de tarefas da organização criminosa; III - a prevenção de infrações penais decorrentes das atividades da organização criminosa; IV - a recuperação total ou parcial do produto ou do proveito das infrações penais praticadas pela organização criminosa; V - a localização de eventual vítima com a sua integridade física preservada."

21 "Art. 16. A autoridade máxima de cada órgão ou entidade pública poderá celebrar acordo de leniência com as pessoas jurídicas responsáveis pela prática dos atos previstos nesta Lei que colaborem efetivamente com as investigações e o processo administrativo, sendo que dessa colaboração resulte: I - a identificação dos demais envolvidos na infração, quando couber; e II - a obtenção célere de informações e documentos que comprovem o ilícito sob apuração."

22 "Art. 36. No caso de conflitos que envolvam controvérsia jurídica entre órgãos ou entidades de direito público que integram a administração pública federal, a Advocacia-Geral da União deverá realizar composição extrajudicial do conflito, observados os procedimentos previstos em ato do Advogado-Geral da União. § 1º. Na hipótese do caput, se não houver acordo quanto à controvérsia jurídica, caberá ao Advogado-Geral da União dirimi-la, com fundamento na legislação afeta. § 2º. Nos casos em que a resolução da controvérsia implicar o reconhecimento da existência de créditos da União, de suas autarquias e fundações em face de pessoas jurídicas de direito público federais, a Advocacia-Geral da União poderá solicitar ao Minis-

ação de improbidade administrativa, até então vedado pelo artigo 17, § 1º, da Lei nº 8.429/1992.

De toda sorte, ficou ainda mais cristalino o interesse do legislador pela possibilidade de celebração de acordo em ações de improbidade administrativa. Com o advento da Lei nº 13.964/19 (Lei Anticrime), está expressamente disposta a admissibilidade de acordo de não persecução cível em tais hipóteses, consoante alteração promovida no artigo 17 da Lei nº 8.429/1992.[23]

tério do Planejamento, Orçamento e Gestão a adequação orçamentária para quitação das dívidas reconhecidas como legítimas. § 3º. A composição extrajudicial do conflito não afasta a apuração de responsabilidade do agente público que deu causa à dívida, sempre que se verificar que sua ação ou omissão constitui, em tese, infração disciplinar. § 4º. Nas hipóteses em que a matéria objeto do litígio esteja sendo discutida em ação de improbidade administrativa ou sobre ela haja decisão do Tribunal de Contas da União, a conciliação de que trata o caput dependerá da anuência expressa do juiz da causa ou do Ministro Relator."

23 "Art. 17. A ação principal, que terá o rito ordinário, será proposta pelo Ministério Público ou pela pessoa jurídica interessada, dentro de trinta dias da efetivação da medida cautelar. § 1º As ações de que trata este artigo admitem a celebração de acordo de não persecução cível, nos termos desta Lei. (Redação dada pela Lei nº 13.964, de 2019). § 2º A Fazenda Pública, quando for o caso, promoverá as ações necessárias à complementação do ressarcimento do patrimônio público. § 3º No caso de a ação principal ter sido proposta pelo Ministério Público, aplica-se, no que couber, o disposto no § 3º do art. 6º da Lei nº 4.717, de 29 de junho de 1965. (Redação dada pela Lei nº 9.366, de 1996). § 4º O Ministério Público, se não intervir no processo como parte, atuará obrigatoriamente, como fiscal da lei, sob pena de nulidade. § 5º A propositura da ação prevenirá a jurisdição do juízo para todas as ações posteriormente intentadas que possuam a mesma causa de pedir ou o mesmo objeto. (Incluído pela Medida provisória nº 2.180-35, de 2001). § 6º A ação será instruída com documentos ou justificação que contenham indícios suficientes da existência do ato de improbidade ou com razões fundamentadas da impossibilidade de apresentação de qualquer dessas provas, observada a legislação vigente, inclusive as disposições inscritas nos arts. 16 a 18 do Código de Processo Civil. (Incluído pela Medida Provisória nº 2.225-45, de 2001). § 7º Estando a inicial em devida forma, o juiz mandará autuá-la e ordenará a notificação do requerido, para oferecer manifestação por escrito, que poderá ser instruída com documentos e justificações, dentro do prazo de quinze dias. (Incluído pela Medida Provisória nº 2.225-45, de 2001). § 8º Recebida a manifestação, o juiz, no prazo de trinta dias, em decisão fundamentada, rejeitará a ação, se convencido da inexistência do ato de improbidade, da improcedência da ação ou da inadequação da via eleita. (Incluído pela Medida Provisória nº 2.225-45, de 2001). 9º Recebida a petição inicial, será o réu citado para apresentar contestação. (Incluído pela Medida Provisória nº 2.225-45, de 2001). § 10. Da decisão que receber a petição inicial, caberá agravo de instrumento. (Incluído pela Medida Provisória nº 2.225-45, de 2001). § 10-A. Havendo a possibilidade de solução consensual, poderão as partes

3.2. Crítica à colaboração premiada: obtenção da verdade fomentada na traição? Racionalização utilitarista que pode comprometer valores constitucionais e garantias fundamentais? Correntes doutrinárias

A doutrina trava cerrado debate acerca da constitucionalidade da colaboração premiada, havendo aqueles que chancelam sua legalidade frente à ordem constitucional e outros que taxam o instituto de inconstitucional e imoral.

Sob o enfoque ético, delação nada mais é do que a traição, a falta de lealdade. O cerne do embate gira em torno de se analisar a legalidade do instituto da colaboração premiada frente à ordem constitucional, já que o instituto fomenta a traição, prestigiando seu caráter utilitarista.

O utilitarismo, termo que foi utilizado pela primeira vez na carta de Jeremy Bentham para George Wilson em 1781 e posto em uso corrente na filosofia por John Stuart Mill na obra Utilitarismo, de 1861,[24] rejeita o egoísmo, opondo-se a que o indivíduo deva perseguir os seus próprios interesses, mesmo às custas dos outros, e se opõe também a qualquer teoria ética que considere ações ou tipos de atos como certos ou errados independentemente das consequências que eles possam ter. Assim, difere radicalmente das teorias éticas que fazem o caráter de bom ou mal de uma ação depender do motivo do agente porque, de acordo com o utilitarismo, é possível que uma coisa boa venha a resultar de uma má motivação no indivíduo. A conduta é boa se promove o máximo de bem-estar possível, o bem-estar coletivo.

Tendo isto em mente, Adriana Maria Gomes de Souza Spengler e Cleverson Weber colocam em debate a seguinte indagação: "*[...] seria*

requerer ao juiz a interrupção do prazo para a contestação, por prazo não superior a 90 (noventa) dias. (Incluído pela Lei nº 13.964, de 2019). § 11. Em qualquer fase do processo, reconhecida a inadequação da ação de improbidade, o juiz extinguirá o processo sem julgamento do mérito. (Incluído pela Medida Provisória nº 2.225-45, de 2001). § 12. Aplica-se aos depoimentos ou inquirições realizadas nos processos regidos por esta Lei o disposto no art. 221, **caput** e § 1º, do Código de Processo Penal. (Incluído pela Medida Provisória nº 2.225-45, de 2001). § 13. Para os efeitos deste artigo, também se considera pessoa jurídica interessada o ente tributante que figurar no polo ativo da obrigação tributária de que tratam o § 4º do art. 3º e o art. 8º-A da Lei Complementar nº 116, de 31 de julho de 2003. (Incluído pela Lei Complementar nº 157, de 2016)."

24 MACIEL, Willyans. *Utilitarismo*. Disponível em: https://www.infoescola.com/filosofia/utilitarismo/. Acesso em: 14 out. 2018.

justo alguém que confessasse que cometeu um ato delituoso e ainda 'traiu' seus colegas, ser beneficiado pela Justiça?"[25]

E prosseguem:

> [...] verifica-se que o instituto da delação premiada possui aspectos positivos e negativos aos quais são elencados por Nucci em sua obra. Todavia convém ressaltar que não nos cabe aqui elencar todos os aspectos, como somente o seu entendimento final: "Do exposto, parece-nos que a delação premiada é um mal necessário, pois bem maior a ser tutelado é o próprio Estado Democrático de Direito.[26]

É certo que em circunstância alguma pode ser considerado o ato de traição como algo objeto de aplausos. Mas diante do modo de atuação das organizações criminosas, em que opera a lei do silêncio, no mais das vezes, a única forma de obter provas para incriminação dos integrantes da malta de delinquentes é contar com a colaboração dos envolvidos.

Marcio Barra Lima explica que há três teorias sobre o questionamento acerca da violação de direitos fundamentais pela colaboração premiada.[27]

1) Para Luigi Ferrajoli há indevida intromissão de instrumentos oriundos de uma legislação de emergência no âmbito do sistema normativo que rege a vida em sociedade nos contemporâneos Estados Democráticos de Direito. Há verdadeira legislação de exceção, com reedição de técnicas inquisitivas[28].

---

25 SPENGLER, Adriana Maria Gomes de Souza; WEBER, Cleverson. A "troca de favores" entre estado e réu e o mito de assegurar a verdade real através da reconstrução histórica da imoralidade do traidor. In: ESPIÑERA, Bruno; CALDEIRA, Felipe (orgs.). *Delação premiada*: estudos em homenagem ao Ministro Marco Aurélio de Mello. 2ª ed., Belo Horizonte: Editora D'Plácido, 2017, p. 26.

26 Ibidem, p. 27.

27 LIMA, Márcio Barra. A Colaboração premiada como instrumento constitucionalmente legítimo de auxílio à atividade estatal de persecução. In: CALABRICH, Bruno; FISCHER, Douglas; PELELLA, Eduardo. *Garantismo penal integral*. 2ª ed., 2013, pp. 294-298.

28 "O emprego do instituto da delação premiada traz na esteira de uma visão utilitarista de justiça, em que os fins justificam os meios, o abandono relativamente tranquilo de barreiras éticas importantes, chegando mesmo a soar estranho que se afirme o grave desvio ético-moral que a adoção de medidas de apoio à delação provoque". (TASSE, Adel El. Delação premiada: novo passo para um procedimento medieval, *Ciências Penais*, vol. 5/2006, jul./dez. 2006, p.269-283. Versão on-line, p. 4).

2) Segundo Ada Pellegrini Grinover, que representada a linha de pensamento dos defensores do Direito Premial, os Direitos Fundamentais não são absolutos. Há outros valores reconhecidos constitucionalmente além da liberdade. Direitos fundamentais da sociedade. Esta corrente enaltece os resultados satisfatórios obtidos na Itália.

3) Há posicionamento intermediário, sustentado por Fábio Wellington Ataíde Alves segundo o qual é preciso se buscar mais "eficiência", "funcionalidade", sem perda do "garantismo". É preciso conciliar estas três palavras-chave.[29]

De acordo com Marcio Barra Lima, o instrumento se traduz em acesso à justiça, satisfatório funcionamento do poder judiciário, ordem jurídica concretamente justa. Assevera que o direito fundamental à liberdade deve conviver com o direito à segurança pública, seus consectários lógicos e necessários, que se caracterizam como direitos difusos de natureza pública. A coletividade tem direito à efetiva justiça penal.[30]

A seu turno, Guilherme de Souza Nucci põe na balança os prós e contras da colaboração premiada. Indica como pontos negativos: a) oficializa-se, por lei, a traição, forma antiética de comportamento social;

---

29 "À luz de Montaigne, Beccaria, Rawls ou mesmo Ferrajoli, a delação premial não passa de uma traição premial, mas passadas as críticas – às vezes decorrentes do romantismo clássico -, resta a realidade demarcada por um conjunto de normas 'vigentes' que objetivam emprestar maior vigor ao processo penal, ante a açodada desordem que acomete a sociedade, desacreditada que está das soluções judiciárias até então ocorridas sob forte inflação legislativa. A nossa delação premial, inspirada nos benefícios que são concedidos aos *pentiti* (arrependidos) pelo ordenamento jurídico italiano, integra mais uma tentativa de retomada do eficientismo processual penal, que com isto precisa ainda mais buscar a funcionalidade sem perda do garantismo; estas as três palavras-chave – ao modelo processual penal impõe conciliar garantismo com eficiência e funcionalidade. O sistema de atenuação de penas pela colaboração de delatores ou colaboradores, importa ainda lembrar, representa mais um adorno a serviço da desjudicialização do processo penal; assim como o direito penal mínimo está para o direito processual." (ALVES, Fábio Wellington Ataíde. O retorno dos prêmios pela cabeça? Um estudo sobre a possibilidade de reperguntas no interrogatório do corréu delator, com enfoque a partir do direito de mentor e do novo ordenamento da delação premial. In: *Revista dos Tribunais*. vol. 809, mar. 2003, p. 451. Versão on-line. p. 6).

30 "Em conclusão, podemos aduzir que, tal como ocorrido na proveitosa experiência estrangeira, a colaboração premiada representada um necessário instrumento de acesso à justiça penal, pois garante maior utilidade e eficiência à persecução penal global, ou seja, ela não apenas auxilia as investigações (fase pré-processual), mas também permite uma substancial melhora da prova (judicial) produzida no processo penal (viabilizadora de profunda cognição), habilitando o julgador, por conseguinte, a ter plenas condições para a emissão de uma sentença de mérito materialmente justa."(LIMA, Márcio Barra. Op. cit., p. 303).

b) pode ferir a proporcionalidade na aplicação da pena, pois o delator recebe pena menor que os delatados – autores de condutas tão graves quanto a dele –, ou até mais brandas; c) a traição, como regra, serve para agravar ou qualificar a prática de crimes, motivo pelo qual não deveria ser útil para reduzir a pena; d) não se pode trabalhar com a ideia de que os fins justificam os meios, na medida em que estes podem ser imorais ou antiéticos; e) a existente delação premiada não serviu até o momento para incentivar a criminalidade organizada a quebrar a lei do silêncio, regra a falar mais alto no universo do delito; f) o Estado não pode aquiescer em barganhar com a criminalidade; g) há um estímulo a delações falsas e um incremento a vinganças pessoais. Como pontos positivos, destaca: a) no universo do criminoso, não se pode falar em ética ou valores moralmente elevados, dada a própria natureza da prática de condutas que rompem as normas vigentes, ferindo bens jurídicos protegidos pelo Estado; b) não há lesão à proporcionalidade na aplicação da pena, pois esta é regida, basicamente, pela culpabilidade (juízo de reprovação social), que é flexível. Réus mais culpáveis devem receber penas mais severas. O delator, ao colaborar com o Estado, demonstra menor culpabilidade, portanto, pode receber sanção menos grave; c) o crime praticado por traição é grave, justamente porque o objetivo almejado é a lesão a um bem jurídico protegido; a delação seria a traição com bons propósitos, agindo contra o delito e em favor do Estado Democrático de Direito; d) os fins podem ser justificados pelos meios, quando estes forem legalizados e inseridos, portanto, no universo jurídico; e) a ineficiência atual da delação premiada condiz com o elevado índice de impunidade reinante no mundo do crime, bem como ocorre em face da falta de agilidade do Estado em dar efetiva proteção ao réu colaborador; f) o Estado já está barganhando com o autor da infração penal, como se pode constatar pela transação, prevista na Lei n nº 9.099/95. A delação premiada é, apenas, outro nível de transação; g) o benefício instituído por lei para que um criminoso delate o esquema no qual está inserido, bem como cúmplices, pode servir de incentivo ao arrependimento sincero, com forte tendência à regeneração interior, um dos fundamentos da própria aplicação da pena; h) a falsa delação, embora possa existir, deve ser severamente punida; i) a ética é juízo de valor variável, conforme a época e os bens em conflito, razão pela qual não pode ser empecilho para a delação premiada, cujo fim é combater, em primeiro plano, a criminalidade organizada.[31]

31 NUCCI, Guilherme de Souza. *Organização criminosa*: comentários à lei 12.850, de 02 de agosto de 2013. 1ª ed., São Paulo: Editora Revista dos Tribunais, 2013, pp. 48-49.

Conclui, Guilherme Nucci, que a delação premiada é um mal necessário ao Estado Democrático de Direito.

Com efeito, se bem manejado, o mecanismo é ferramenta eficaz no combate à impunidade, pois se presta eficazmente ao rompimento da omertà.[32]

Há, no entanto, que se ter cuidado redobrado para que o acordo seja incentivado em razão dos seus benefícios, e não imposto por outros meios e causas, como se tem visto, por exemplo, em algumas prisões decretadas para o fim de forçar o envolvido a delatar os seus comparsas.[33] A prisão para assegurar o sucesso de colaboração premiada não tem amparo no ordenamento jurídico brasileiro, estando ausente do rol de hipóteses constantes do artigo 312 do Código de Processo Penal, e tampouco se faz autorizada por lei especial, mesmo com as alterações trazidas pela Lei nº 13.964/19 (Lei Anticrime).

3.3. A colaboração premiada no Direito estrangeiro

Muitos países adotam a colaboração premiada como técnica de combate ao crime organizado. Entre os países de *civil law*, podem ser elencados, a Itália, a Espanha, Portugal, Alemanha, Argentina, dentre outros. Os Estados Unidos da América e a Inglaterra são representantes entre aqueles que adotam o *common law*.[34]

Com efeito, a preocupação com a macrocriminalidade é global e há um esforço internacional para o seu controle, o que pode ser visto pela edição de tratados e convenções, como a Convenção das Nações Unidas contra o crime organizado transnacional, editada em 15 de novembro de 2000 em Nova Iorque, em vigor no Brasil desde 12 de março de 2004, internalizada pelo Decreto nº 5.015/04, e da Convenção das Nações Unidas contra a corrupção, editada em 31 de outubro de 2015, passan-

32 ALMEIDA, Lucas Laire Faria. Rompendo la omertà: considerações sobre a delação..., p. 26.

33 Crítica tecida por GONÇALVES, Carlos Eduardo. A delação como fundamento de prisão preventiva. In: ESPIÑERA, Bruno; CALDEIRA, Felipe (orgs.). *Delação premiada*: estudos em homenagem ao Ministro Marco Aurélio de Mello. 2ª ed., Belo Horizonte: Editora D'Plácido, 2017, pp. 91-114.

34 FONSECA, Cibele Benevides Guedes da. *Colaboração premiada*. Belo Horizonte: Del Rey, 2017. p.27-81. COSTA, Leonardo Dantas; *Delação premiada*: a atuação do estado e a relevância da voluntariedade do colaborador com a justiça. Curitiba: Juruá, 2017, pp. 25-78.

do a fazer parte do ordenamento jurídico brasileiro a partir de 31 de janeiro de 2006, conforme Decreto nº 5.687/06.[35]

Como exemplos das experiências internacionais, teceremos alguns comentários sobre os institutos existentes nos Estados Unidos da América e na Itália.[36]

3.3.1. A colaboração premiada no Direito norte-americano

Historicamente, a doutrina refere a existência da testemunha da Coroa ou *Crown witness*, encontrada no sistema anglo-saxão, como sendo exemplo de testemunha traidora utilizada como meio de prova há séculos.[37]

A delação premiada foi aperfeiçoada pelo ordenamento jurídico norte-americano no combate à máfia e era usada como transação entre procuradores federais e suspeitos, que recebiam o perdão dos seus crimes, caso prestassem informações que atingissem toda a organização criminosa.

Os Estados Unidos da América são pioneiros no desenvolvimento da justiça penal negociada, como ensinam J. Maurício C. Mattos Filho e Marcelo Fernandez Urani.[38]

> Na persecução penal estadunidense, esse modelo de jurisdição penal negociada é largamente utilizado, prevalecendo o interesse estatal de rápida elucidação da ação criminosa, evitando-se, assim, os

---

35 MATTOS FILHO, J. Maurício C.; URANI, Marcelo Fernandez. Aspectos Críticos da colaboração premiada. In: ESPIÑERA, Bruno; CALDEIRA, Felipe (orgs.). *Delação premiada*: estudos em homenagem ao Ministro Marco Aurélio de Mello. 2ª ed., Belo Horizonte: Editora D'Plácido, 2017. pp. 324-325.

36 "A colaboração premiada teve significativo impacto em países como Estados Unidos e Itália, no combate à desestruturação do crime organizado." (SPENGLER, Adriana Maria Gomes; WEBER, Cleverso. Op. cit., p. 15).

37 Ibidem, p. 16; PINHO, Humberto Dalla Bernardina de; PORTO, José Roberto Sotero de Mello. Colaboração premiada: um negócio jurídico-processual? In: ESPIÑERA, Bruno; CALDEIRA, Felipe (orgs.). *Delação premiada*: estudos em homenagem ao Ministro Marco Aurélio de Mello. 2ª ed., Belo Horizonte: Editora D'Plácido, 2017, p. 123. A primeira referência a esse tipo de testemunha data de 1794, feita por Charles Fearne,, advogado. Confira-se em https://www.lexico.com/definition/crown_witness. Acesso em: 03 jun. 2020.

38 O modelo de jurisdição penal negociada contemporâneo foi desenvolvido, primeiramente, pelos países integrantes do *common law*, "notadamente nos Estados Unidos, onde, sob inspiração do trinômio simplicidade, celeridade e eficiência [...]" (DINO, 2015, p. 440).

> julgamentos solenes e em plena conformidade com o *due process of law*. Nessa linha, numa crítica pela celeridade perpetrada pelo Estado a qualquer custo na persecução penal, tem-se que "o processo tem que ser rápido. A traição é um método de agilizar o seu andamento". (TOURINHO NETO, 2015, p. 302).[39]

O instituto análogo à colaboração premiada nos Estados Unidos da América é chamado *plea bargaining*. O mecanismo consiste em acordo realizado entre o acusado e o membro do Ministério Público. De uma banda, o acusado fornece informações relevantes ao promotor de justiça e este pode oferecer-lhe prêmios, até deixar de acusá-lo formalmente. É instrumento que permite a aplicação imediata da pena privativa de liberdade sem a necessidade de instrução processual e comprovação da culpabilidade do acusado, já no início do procedimento. Implica confissão e renúncia ao julgamento por parte do acusado, de um lado, e em tratamento mais favorável pelo acusador, de outro.[40] Tem caráter sumário[41] e reflete o pragmatismo do *common law*.

A colaboração premiada brasileira e o *plea bargaining* não possuem os mesmos requisitos, mas têm alguma semelhança, já que ambos são instrumentos da justiça negocial.[42 e 43] Esta forma de negociação revela

---

39 MATTOS FILHO, J. Maurício C.; URANI, Marcelo Fernandez. Op., cit., p. 324.

40 MALAN, Diogo. Aplicação consensual da pena. In: MORAES, Carlos Eduardo Guerra de; RIBEIRO, Ricardo Lodi (coords.); MIRZA, Flávio (org.). *Direito processual - coleção Direito UERJ 80 anos*. 1ª ed., Freitas Bastos Editora, 2015, p. 331.

41 Ibidem, p.335.

42 ALMEIDA, Lucas Laire Faria. Rompendo la omertà: considerações sobre a delação..., p. 596.

43 Henrique Viana Pereira, Leonardo Guimarães Salles e Mateus Salles Bitencourt explicam que no direito norte-americano o "*plea bargaining*" é aplicado após o recebimento da denúncia, diferentemente do instituto brasileiro, que pode ser aplicado durante a investigação, durante o processo ou até mesmo após o trânsito em julgado da sentença condenatória: "Já no direito estadunidense, tal instituto possui fase própria para a aplicação dentro do processo penal. Recebida a denúncia, *mutatis mutandis*, é designada uma audiência preliminar na qual será possibilitada verdadeira negociação entre acusação e defesa, na qual o acusado poderá ou não vir a confessar o fato, bem como detalhes deste. É o conhecido instituto do *plea barganing*. Ou seja, as partes literalmente negociam uma pena, desde que o acusado esteja disposto a colaborar com a acusação. A defesa faz praticamente o papel de mediador" (PEREIRA, Henrique Viana; SALLES, Leonardo Guimarães; BITENCOURT, Mateus Salles. Delação premiada: reflexões no contexto do estado democrático de direito. In: ESPIÑERA, Bruno; CALDEIRA, Felipe (orgs.). *Delação premiada*: estudos em homenagem ao Ministro Marco Aurélio de Mello, 2ª ed., Belo Horizonte: Editora D'Plácido, 2017, p. 193).

o pragmatismo do modelo americano, preocupado em resolver o caso concreto.

O *plea bargaining* é um acordo celebrado entre o Estado, representado pela figura do *prosecutor*, e o acusado, segundo o qual este aceita confessar a culpa em troca de concessões, as quais podem ser de dois: "(1) redução no número ou na gravidade das acusações feitas contra o réu; e (2) redução da pena aplicada na sentença ou na recomendação de sentença feita pela acusação".[44]

James Walker Junior e Lucas O. M. Azeredo da Silveira apontam os requisitos do *plea bargaining*:[45]

> No modelo Norte Americano, os requisitos de admissibilidade do acordo são: voluntariedade; inteligência e adequação.
>
> O requisito da voluntariedade diz respeito à livre manifestação de vontade do acusado. Sua manifestação de vontade não pode ser oriunda de eventuais ameaças, violência ou promessas falsas, absolutamente estranhas à proposta de acordo.
>
> Já a inteligência significa que "o acordo firmado com a promotoria há de nascer da vontade não apenas livre do réu, mas também, consciente de maneira que tenha pleno entendimento do conteúdo e das consequências do pacto que está celebrando.
>
> Por fim, a adequação representa uma "correlação mínima entre as imputações assumidas pelo acusado e aquelas que teoricamente se capitulariam aos fatos reais, além da obrigação de existência de uma base fática que sustente o reconhecimento da culpabilidade do réu.

Eduardo Bruno Avellar Milhomens e Lázaro Samuel explicam que o *plea barganing*, já nos moldes de agora, data de anos antes da Guerra Civil Americana. Asseveram, no entanto, que a aceitação do *plea bargaining*, ao contrário do que ocorreu no ordenamento brasileiro, foi gradativa. Anotam que muitos tribunais superiores desaprovaram a prática da delação premiada por diversos motivos, dentre os princi-

44 NÓBREGA, Rafael Estrela. Op. cit., pp. 71-72.

45 WALKER Jr., James; SILVEIRA, Lucas O. M. Azeredo da. O instituto da delação premiada e sua compatibilidade perante o ordenamento jurídico brasileiro. In: ESPIÑERA, Bruno; CALDEIRA, Felipe (orgs.). *Delação premiada*: estudos em homenagem ao Ministro Marco Aurélio de Mello. 2ª ed., Belo Horizonte: Editora D'Plácido, 2017. p. 724.

pais, a violação ao direito de defesa e as implicações aos inocentes que eram acusados.[46]

Efeitos deletérios sobre o acusado inocente, que alega falsamente culpa para negociar uma pena mais branda do que aquela que hipoteticamente pode ser aplicada, sempre deixaram a suprema Corte desconfortável em permitir renúncias processuais. Ainda que houvesse críticas, o instituto se mostrou efetivo para a resolução dos processos. No início da década de 20 do século passado era largamente utilizado para a resolução dos conflitos. Após o elevado percentual de confissões ser exposto, 85% em Chicago, 78% em Detroid, 76% em Denver, 90% em Minneapolis, 81% em Los Angeles, 74% em Pittsburg, e 84% em St. Louis,[47] o instituto caiu em desuso.

De acordo com os mencionados autores, o *plea bargaining* foi deixado de lado e ressurgiu nos anos de 1960, devido à onda de crimes que se instalou em virtude do crescimento da população jovem na sociedade pós II Guerra e o aumento do uso de drogas. Pressionada, a suprema Corte, aceitou formalmente a delação premiada em 1971, quando o *plea bargaining* passou a fazer parte do sistema de justiça criminal. Fatos históricos fizeram o instituto continuar sendo questionado, como a realização do *plea bargaining* pelo vice-presidente dos Estados Unidos Spiro Agnew para evitar sua possível prisão, em 1973. Seguiu-se uma campanha pela abolição do instituto, que não foi levada a cabo.[48]

Atualmente, o procedimento referente ao *plea bargaining* é disciplinado pela Regra de Procedimento Criminal Federal nº 11 - *Federal Rules of Criminal Procedure, Rule 11 - Pleas*.[49]

O processo penal americano inicia-se com o oferecimento à acusação (*complaint*), que pode seguir dois caminhos, o da acusação (*indictment*), para os crimes mais graves (*felonies*) punidos com a pena de morte ou pena superior a um ano (em regra), e o da informação (*infor-*

46 MILHOMENS, Eduardo Bruno Avellar; GUILHERME, Lázaro Samuel Gonçalves. Delação Premiada. In: ESPIÑERA, Bruno; CALDEIRA, Felipe (orgs.). *Delação premiada*: estudos em homenagem ao Ministro Marco Aurélio de Mello. 2ª ed., Belo Horizonte: Editora D'Plácido, 2017, p. 167.

47 ALSCHULER, Albert W., Plea Bargaining and Its History, apud MILHOMENS, Eduardo Bruno Avellar; GUILHERME, Lázaro Samuel Gonçalves. Op. cit., pp. 167-168.

48 MILHOMENS, Eduardo Bruno Avellar; GUILHERME, Lázaro Samuel Gonçalves. Op. cit., 168.

49 SANTOS, Marcos Paulo Dutra. *Colaboração (delação) premiada.* 2ª ed., rev. ampl. e atual., Salvador: JusPodivm, 2017, p. 37.

mation), para as contravenções e os delitos com pena não superior a um ano (menor gravidade).

No *indictment*, o grande júri (*grand jury*) decidirá sobre a aprovação ou não da acusação (*true bill*). Se aceita, o caso será levado a julgamento. Em seguida, haverá uma audiência prévia de julgamento (*arraignment*), ocasião em que o acusado é perguntado sobre a sua culpa ou inocência (*plea of guilty or not guilty*). Nasce aí a oportunidade do *plea bargaining*, a negociação entre a acusação e a defesa, que pode resultar na confissão da culpa (*guilty plea*) ou na declaração de que o acusado não tem a intenção de discutir a sua culpa (*nolo contendere*).[50]

Barbosa Moreira explica que a declaração que o indiciado faz no seu comparecimento inicial em juízo, acerca da acusação que se lhe move, denomina-se *plea*. Durante a audiência inicial abrem-se ao acusado três possibilidades: ele pode se declarar inocente (*not guilty plea*); culpado (*guilty plea*), ou ainda, se isso lhe é permitido, afirmar não querer impugnar a acusação, embora sem reconhecer-se culpado (*nolo contendere plea*).[51]

As declarações *guilty plea* e *nolo contendere plea* processualmente se equivalem. Em ambas as hipóteses, há imposição de pena e extinção do processo.

A declaração de culpa do réu é a situação mais comum e acarreta a encerramento prematuro do processo.

Barbosa Moreira atribui o largo emprego do *guilty plea* às vantagens oferecidas pelo promotor de justiça, que assim procede para aumentar o êxito nas condenações:

> O predomínio do *guilty plea* deve-se, em máxima parte, ao êxito muito frequente de uma negociação entre a acusação e defesa, na qual o *prosecutor*, em troca da concordância do réu em reconhecer-se culpado, lhe oferece vantagens como a promessa de não denunciá-lo por outra infração, ou de pleitear a aplicação de pena mais branda. Semelhante procedimento, conhecido como "*plea bargaining*", tem sido alvo de duras críticas no mundo acadêmico e no político, por abrir ensejo a manobras escusas e a pressões odiosas sobre o acusado. Já houve quem lhe chamasse "um sórdido processo". Contra ele se argumenta, além do mais, que sacrifica o direito do réu de

50 MARQUES, Antonio Sergio Peixoto. A colaboração premiada: um braço da justiça penal negociada. *Revista Magister de Direito Penal e Processual Penal*, Ano X, n. 60, jun./jul. 2014, p. 35.

51 No mesmo sentido: SANTOS, Marcos Paulo Dutra. Op. cit., p. 37.

> ser julgado por um júri e de não ser condenado senão quando se prova a sua culpa, na expressão consagrada "*beyond any reasonable doubt*". Não há sinal, porém, de que o "*plea bargaining*" venha a ser abandonado.
>
> Vários fatores concorrem para explicar-lhe a vitalidade. Entra pelos olhos que ele atende a interesses poderosos. De um lado, o *prosecutor*, em geral provido no cargo mediante eleição popular, não raro faz do respectivo exercício trampolim para novas conquistas políticas, e precisa convencer o eleitorado de que desempenhou eficazmente sua função; excelente credencial nesse sentido será o alto número de condenações obtidas, o que via consensual lhe proporciona com maior facilidade e segurança, sem os riscos e as delongas do julgamento por júri. Por outro lado, os juízes criminais não podem deixar de ver com bons olhos um expediente que lhes reduz a carga de trabalho. O mesmo se dirá de advogados que se sentem mal preparado para enfrentar os ásperos embates do *trial* e preferem induzir os clientes a aceitar a solução em seu entender menos perigosa.

E conclui o renomado professor que o *plea bargaining* é instrumento essencial para o sistema de justiça norte-americano, dando a entender que "é um mal necessário".[52]

3.3.2. A colaboração premiada no Direito italiano

Explicam J. Maurício C. Mattos Filho e Marcelo Fernandez Urani[53] que no Direito italiano a colaboração premiada é regulamentada pelos

52 "Há quem pense que, se todos os processos penais tivessem de chegar até o *trial*, a máquina judiciária norte-americana sofreria verdadeiro colapso. À vista de tudo isso, por mais chocante que possa soar, chega a ser compreensível a afirmação, contida em acórdão da Suprema Corte, de que o *plea bargaining* é instrumento essencial ao funcionamento da Justiça penal nos Estados Unidos." BARBOSA MOREIRA, José Carlos. O processo penal norte-americano e sua influência. *Temas de direito processual (oitava série)*. São Paulo: Saraiva, 2004, pp. 225-227.

53 MATTOS FILHO, J. Maurício C.; URANI, Marcelo Fernandez. Op., cit., p. 324.

artigos 289 bis[54] e 630,[55] ambos do Código Penal, e pelas Leis nº 304/82, nº 34/87 e nº 2/91.

---

54 "Sequestro di persona a scopo di terrorismo o di eversione. Chiunque, per finalità di terrorismo o di eversione dell'ordine democratico sequestra una persona è punito con la reclusione da venticinque a trenta anni. Se dal sequestro deriva comunque la morte, quale conseguenza non voluta dal reo, della persona sequestrata, il colpevole è punito con la reclusione di anni trenta. Se il colpevole cagiona la morte del sequestrato si applica la pena dell'ergastolo. Il concorrente che, dissociandosi dagli altri, si adopera in modo che il soggetto passivo riacquisti la libertà è punito con la reclusione da due a otto anni; se il soggetto passivo muore, in conseguenza del sequestro, dopo la liberazione, la pena è della reclusione da otto a diciotto anni. Quando ricorre una circostanza attenuante, alla pena prevista dal secondo comma è sostituita la reclusione da venti a ventiquattro anni; alla pena prevista dal terzo comma è sostituita la reclusione da ventiquattro a trenta anni. Se concorrono più circostanze attenuanti, la pena da applicare per effetto delle diminuzioni non può essere inferiore a dieci anni, nell'ipotesi prevista dal secondo comma, ed a quindici anni, nell'ipotesi prevista dal terzo comma." Disponível em http://www.altalex.com/documents/codici-altalex/2014/10/30/codice-penale. Acesso em 08 de julho de 2018.

55 "Sequestro di persona a scopo di rapina o di estorsione. (1) Chiunque sequestra una persona allo scopo di conseguire, per sé o per altri, un ingiusto profitto come prezzo della liberazione, è punito con la reclusione da venticinque a trenta anni. Se dal sequestro deriva comunque la morte, quale conseguenza non voluta dal reo, della persona sequestrata, il colpevole è punito con la reclusione di anni trenta. Se il colpevole cagiona la morte del sequestrato si applica la pena dell'ergastolo. Al concorrente che, dissociandosi dagli altri, si adopera in modo che il soggetto passivo riacquisti la libertà, senza che tale risultato sia conseguenza del prezzo della liberazione, si applicano le pene previste dall'articolo 605. Se tuttavia il soggetto passivo muore, in conseguenza del sequestro, dopo la liberazione, la pena è della reclusione da sei a quindici anni. Nei confronti del concorrente che, dissociandosi dagli altri, si adopera, al di fuori del caso previsto dal comma precedente, per evitare che l'attività delittuosa sia portata a conseguenze ulteriori ovvero aiuta concretamente l'autorità di polizia o l'autorità giudiziaria nella raccolta di prove decisive per l'individuazione o la cattura dei concorrenti, la pena dell'ergastolo è sostituita da quella della reclusione da dodici a venti anni e le altre pene sono diminuite da un terzo a due terzi. Quando ricorre una circostanza attenuante, alla pena prevista dal secondo comma è sostituita la reclusione da venti a ventiquattro anni; alla pena prevista dal terzo comma è sostituita la reclusione da ventiquattro a trenta anni. Se concorrono più circostanze attenuanti, la pena da applicare per effetto delle diminuzioni non può essere inferiore a dieci anni, nell'ipotesi prevista dal secondo comma, ed a quindici anni, nell'ipotesi prevista dal terzo comma. I limiti di pena preveduti nel comma precedente possono essere superati allorché ricorrono le circostanze attenuanti di cui al quinto comma del presente articolo. (1) La Corte Costituzionale, con sentenza 19 marzo 2012, n. 68, ha dichiarato l'illegittimità costituzionale del presente articolo "nella parte in cui non prevede che la pena da esso comminata è diminuita quando per la natura, la specie, i mezzi, le modalità o circostanze dell'azione, ovvero per la particolare tenuità del danno o del pericolo, il fatto risulti di lieve entità." (Idem).

A Itália possui uma história marcada pelo crime organizado, seja este praticado pela máfia propriamente dita, seja pela malta de agentes estatais que se uniram em torno dos crimes de corrupção. Para além desta motivação, necessária é a observação de como, ao longo das décadas de 70 a 90, o país se organizou para combater a prática destes delitos.[56] Nesse contexto, a delação premiada foi o principal instituto jurídico utilizado.

A colaboração processual na Itália se iniciou com o desenvolvimento de uma legislação de emergência,[57] cujo objetivo era proteger a Constituição e o Estado de Direito, visando ao combate de crimes contra a ordem constitucional, como era o caso dos delitos praticados pela máfia,[58] que se salvaguarda por meio de um código chamado omertà.[59]

De toda sorte, há de se considerar que, em contextos sociais atípicos, por vezes, em nome da "eficiência" e da proteção jurisdicional, os direitos fundamentais individuais, dentre os quais as garantias processuais, são relativizados, quando não violados. Na Itália não foi diferente.

O *Codice di Procedura Penale*, 'Código Rocco' de 1930, substituído em 1989, era caracterizado pela adoção do sistema inquisitório,[60] ten-

---

56 "Na Itália, a delação premiada passou a tornar usual após a década de 1970, tempo no qual o referido país era assolado pela atuação das máfias, ou seja, de organizações criminosas. Nesse contexto, na tentativa de identificar os criminosos e evitar que estes se livrassem impunes, a justiça, a justiça italiana passou a utilizar os próprios mafiosos, incentivando-os a delatar a organização, fazendo com que os demais criminosos fossem presos e processados." (PEREIRA, Henrique Viana; SALLES, Leonardo Guimarães; BITENCOURT, Mateus Salles. Op. cit., p. 193).

57 "Inúmeras e igualmente estéreis foram as tentativas de repressão ao crime organizado e ao fenômeno mafioso, seja pelo aumento sistêmico das penas, seja na adoção de medidas cautelares como a prisão, pouco ou nenhum efeito surgiu, pois tal qual Hidra de Lerna, onde um membro era cortado, outros tantos tomavam o seu lugar. O juiz instrutor de Palermo assim desabafou: ´Mas com quais instrumentos hoje enfrentamos a máfia? De uma forma tipicamente italiana, através da proliferação descontrolada de leis inspiradas na lógica da emergência. Toda vez que a violência mafiosa explode e há manifestações alarmantes, ou a ordem pública parece ameaçada, com precisão cronométrica surge rapidamente um decreto-lei tampão para intensificar a repressão. Tão logo a situação retoma uma aparente normalidade tudo cai no esquecimento e abaixamos a guarda´. (FALCONE, 2012, p. 171)." (ALMEIDA, Lucas Laire Faria. Rompendo la omertà: considerações sobre a delação..., p. 592).

58 Ibidem, p. 26.

59 Omertà, em italiano, se traduz como "a lei do silêncio".

60 ANGELINI, Roberto. A negociação das penas no direito italiano. *Revista JULGAR*, nº 19, Coimbra Editora, 2013, p. 221. Disponível em: julgar.pt/a-negociacao-das-penas-no-direito-italiano/. Acesso em: 30 jan. 2018.

do sido elaborado no contexto da Itália fascista de Mussolini. Iniciado o processo de redemocratização, o Código de Processo Penal de 1989 trouxe em seu bojo uma série de garantias constitucionais. Entretanto, quando se trata de justiça penal negociada, mais célere, portanto, determinadas garantias processuais são flexibilizadas, por vezes, em prol de alguns benefícios.[61]

A ideia de que os fins justificam os meios foi adotada na Itália durante o período de legislação de emergência. O uso exacerbado de prisões, com o fim de forçar a colaboração pelos acusados,[62] e antecipação das penas por meio de medidas cautelares, ilustram as violações de ordem processual.[63] Luigi Ferrajoli em sua obra *Emergenza penale e crisi della giurisdizione*, expõe que tal método que visava pressionar o acusado para que colaborasse com a Justiça, por meio da decretação de prisões preventivas, foi comumente utilizado pelos tribunais italianos.[64]

Com efeito, pode ser percebido na Itália o constante conflito entre a eficiência na resposta dada pelo Direito Penal ao crime organizado e

---

61 Ibidem, p. 222.

62 No tocante à pressão exercida sobre os acusados para a colaboração, cumpre destacar que as circunstâncias as quais estavam sujeitos, mais especificamente a de privação da liberdade, influenciaram diretamente. Neste sentido: "O processo de sentir e de pensar, a tomada de decisões, a memória, o sistema de valores, o comportamento ético e a moral das pessoas têm, por certo, umas bases bioquímicas e neuronais, mas que interatuam ou interagem com o entorno e se modificam constantemente [...] Esta plasticidade do cérebro permite que cada experiência seja adaptada pelo sistema nervoso e que este mude ou se adapte segundo as circunstâncias. Isto quer dizer que o cérebro humano tem grande capacidade, através das ativações neuronais, para o aprendizado e a evolução. Mas este aprendizado (que implica um ajuste de conexões sinápticas entre neurônios do cérebro) dependerá da natureza e o contexto social, que são dois fatores essenciais na elaboração da conduta". (FERNADEZ, Atahualpa; FERNANDEZ, Marly. *Neuroética, direito e neurociência*. Curitiba: Juruá, 2008, p. 195).

63 "Há ainda, outro fator característico do processo penal de emergência: a banalização das prisões e a antecipação das penas por meio de medidas cautelares. A utilização do processo como mecanismo inquisitório faz com que o caráter retributivo da pena se esvaneça e dê lugar a uma função muito mais preventiva". (COSTA, Leonardo Dantas. Op. cit., p. 28).

64 "Fomulata l`accusa, la carcerazione segue di diritto e funziona come porva di forza sull`imputato, che non ha vie d`uscita difensive se non quelle di accusare o accusarsio invocare clemenza. La lungheza dei tempi processual fa parte dela machina come necessário ingranaggio: per dar tempo ai giudici mossisi senza prove di metterle insieme alle spalledegli imputati di meditare sul`ineluttabile e di decidere di collaborare; per avviare, intrecciare e concludere le inifnite trattative e transazioni cui sta riducendosi il nostro sistema penale." (FERRAJOLI, Luigi. *Emergenza penale e crisi dela giurisdizione*, cit., p. 284 apud COSTA, Leonardo Dantas. Op. cit., p. 37).

o garantismo, tendo em vista que o imputado, no papel que exerce na relação processual, tem em seu amparo uma série de garantias de ordem constitucional que devem ser observadas.

Não obstante, com o desenvolvimento da legislação penal e processual penal de emergência, também se desenvolveu a colaboração processual dotada de desdobramentos premiais. De início, a colaboração objetivava o combate ao terrorismo, tendo como marco o Decreto-lei nº 625 de 1979 e a Lei nº 304/82, dispondo sobre as organizações terroristas.[65]

A indisponibilidade da ação penal pelo *Pubblico Ministero* tornava a ação obrigatória e desestimulava a cooperação com a Justiça pelos possíveis colaboradores, tendo em vista que mesmo após o auxílio, ainda teriam de ser submetidos às etapas do processo penal. Entretanto, as prisões, e a incerteza gerada no íntimo do acusado sobre a possibilidade de outro membro da organização criminosa já ter delatado, como que no "dilema do prisioneiro"[66], geravam no íntimo no investigado a ideia de que a melhor opção era a colaboração.[67] Deve-se reconhecer que a figura do colaborador *pentiti* adquiriu grande relevância na Itália mafiosa.

Ada Pellegrini Grinover, em uma de suas obras, dedica capítulo ao crime organizado Brasil/Itália. Com base no que dispõe a Lei italiana nº 304/1982, trata de três espécies de colaborador de Justiça.[68]

---

65 Ibidem, p. 29.

66 "A estratégia de investigação adotada desde o início do inquérito submetia os suspeitos à pressão de tomar decisão quanto a confessar, espalhando a suspeita de que outros já teriam confessado e levantando a perspectiva de permanência na prisão pelo menos pelo período da custódia preventiva no caso da manutenção do silêncio ou, vice-versa, de soltura imediata no caso de uma confissão (uma situação análoga do arquétipo do famoso 'dilema do prisioneiro')." (PORTA, Donatella della; VANNUCCI, Alberto. *Corrupt exchanges*: actors, resources, and mechanisms of political corruption. New York: Aldine de Gruyter, 1999, pp. 266-269 apud MORO, Sérgio Fernando. Considerações sobre a operação mani pulite. *R. CEJ*, Brasília, n. 26, jul./set. 2004, p. 58).

67 Sobre a voluntariedade do acusado no processo decisório, no qual deve optar por colaborar ou não com a justiça, considerando os efeitos da restrição de liberdade a que é submetido: "A experiência de decidir não é uma ficção, senão uma consequência causada pela atividade fisiológica de um cérebro (produto de sistemas cognitivos e emocionais no cérebro), moldado geneticamente ao longo da história evolutiva de nossa espécie e desenhado para pensar de certa maneira. Trata-se de um processo neuronal, com a óbvia função de selecionar a 'melhor solução' segundo suas consequências previsíveis, a par de devidamente fundamentada." (FERNADEZ, Atahualpa; FERNANDEZ, Marly. Op. cit., p. 166).

68 GRINOVER, Ada Pellegrini. O crime organizado no sistema italiano. In: PENTEADO, Jacques de Camargo (coord.). *Justiça penal 3*: críticas e sugestões. São Paulo: Editora Revista dos Tribunais, 1995, pp. 13-29.

A primeira, o *pentito*, é a espécie de colaborador que antes da sentença ajuda a dissolver a organização criminosa ou se retira dela, fornecendo informações de modo a evitar o cometimento de novos crimes. Para este tipo de colaborador, a lei italiana prevê que a prisão seja substituída por outras obrigações ou impedimentos.

Um segundo colaborador é o *dissosciato*, confessor dos crimes que cometeu e responsável por diminuir as consequências de tal delito ou evitar a prática de novos. Tem por benefícios a substituição da pena perpétua por reclusão de quinze a vinte anos ou a diminuição das demais penas em 1/3, com o patamar máximo fixado em quinze anos.

Por fim, o *collaboratore* é aquele que além de confessar os próprios crimes, auxilia as autoridades na colheita de provas que sejam úteis na identificação de outros integrantes da organização criminosa. Seu benefício consiste na possibilidade de diminuição das penas pela metade e, em caso de prisão perpétua, substituição por reclusão de dez a doze anos.

O crime de associação mafiosa passou a ser tipificado em 1982 (Art. 416-bis do CP italiano), por meio da Lei Rognoni-La Torre. Deste momento em diante a justiça penal Italiana trabalhou em prol do combate às máfias.

Um famoso *pentito* italiano foi Tommaso Buscetta, cujas declarações, em conjunto com as de outros colaboradores, contribuíram para a elaboração do maxiprocesso,[69] no qual centenas de membros de organizações criminosas foram presos. Buscetta era um dos principais integrantes da máfia siciliana *Cosa Nostra*. Preso em São Paulo em 1983, foi extraditado, e ao chegar ao solo italiano, após ter dois filhos mortos por organização mafiosa, decidiu colaborar com a Justiça por meio do instituto do pentitismo.[70]

As leis que dispunham sobre as organizações criminosas e as colaborações integravam o conjunto da legislação de emergência, dotada de

---

69 "Entretanto, depois daquela tragédia, desabrocha uma época de extraordinários resultados obtidos pelo *pool* antimáfia composto pelos magistrados Falcone, Borsellino, Di Lello, Guarnotta, chefiados por Antonino Caponnetto: são colhidas as confissões de Buscetta e depois pouco a pouco de outros arrependidos, é levada a termo a instrutória que conduz à incriminação de cerca de 707 supostos filiados à *Cosa Nostra*. Começa a caça ao homem para que as celas não permaneçam vazias nas sessões daquele que será chamado maxiprocesso." (LUPO, Salvatore. *História da máfia*: das origens aos nossos dias. Tradução Álvaro Lorencini. São Paulo: Editora UNESP. 2002, p. 385).

70 Informação jornalística disponível em:http://acervo.oglobo.globo.com/em-destaque/preso-em-sao-paulo-tommaso-buscetta-delatou-mais-de-300-mafiosos-italianos-10493312. Acesso em: 30 jan. 2018.

urgência na elaboração, devido ao momento de ascensão da criminalidade mafiosa. Resultado da mesma urgência, o ativismo judicial marcante à época, conferiu à magistratura italiana, composta por juízes e procuradores públicos, o apelido de *pretori d'assalto* (juízes de ataque).[71]

Tal postura proativa assumida pelos magistrados foi possibilitada pelas medidas legislativas adotadas em 1991, alterando procedimentos, e pelo Decreto-lei nº 306/1992 que, de igual maneira, modificou as normas processuais, conferindo maiores poderes aos magistrados. A magistratura italiana reunia esforços em uma luta antimáfia.

Um notável juiz foi Giovanni Falcone, responsável por oferecer o acordo de delação premiada a Tommaso Buscetta.[72] Nesse período, vários políticos, membros do *Pubblico Ministero*, e juízes foram mortos, dentre eles Falcone e Paolo Borsellino.[73]

No cenário italiano de crime organizado e esquemas de corrupção, muitos foram os envolvidos, incluindo agentes do Estado que possuíam relacionamento com a máfia, como se observou na operação *mani pulite* (Mãos Limpas). As organizações mafiosas se estabeleciam às escuras, possuindo caráter "familiar", de certo modo, tendo em vista o vínculo firmado entre os membros. Eram moralmente condenáveis entre os integrantes traições ou confissões que comprometessem a estrutura criminosa.

As máfias influenciaram diretamente o desenvolvimento de uma legislação de emergência na Itália. As organizações mafiosas, principal-

---

71 Ressalte-se que juízes e membros do *Pubblico Ministero* compõem uma mesma carreira, a chamada magistratura italiana. Para melhor ilustrar: https://www.conjur.com.br/2010-mai-23/segunda-leitura-entenda-estrutura-judiciario-italia. Acesso em: 08 fev. 2018.

72 "Neste último, a partir de colaboração premiada feito pelo Juiz Giovanni Falcone com Tommaso Buscetta, foi possível, na década de oitenta, desbaratar a associação mafiosa 'Cosa Nostra', com base em Palermo, Sicilia. Do mesmo modo, a partir de acordo com Mario Chiesa, na década de noventa, a justiça italiana pôde prender e punir organização criminosa envolvendo partidos políticos e crimes de corrupção arraigados em todo país, na Operação que se iniciou em Milão e que recebeu o nome de 'Operação Mãos Limpas' ('mani pulite')". (FONSECA, Cibele Benevides Guedes da; TABAK, Benjamin Miranda; Aguiar Júlio César de. *A colaboração premiada compensa?* Brasília: Núcleos de Estudos e Pesquisas/CONLEG/Senado, agosto/2015 (Texto para Discussão nº 181), pp. 6-7). Disponível em: www.senado.leg.br/estudos. Acesso em: 01 nov. 2018.

73 Informação jornalística disponível em: https://brasil.elpais.com/brasil/2017/05/20/internacional/1495267024_359932.html. Acesso em: 19 fev. 2018.

mente no sul do país,[74] eram detentoras de grande poder e influência, inclusive na vida política e econômica do país. Parte da classe política italiana mantinha ligações com a máfia, de modo que o combate ao crime de organização mafiosa se confundia com a luta contra a criminalidade de colarinho branco praticada por parte da classe empresária e política.[75] Sobre o contexto social da época, Paulo Sergio Pinheiro e Oscar Vilhena Vieira expuseram em prefácio à obra de José Luiz Del Roio:[76]

> O que choca no caso da Itália é virtualmente quase todas as lideranças políticas nos partidos representados no Parlamento e quase todos os empresários no país serem corruptos. Estima-se que cerca de sessenta mil pessoas tenham de ser levadas aos tribunais se se quiser processar todos os suspeitos. A campanha anticorrupção ameaça pôr em risco as próprias estruturas do Estado. Até agora mais de quatro mil comunicações judiciárias e centenas de prisões foram efetuadas. Os escândalos paralisaram os governos municipais de quase vinte cidades, inclusive Roma, Veneza, Turim, Nápoles e Milão. Um relatório publicado pelo Instituto Einaudi de Turim estima que entre 10 e 20 bilhões de dólares foram desviados da economia nacional em doze anos para a corrupção política. Enquanto muito desse dinheiro deva ter ido para os cofres dos partidos, os in-

74 "Não é a Máfia a única poderosa instituição do crime organizado que age no território italiano: existem outras como a Camorra, na região da Campania, a 'Ndrangheta, na região da Calábria e, finalmente, a Santa Corona Unita na região da Puglia. Todas elas se localizam no sul da Península e têm suas origens determinadas, mais ou menos, pelos mesmos fatores condicionantes, agindo com a mesma violência." (DEL ROIO, José Luiz. *Itália*: operação mãos limpas/ e no Brasil? Quando? São Paulo: Ícone. 1993, p. 26).

75 "Mais recentemente, o caso italiano, como bem demostra aqui José Luiz Del Roio, está em funcionamento um conluio entre sistema político, grande empresariado, Máfia e Maçonaria secreta, uma troca de interesses organizados ligados aos interesses dos grandes partidos, assassinos e narcotraficantes empresários. Muitos políticos italianos e mafiosos operam não apenas nas mesmas áreas econômicas, mas também no mesmo espaço geográfico, uns buscando votos, outros fazendo extorsões. Os patrões da Máfia precisam dos políticos para obter o alvará de funcionamento para seus negócios ilegais, e os políticos não poderiam obter votos sem o apoio da Máfia. Assim os políticos vivem da Máfia e a Máfia vive dos políticos. Por outro lado, os empresários precisam do dinheiro do Estado e os políticos do dinheiro dos empresários para financiar a sua manutenção no sistema. O clientelismo político em troca da promessa de voto é a forma mais comum de emprego e promoção na função pública, desde as partes mais pobres dos países até as suas regiões mais prósperas." (PINHEIRO, Paulo Sergio; VIEIRA, Oscar Vilhena. Prefácio. In: DEL ROIO, José Luiz. Op. cit., pp. 11-12).

76 Ibidem, pp. 13-14.

vestigadores da corrupção apontam que boa parte dessa soma deve ter ido para contas privadas.

A operação *mani pulite* merece destaque devido à grande influência que exerceu no Direito italiano. Datada de 1992, a operação policial e judicial revelou grandes esquemas de corrupção. O início da operação se deu com a prisão de Mario Chiesa, então diretor da entidade filantrópica Pio Alberto Trivulzio de Milão e, à época, colaborador de Justiça. Em dois anos de operação, mais de 2.900 mandados de prisão já haviam sido expedidos e mais de 6.000 pessoas estavam sob investigação, dentre as quais, empresários e parlamentares.[77]

Na operação foram revelados pagamentos de propina para a concessão de contratos públicos, de maneira a explicitar que a Administração Pública e a política milanesa e italiana, de modo geral, estavam cercadas pelo mal da corrupção, o que desencadeou a expressão "Tangentopoli" ou "Bribesville" ('cidade da propina').[78]

Chiesa mantinha relações com o líder do Partido Socialista Bentino Craxi, um dos principais investigados pela *mani pulite*, e revelou o esquema de corrupção consistente no recebimento de propinas através de contratos assinados em nome da entidade filantrópica da qual era diretor. Craxi, após ter sido acusado e ter sofrido condenações, se autoexilou na Tunísia e faleceu em 2000.[79]

Diante do descrédito da classe política, a ação judicial teve seus apoiadores. Para mais, a repercussão conferida à operação pela mídia ajudou a angariar adeptos. Há quem entenda como positiva a publicidade atribuída às investigações.[80]

---

77 MORO, Sérgio Fernando. Op. cit., p. 57.

78 José Luiz Del Roio expõe: "Tangente nos recorda a trigonometria e Geometria, mas em tempos atuais é muito mais usada para referir-se àquela parte de um total de massa monetária, que escapou, fugiu, escorregou ou, mais concretamente, 'saiu pela tangente' e foi cair em bolsos alheios e diversos do fim a que se destinava. É a propina ilegal, o 'uma mão lava a outra', o 'é dando que se recebe'. Afinal, São Francisco (santo, aliás, que representa o extremo oposto de todas estas porcarias) é italiano. Poli, palavra grega que designa cidade. A referência é muito precisa, trata-se de uma cidade em particular, Milão. Pois, foi ali que os juízes destamparam o caldeirão do mago, e a sujeira que saiu foi tanta, que os pobres magistrados pareciam aprendizes de feiticeiros, correndo atrás de uma verdadeira erupção de lava que não acaba mais". (DEL ROIO, José Luiz. Op. cit., p. 69).

79 MORO, Op. cit., p. 57.

80 Nas palavras do Juiz Federal Sérgio Fernando Moro: "A publicidade conferida às investigações teve o efeito salutar de alertar os investigados em potencial sobre o

Nesta operação, as prisões foram igualmente instrumentalizadas com o objetivo de forçar a colaboração.[81] Logicamente, dadas as circunstâncias, diante de tamanha pressão sobre os acusados mediante a submissão a prisões preventivas, as atenções da Justiça foram direcionadas aos falsos *pentiti* e a veracidade das declarações prestadas por eles devia ser analisada.

Sobre a valoração da prova testemunhal, o *Codice di Procedura Penale* de 1989 dispõe:

> Art. 192.
>
> Valutazione della prova.
>
> ....
>
> 3. Le dichiarazioni rese dal coimputato del medesimo reato o da persona imputata in un procedimento connesso a norma dell'articolo 12 sono valutate unitamente agli altri elementi di prova che ne confermano l'attendibilità.[82]

Ainda assim, no tocante à valoração da prova testemunhal via delação – *chiamata di correo* -, a Corte de Cassação italiana passou a valorar os depoimentos com base em três níveis ou etapas: (a) análise da credibilidade do *pentiti*, subjetivamente, sendo avaliados os motivos pelos quais o investigado decidiu colaborar, sua personalidade e seus antecedentes; (b) análise da confiabilidade genérica, ou seja, a coerência entre as declarações e a espontaneidade; (c) análise da con-

---

aumento da massa de informações nas mãos dos magistrados, favorecendo novas confissões e colaborações. Mais importante: garantiu o apoio da opinião pública às ações judiciais, impedindo que as figuras públicas investigadas obstruíssem o trabalho dos magistrados, o que, como visto, foi de fato tentado. [...] As prisões, confissões e a publicidade conferida às informações obtidas geraram um círculo virtuoso, consistindo na única explicação possível para a magnitude dos resultados obtidos pela operação *mani pulite*." Idem.

81 "A análise crítica de Antonio Pagliaro, indica que o uso funcional das regras processuais foi uma das razões do sucesso da operação (sucesso do ponto de vista da luta contra a corrupção). Ainda que não houvesse violação frontal das normas processuais, dava-se a elas a interpretação mais adequada às finalidades da acusação." (COSTA, Leonardo Dantas. Op. cit., p. 41).

82 Tradução livre: "Art. 192. Avaliação da prova. [...] 3. As declarações do coarguido da mesma infração ou de um requerido num processo conexo, nos termos do artigo 12, serão apreciadas juntamente com outras provas que confirmem a sua fiabilidade".

fiabilidade específica consistente na comparação entre as declarações e as demais provas.[83]

Em 2001, duas leis alteraram o instituto da delação no ordenamento jurídico italiano. Diferente das normas que a *priori* tratavam do tema e abrangiam o aspecto material, as leis nº 45 e nº 63 de 2001, dispõem sobre questões processuais que cercam o estabelecimento do acordo com a Justiça. A Lei nº 45/2001 determinou forma e modo de redação para o *verbale ilustrativo*, documento para a gestão da colaboração, além de um lapso temporal para que se obtenham informações do *pentiti*. Já a Lei nº 63/2001 tratou de aspectos processuais ligados às garantias fundamentais, mais especificamente ao contraditório e ao direito ao silêncio, que pode ser exercido pelo colaborador nos crimes que lhe forem imputados.[84]

No mais, as prisões preventivas utilizadas também sofreram modificações com o desenvolvimento da legislação que trata da delação, não podendo mais o investigado, logo após a colaboração, se valer do benefício da liberdade provisória ou da substituição da prisão por medida mais branda.[85]

Seguindo a temática da justiça penal negociada na Itália, vale destacar o instituto jurídico do *patteggiamento*, inserido em 1981 no ordenamento.[86] Devido ao procedimento especial, o *patteggiamento* mais se assemelha à colaboração no que respeita à liberdade conferida às partes. Entretanto, esta liberdade recai sobre a aplicação da pena.

Este instituto foi paradoxalmente inserido no ordenamento jurídico italiano sob a égide de um sistema inquisitório, por intermédio do artigo 77 da Lei nº 689 que previa a possibilidade do julgador, em caso de crimes puníveis com pena de até dois anos, tendo sido solicitada antes

---

83 "O legislador italiano reconheceu uma presunção relativa de suspeição nas declarações dos arrependidos processuais, na mesma linha que já vinha sendo adotada por doutrina e jurisprudência após a superação de posicionamentos condescendentes ao longo dos anos oitenta no auge da utilização dos *pentiti* no combate às organizações mafiosas. A previsão legal de valoração conjunta da colaboração processual com outros elementos de prova significa que o juiz somente pode levar em consideração a *chiamata in correità* quando outros elementos probatórios tiverem sido adquiridos na atividade instrutória idôneos a confirmar a credibilidade da delação". (PEREIRA, Frederico Valdez. *Delação premiada*: legitimidade e procedimento. 3ª ed., Curitiba: Juruá, 2016. p. 101).

84 COSTA, Leonardo Dantas. Op. cit., p. 46.

85 Ibidem, p. 47.

86 ANGELINI, Roberto. Op. cit., p. 221.

do início do julgamento, aplicar pena de multa ou medida de liberdade controlada, ouvido o *Pubblico Ministero*.[87]

Vale ressaltar que este benefício pode ser aplicado apenas uma vez e, neste aspecto, se aproxima da transação penal brasileira, instrumento de justiça penal negociada previsto na Lei nº 9.099/95, segundo o qual, deve ser observado o período de cinco anos passados necessários para que se possa usufruir do benefício novamente, dentre outros requisitos previstos no parágrafo segundo do artigo 76 da referida lei.

Em 2003, a Lei nº 134 introduziu o *patteggiamento allargato* ao sistema jurídico italiano e, desta forma, o procedimento de justiça penal negociada se estendeu a crimes mais graves, sendo aplicável aos réus primários. Importante destacar que alguns crimes não se incluem no *patteggiamento*, dentre eles a associação criminosa, à qual, segundo a Lei brasileira nº 12.850/13, se aplica perfeitamente o instituto da colaboração premiada, com possíveis reflexos na aplicação da pena ao acusado.[88]

O papel do juiz no *pattegiamento* muito se assemelha ao exercido por ele na colaboração premiada, que pode ser tida como negócio jurídico, porquanto as partes – Ministério Público ou delegado de polícia, ouvidos o *Parquet*, e o investigado – exercem dentro dos limites legais, certa autonomia em sua estipulação.

No tocante à natureza jurídica da sentença de *patteggiamento*, esta é equiparada a uma decisão condenatória, nos termos do artigo 445, alínea 1.ª-*bis* do *Codice di Procedura Penale*. Entretanto, ainda de forma muito semelhante ao que ocorre na transação penal brasileira, não implica Juízo de culpa, mas apenas uma renúncia ao processo e, automaticamente, à defesa. Ainda assim, divergem doutrina e jurisprudência italianas quanto à natureza jurídica da sentença de *pattegiamento*. Tendo em vista que o legislador, em 1989, equiparou tal Juízo ao de condenação, existe corrente que defenda que há, ainda que de maneira implícita, uma análise da culpa, ao passo que uma segunda corrente considera que não há tal valoração.[89]

---

87 Ibidem, p. 223.

88 "Não se pense, porém, que estas exclusões tornam residual esta modalidade *allargata*: o espectro em que é aplicável o *patteggiamento* é imenso, pois aplica-se a todos os outros crimes em que a pena concreta vá até sete anos e meio de prisão (antes da redução de 1/3), e aqui incluem-se, por exemplo, a tentativa de homicídio, o roubo, o peculato, a extorsão, etc." (Idem).

89 Ibidem, p. 227.

A justiça penal negociada na Itália se revelou alternativa histórica à falta da tutela jurisdicional efetiva, perceptível também no Brasil, sobretudo em relação aos crimes de grande porte, que exigem a arrecadação de provas robustas. Contudo, há de ser feita análise cautelosa antes da utilização de tais mecanismos, porquanto, por serem marcados pela celeridade, mantenham relação conflituosa com as garantias individuais do *imputato*.

3.3.3. A influência da colaboração premiada estrangeira no ordenamento jurídico brasileiro

Rafhael Lima Ribeiro explica que a utilização da delação premiada no direito brasileiro é marcada por três fenômenos:[90]

> "a) A operação *mani pulite* e sua repercussão como exemplo de cruzada judiciária contra a corrupção;
>
> b) movimento do *law and order* e o recrudescimento da severidade do direito penal, e;
>
> c) A utilização do direito penal para garantir uma ética pública."

A doutrina é uníssona acerca da influência dos modelos utilizados nos EUA e na Itália como paradigmas para a construção do instrumento brasileiro. [91]

A colaboração processual italiana foi sendo construída ao longo de anos em leis esparsas de emergência, diferente do que ocorreu no ordenamento jurídico brasileiro, no qual há lei específica recente para tratar do assunto em âmbito penal, a Lei nº 12.850 de 2013. O ordenamento ju-

---

90 RIBEIRO, Rafhael Lima. Delação premiada: da equivocada utilização do direito penal para garantir uma ética pública. In: ESPIÑERA, Bruno; CALDEIRA, Felipe (orgs.). *Delação premiada*: estudos em homenagem ao Ministro Marco Aurélio de Mello, 2ª ed., Belo Horizonte: Editora D'Plácido, 2017, pp. 670-672.

91 "O atual paradigma da delação premiada, todavia, não tem inspiração no modelo anteriormente previsto no Brasil-Colônia, pelas Ordenações Filipinas, mas sofre influência dos modelos norte-americanos e italiano. Naqueles países, em especial nos Estados Unidos, a justiça negocial tem grande importância, sendo a grande maioria dos casos criminais resolvidos dentro deste paradigma. A delação premiada é uma das ferramentas da *plea bargaining* norte-americana, mas esta é um pouco mais ampla do que aquela, e os conceitos não devem ser confundidos. A *plea bargaining* nem sempre objetivará a acusação de outros supostos criminosos responsáveis pelo fato delituoso, mas o reconhecimento de culpabilidade do próprio acusado." (WALKER Jr., James; SILVEIRA, Lucas O. M. Azeredo da. Op. cit., p. 713).

rídico italiano, ao que se percebe, despendeu maiores atenções sobre o direito material, aplicação das penas, veracidade dos testemunhos, dentre outros aspectos, em detrimento do direito processual, como ocorre na legislação brasileira.

A toda evidência, a colaboração premiada tem as suas particularidades. O modelo brasileiro não foi construído em razão da necessidade de uma legislação de emergência, como na Itália, tampouco é um instrumento cultural. Ao revés, a colaboração premiada constava das Ordenações Filipinas, conforme registrado alhures, e foi suprimida do ordenamento jurídico porque era considerado instrumento imoral, um ato de traição.

Com a necessidade de dar efetividade aos instrumentos de persecução penal, e também com os exemplos norte-americano e italiano, a colaboração premiada foi reintroduzida. E sua construção foi gradual. Da Lei nº 8.072/90, que previu benefícios para os delatores de crimes de extorsão mediante sequestro e quadrilha ou bando, até a edição da Lei nº 12.850/2013, decorreram 23 anos. No período que medeia as duas leis, foram editadas diversas outras prevendo o instituto. Assim, ao contrário dos que advogam alguns, o instituto brasileiro foi gradualmente amadurecido até chegar à forma atual.

Adriana Maria Gomes de Souza Spengler e Cleverson Weber trazem lição de Renato Brasileiro de Lima, que repara que, diferentemente do que ocorreu em países como a Itália e a Espanha, nos quais a colaboração premiada surgiu como reflexo de uma política de emergência para o combate ao terrorismo e ao crime organizado, no Brasil a delação premiada surgiu diante da falência dos métodos investigativos para repressão da violência a partir da década de 90.[92]

Com efeito, a polícia e o Ministério Público têm grande dificuldade de coletar provas e aprimorar resultados no controle do crime organizado.[93]

Interessante notar que a colaboração premiada foi pensada para crimes cometidos por organizações criminosas que agem com violência, como aquelas que têm por objetivo o tráfico de drogas e o roubo de cargas.

---

92 LIMA, Renato Brasileiro de. *Manual de Processo Penal*, 2. ed, Salvador: JusPodivm, 2014. p. 733, apud SPENGLER, Adriana Maria Gomes de Souza; WEBER, Cleverson. Op. cit., p. 17.

93 PINHO, Humberto Dalla Bernardina de; Wunder, Paulo. A revisão do acordo de colaboração premiada e o aproveitamento da prova já produzida. *Revista dos Tribunais*, vol. 987/2018, jan./2018, pp. 289-316. Versão *on-line*. p. 1.

Entretanto, o acordo de colaboração premiada tem sido muito mais utilizado em investigação de organizações criminosas voltadas aos delitos do colarinho branco. Sobre este ponto, constatou Christiano Leonardo Gonzaga Gomes:

> [...] percebe-se que os acusados cada vez mais distanciam-se dessa opção de silêncio absoluto[94] acerca dos autores e partícipes que

94 "Um dos temas mais relevantes de que se tem conhecimento nos dias atuais, em se tratando de delação premiada, é sobre o 'Dilema dos Prisioneiros', no qual a figura do delator torna-se tema central para analisar as possíveis estratégias entre todos os jogadores/acusados. Para que se torne clara a questão, foi feito um estudo que se colocam dois prisioneiros em celas distintas, ocorrendo a figura de jogo não cooperativo, pois os prisioneiros não podem comunicar-se, restando impossível saber o que cada um está pensando como estratégia de defesa do outro. Imagine que dois criminosos tenham sido capturados e ficam presos separadamente para serem interrogados. A eles são oferecidas as seguintes opções: se nenhum testemunhar contra o outro, ambos cumprirão apenas 6 meses de pena. Se os dois traírem e testemunharem, eles serão condenados a três anos. Todavia, se um testemunhar, e o outro não, aquele que testemunhou ficará livre da prisão, enquanto o outro terá que cumprir uma pena de 10 anos. O dilema do prisioneiro, portanto, é trair ou não trair. Embora o acordo mais mutuamente benéfico seja os dois ficarem calados, o temor que cada criminoso tem de que o outro encarcerado possa testemunhar tende a fazer com que ambos os delinquentes acabem traindo um ao outro. A escolha entre trair ou não trair é a mais difícil de ser feita, uma vez que em jogos onde não se sabe qual será a escolha do outro, em virtude da incomunicabilidade de ambos, a insegurança de que o outro venha a delatar leva à traição imediata de um dos dois. Isso ocorre comumente nos casos da 'Lava Jato', quando numa dada operação, várias prisões são efetuadas e os prisioneiros são colocados em celas distintas e incomunicáveis. Surge então a dúvida entre delatar e ter o melhor benefício, que no caso acima seria a pena de dez anos para o que optar em ficar calado e liberdade para o delator. O chamado dilema do prisioneiro consiste em analisar se irá trair/delatar antes do outro para ter a sua liberdade garantida ou ficar em silêncio e correr o risco de pegar a pena mais alta. Na visão de John Nash, ou melhor, no chamado equilíbrio de Nash, todos os jogadores possuem uma estratégia bem definida e não podem modificá-la, independentemente do que aconteça. Isso pode ser aplicado no "Dilema dos Prisioneiros", em que a melhor saída seria o silêncio de ambas as partes, para que ninguém entregue um ao outro e a pena aplicada para os dois será a menor possível. Pelo equilíbrio de Nash, a melhor estratégia seria o silêncio acerca dos fatos, sem que haja a entrega de um comparsa pelo outro, pois aquele que entregar primeiro gozará do melhor benefício e o outro terá a pior das reprimendas. Todavia, como ambos estão incomunicáveis, torna-se impossível adivinhar quem fará a confissão ou traição primeiro, podendo ocorrer, ainda a traição mútua de ambos." (GOMES, Christiano Leonardo Gonzaga. Delação premiada e a teoria dos jogos com base no equilíbrio de John Nash. In: ESPIÑERA, Bruno; CALDEIRA, Felipe (orgs.). *Delação premiada*: estudos em homenagem ao Ministro Marco Aurélio de Mello. 2ª ed., Belo Horizonte: Editora D'Plácido, 2017, pp. 571-572).

> compõem a organização criminosa, pois o medo e a angústia de já estarem sendo delatados fazem com que eles procurem as autoridades públicas e optem pela delação premiada. Em termos de "Lava Jato", os personagens desse cenário são pessoas que não estão inseridas exclusivamente no mundo do crime. São pais de família, pessoas que possuem profissão lícita, funcionários públicos e toda gama de cidadãos que, em parte, levam uma vida normal e, na maior parte dos momentos, dentro dos preceitos legais. Em alguns pontos tais pessoas optaram por praticar crimes de colarinho branco e alavancaram os seus lucros, mas não são personagens voltados exclusivamente para a criminalidade.
>
> Por essa razão que inexiste no cenário da operação "Lava Jato" o silêncio sepulcral dos ambientes mafiosos de outras organizações criminosas de além-mar.[95]

Maíra Beauchamp Salomi acentua que o instrumento é necessário ao combate da criminalidade moderna, que se vale de técnicas cada vez mais sofisticadas, diferentes dos métodos tradicionais. Ademais, deve-se ter em vista que a colaboração premiada é medida que visa a superar o código de silêncio (omertà) e a cultura de supressão de provas, próprios das práticas ilícitas endêmicas perpetradas pelas grandes organizações criminosas. Sinaliza, a autora, os importantes resultados que o mecanismo tem tido no combate à criminalidade e, em especial, aos crimes de colarinho branco. [96]

---

95 Ibidem, p. 579.

96 SALOMI, Maíra Beauchamp. Colaboração premiada: principais questões acerca da competência para homologação. In: MOURA; Maria Thereza de Assis; BOTTINI, Pierpaolo Cruz. *Colaboração premiada*. 1ª ed., São Paulo: Editora Revista dos Tribunais, 2017, p. 158.

Vale relembrar que as organizações criminosas que atuam com emprego de violência impõem aos seus membros códigos de conduta que apenam os delatores com a morte. Ademais, muitos desses criminosos ainda não podem se socorrer de uma estrutura defensiva que possa se valer do instrumento da colaboração premiada. Mencione-se que as defensorias públicas ainda não se organizaram para celebrar esse tipo de acordo, conforme repara a doutrina.[97]

97 "As rodadas infindáveis de negociação e de depoimentos, imprescindíveis à celebração do pacto, não são suportáveis por todo e qualquer imputado, haja vista a necessidade, por exemplo, de contratar advogados com disponibilidade para acompanhá-las. É uma realidade que transcende à vivida pelas Defensorias Públicas, cujos integrantes, em geral, ficam vinculados a determinados (s) Juízo(s), oficiando nos processos em curso no (s) citado (s) órgão(s) – a maioria, aliás, sob os seus cuidados. Soma-se a isso o fato de as Defensorias Públicas estarem ainda em processo de criação, estruturação e/ou de expansão em grande parte das unidades federativas, incluindo a União, atravancando a "democratização" do instituto, na modalidade de "acordo bilateral". Embora o art. 5º, LXIII, da Carta de 1988 preconize o direito dos indiciados à assistência jurídica, tendo a Lei Complementar nº 132, de 7 de outubro de 2009, incluído no art. 4º da Lei Complementar 80, de 12 de janeiro de 1994, o inciso VIII, para assentar ser função institucional da Defensoria "acompanhar inquérito policial, inclusive com a comunicação imediata da prisão em flagrante pela autoridade policial, quando o preso não constituir advogado", a atuação desenvolve-se, primordialmente, apenas perante o Juízo, a partir do recebimento de cópia do auto de prisão em flagrante, para, em sendo o caso, pedir relaxamento da prisão ou a liberdade provisória, *ex vi* do art. 306, §1º c/c art. 310 do CPP, quando não houver a audiência de custódia. Não existe campo, portanto, para a Defensoria iniciar tratativas, ainda na fase investigatória, objetivando potencial acordo de cooperação." SANTOS, Marcos Paulo Dutra. Op. cit., pp. 88-89.

4
COLABORAÇÃO PROCESSUAL E SUAS DISTINÇÕES TERMINOLÓGICAS

Em algumas doutrinas, os diferentes termos "colaboração premiada" e "delação premiada" são utilizados como sinônimos para designar determinado modo de colaboração processual, no qual o acusado, em troca de alguns benefícios previamente acordados, opta por prestar esclarecimentos que resultem na obtenção de provas pela Justiça.

Em outras, entretanto, delação e colaboração são termos utilizados para designar diferentes espécies do gênero colaboração processual, sendo esta constituída por um acordo estabelecido entre acusação e acusado (acordo de colaboração premiada), ao passo que aquela se dá entre o Juízo e o imputado (delação premiada ou colaboração unilateral).

A distinção entre os termos "colaboração" e "delação" guarda estrita relação com o Direito Comparado. No *pentitismo* italiano, *v.g.*, muito se vê do que a segunda doutrina distingue e chama de delação, estabelecida entre o órgão julgador e o acusado, diferente da colaboração premial acordada entre as partes como no *common law*.

No Brasil, o termo delação premiada tem larga aceitação popular e é entendido como sinônimo do que parte da doutrina entende como sendo o acordo de delação premiada.[1]

4.1. Gênero: colaboração processual

A colaboração processual é o gênero dentro do qual se inserem diversas formas (espécies) de cooperação do imputado, tais como: confis-

---

1 Marcos Paulo Dutra dos Santos bem resume a questão: "Embora o legislador tenha optado pelo eufemismo "colaboração", tanto na lei de regência do instituto – Lei nº 9.807, de 13 de julho de 1999, alusiva ao "réu colaborador", nos arts. 13 a 15 -, quanto na Lei nº 12.850, de 2 de agosto de 2013, que possui toda uma seção intitulada "da colaboração premiada" (arts 4º a 7º), o que ocorre é uma verdadeira delação: um dos acusados, em troca de favores penais veiculados pelo Estado, acaba denunciando os demais que a ele se aliaram para a prática delitiva. Estabelecida essa premissa, confessamos ao leitor que empregaremos, ao longo deste ensaio, os dois vocábulos, tratando-os como sinônimos – "colaboração" em respeito à escolha terminológica do legislador (por sinal, mais *técnica*, pois se trata de expressão legal); "delação" e, face de ser mais verdadeira, externando o que, realmente, representa." SANTOS, Marcos Paulo Dutra. Op. cit., p. 29.

são, chamamento de corréu, delação, colaboração (delação) premiada, colaboração processual *stricto sensu*, transação penal, suspensão condicional do processo, acordo de não persecução penal e whistleblower.[2] [3]

4.2. Espécies: Confissão, chamamento de corréu, delação, colaboração (delação) premiada, colaboração processual *stricto sensu*, transação penal, suspensão condicional do processo, acordo de não persecução penal e whistleblowing

A doutrina refere-se a pelo menos nove espécies de colaboração processual.

Confissão é a admissão da prática de crime pelo acusado. É considerada atenuante da pena, prevista no artigo 65, III, "d", do Código Penal. Pode ser considerada causa de extinção de pena para alguns crimes, quando combinada com outros fatores, como ressarcimento do dano (apropriação previdenciária - artigo 168-A, §2, do CP; sonegação de contribuição previdenciária - artigo 337-A, §1º do CP),[4] e retratação (falso testemunho - artigo 342 do CP).

Chamamento de corréu é a atividade colaborativa do imputado ocorrida apenas na fase judicial e deve importar necessariamente o reconhecimento da própria culpabilidade. Rafael Estrela Nóbrega elenca três requisitos essenciais para a regularidade do chamamento de corréu: 1) a confissão; 2) a correspondência com os elementos de provas do acusado; 3) deve ser feita judicialmente ou, no mínimo, confirmada em juízo sob o crivo do contraditório.[5]

Diverge, no entanto, Leandro Sarcedo, salientando que na chamada de corréu o incriminado rechaça a imputação, indicando terceiro como autor ato ilícito:

---

2 NÓBREGA, Rafael Estrela. Op. cit., pp. 69-88; ESSADO, Tiago Cintra. Delação premiada e idoneidade probatória. *Revista Brasileira de Ciências Criminais*. v. 101, mar./abr. 2013. p. 204.

3 "A cooperação vem prevista no art. 6º do novo Código, inserto no capítulo 'Das Normas Fundamentais do Processo Civil', e que estabelece que 'todos os sujeitos do processo devem cooperar entre si para que se obtenha, em tempo razoável, decisão de mérito justa e efetiva'." (PINHO, Humberto Dalla Bernardina de; ALVES, Tatiana Machado. A cooperação no novo código de processo civil: desafios concretos para a sua implementação. *Revista Eletrônica de Direito Processual REDP*. Volume XV, jan./jun. de 2015, p. 256).

4 Ibidem, p. 73.

5 Ibidem, p. 75.

> Ocorre delação quando um réu, ao ser interrogado, não só admite a prática do fato criminoso, mas também imputa sua autoria a uma outra pessoa ou a outras pessoas. Assim, a confissão do fato criminoso é pressuposto da delação.
>
> Difere-se em absoluto essa situação da mera chamada de corréu, oportunidade em que o acusado rechaça a imputação contra si lançado, imputando o fato criminoso a terceiro.
>
> [...]
>
> A delação passa a ser premiada quando é incentivada pelo legislador, por meio de um prêmio concedido ao acusado delator na forma de benefícios processuais ou penais (redução de pena, perdão judicial, fixação de regime prisional mais brando, isenção de processo).
>
> Esse é exatamente o questionamento central a respeito da delação premiada, sua formalização e valoração processual, porque, embora o acusado tenha de confessar o crime que lhe está sendo imputado, abrindo mão do devido processo legal, do contraditório e da ampla defesa constitucionalmente garantidos, as informações a respeito da participação de terceiros são sempre interessadas, porque motivadas por benefício que lhe está sendo acenado". [6]

A delação, ao revés, pode ocorrer tanto na fase pré-processual, quanto em juízo. Para expressiva parte da doutrina depende de prévia confissão.

A colaboração (delação) premiada ocorre quando a lei prevê benefícios que podem ser agraciados ao delator que, de alguma forma, colabora com a autoridade policial ou judiciária, permitindo, eficazmente, evidenciar fatos que venham a contribuir com a apuração da materialidade delitiva e sua autoria.

A colaboração processual *stricto sensu* é a cooperação do acusado com a investigação de infrações penais em troca de benefícios de natureza estritamente processual, tais como o *non-prosecution agrements e o plea bargaining*, típicos do ordenamento jurídico norte-americano.

Prevista no artigo 76 da Lei nº 9.099/95, a transação é um benefício proposto pelo Ministério Público para uma imediata aplicação de pena restritiva de direitos ou de multa ao suposto autor de ato ilícito criminal de menor potencial ofensivo. Com a aceitação da proposta do Ministério

---

6 SARCEDO, Leandro. A delação premiada e a mitigação do princípio da obrigatoriedade da ação penal. In: *Revista do Instituto dos Advogados de São Paulo*, vol. 27, jan./jun. 2011, p.191-205. Versão *on-line*. p. 2.

Público e cumprimento da proposta, o investigado deixa de ter contra si um processo criminal deflagrado.

A composição civil está prevista no artigo 74 da Lei nº 9.099/95. Neste caso, o suposto autor do ato delituoso de menor potencial ofensivo e a vítima, na audiência preliminar, podem realizar acordo civil, o qual acarreta a renúncia ao direito de queixa ou representação, logo, como consequência se tem a extinção da punibilidade.

No artigo 89 da Lei nº 9.099/95, está prevista a suspensão condicional do processo. Este instituto permite ao Ministério Público oferecer uma proposta contendo condições a serem cumpridas pelo acusado, mediante a suspensão do processo, que, se cumpridas, implicam a extinção da punibilidade.

Rafael Estrela Nóbrega classifica os benefícios despenalizadores da Lei nº 9.099/95 como formas de colaboração processual.[7]

Por meio da Resolução nº 181/2017 do Conselho Nacional do Ministério Público, posteriormente modificada pela Resolução nº 183/2018, o acordo de não persecução penal foi disciplinado no Brasil. A forma de introdução do instituto no sistema de Justiça brasileiro foi alvo de críticas, uma vez que a Constituição Federal de 1988 estabelece a competência privativa da União para legislar sobre matéria de Direito Processual Penal. Neste norte, a implementação do acordo de não persecução penal, instituto de justiça processual penal negociada, sob a ordem constitucional vigente, deveria ocorrer pela via legislativa, não por meio de Resolução do CNMP.[8] [9]

A Lei nº 13.964, de 24 de dezembro de 2019, denominada Lei Anticrime, inseriu formalmente no ordenamento jurídico pátrio o acordo de não persecução penal, mediante a inclusão do artigo 28-A no Código de Processo Penal. Desta maneira, ficou superada a questão formal sobre a aplicação do instituto, uma vez que foi conferida a devida legalidade ao acordo.

---

7 NÓBREGA, Rafael Estrela. Op. cit., p. 69.

8 JARDIM, Afrânio Silva. EMPÓRIO DO DIREITO. *O Conselho Nacional do Ministério Público está legislando sobre o direito processual penal!!! A que ponto chegamos!!!* Disponível em: https://emporiododireito.com.br/leitura/o-conselho-nacional-do-ministerio-publico-esta-legislando-sobre-o-direito-processual-penal-a-que-ponto-chegamos-por-afranio-silva-jardim-1508435906.

9 ROMANO, Rogério Tadeu. Uma afronta ao princípio da legalidade e aos direitos e liberdades individuais. ***Revista Jus Navigandi***, ISSN 1518-4862, Teresina, ano 23, n. 5402, 16 abr. 2018. Disponível em: https://jus.com.br/artigos/61658. Acesso em: 24 jan. 2020.

O novo artigo 28-A do Código de Processo Penal traz requisitos subjetivos e objetivos para a celebração do acordo de não persecução penal, que será oferecido pelo Ministério Público. Como requisito subjetivo, verifica-se a necessidade de confissão por aquele que aceita o acordo.

No que tange aos requisitos objetivos a serem preenchidos, são eles a prática de infração penal com pena mínima inferior a 4 (quatro) anos e a ausência de violência ou grave ameaça na conduta criminosa.

Importante destacar as condições dispostas nos incisos do artigo 28-A, as quais estabelecem a imposição ao celebrante do acordo, cumulativa ou alternadamente, de reparar o dano ou restituir coisa à vítima, salvo quando houver impossibilidade de fazê-lo, de renunciar voluntariamente a bens e direitos tidos como produto ou proveito do delito, de prestar serviço à comunidade ou a entidades públicas por período equivalente à pena mínima cominada diminuída de um a dois terços, de pagar prestação pecuniária a entidade pública ou de interesse social e de cumprir, por prazo determinado, outra condição indicada pelo Ministério Público, desde que proporcional e compatível com a infração penal imputada.

As condições estabelecidas para fins de celebração do acordo seguem a *ratio legis* de reparação de danos causados, tanto ao particular quanto à sociedade e à Administração Pública. A Resolução nº 183/2018 do CNMP também previa um parâmetro econômico de dano causado fixado em até vinte salários mínimos, o que não foi mantido pela lei.[10]

O acordo de não persecução penal em muito se assemelha à transação penal da Lei nº 9.099/95[11], no entanto, além da diferença em re-

10 "Art. 18. Não sendo o caso de arquivamento, o Ministério Público poderá propor ao investigado acordo de não persecução penal quando, cominada pena mínima inferior a 4 (quatro) anos e o crime não for cometido com violência ou grave ameaça a pessoa, o investigado tiver confessado formal e circunstanciadamente a sua prática, mediante as seguintes condições, ajustadas cumulativa ou alternativamente: (...) §1º Não se admitirá a proposta nos casos em que: (...) II – o dano causado for superior a vinte salários mínimos ou a parâmetro econômico diverso definido pelo respectivo órgão de revisão, nos termos da regulamentação local; (...)".

11 "A transação, consistente em concessões mútuas entre as partes e os partícipes, foi expressamente autorizada pela Constituição Federal para as infrações de menor potencial ofensivo (art. 98, I). Contudo, não permitiu a lei uma ampla liberdade às partes envolvidas para transacionar, preferindo a conciliação dirigida por juiz ou conciliador. Assim, o Ministério Público não pode deixar de oferecer acusação em troca da confissão de um crime menos grave ou da colaboração do suspeito para a descoberta de co-autores, como ocorre no sistema do *plea bargaining* dos Estados Unidos da América (v. comentários ao art. 89). [...] Outra fora de transação prevista na lei, de natureza preponderantemente processual, constitui-se na suspensão

lação ao *quantum* das penas abstratamente cominadas, outro elemento crucial de distinção consiste na necessidade de assunção de culpa para celebração do acordo, o que não ocorre quando da concordância com a transação penal.

Sobre tal aspecto, com arrimo no que dispõe o art. 76, §6º da Lei nº 9.099/95, é pacífico o entendimento de que a aceitação da transação penal não gera efeito na esfera cível por não haver confissão. Porém, no acordo de não persecução penal, como há confissão, em que pese nada disponha a lei nesse sentido, merecem atenção os eventuais efeitos que podem ser gerados na seara cível. Nesta linha de raciocínio, eventualmente, a confissão poderá servir como prova emprestada. Destaque-se que não se trata de ação civil *ex delicto,* uma vez que não há que se falar em oferecimento de denúncia tampouco em condenação.

Como requisitos negativos, a Lei nº 13.964/19 prevê a impossibilidade de oferecimento: 1) se for cabível transação penal de competência dos Juizados Especiais Criminais, nos termos da lei; 2) se o investigado for reincidente ou se houver elementos probatórios que indiquem conduta criminal habitual, reiterada ou profissional, exceto se insignificantes as infrações penais pretéritas; 3) se o agente tiver sido beneficiado nos 5 (cinco) anos anteriores ao cometimento da infração, em acordo de não persecução penal, transação penal ou suspensão condicional do processo; e 4) nos crimes praticados no âmbito de violência doméstica ou familiar, ou praticados contra a mulher por razões da condição de sexo feminino, em favor do agressor.

Na Resolução nº 181 do CNMP, o procedimento para celebração do acordo de não persecução penal ocorria no âmbito interno do Ministério Público. Em caso de cumprimento integral do acordo, o Ministério Público promovia o arquivamento da investigação.

De modo extensivo, a Lei Anticrime conferiu maior ingerência ao juiz, que passou a rescindir e homologar o acordo, bem como declarar extinta a punibilidade do agente quando do cumprimento integral. No que diz respeito à homologação do acordo pelo juiz, o artigo 3º-A, igualmente implementado pela Lei nº 13.694/19, estabelece a competência do juiz das garantias para o ato.

---

condicional do processo, também limitada (v. comentários ao art. 89 e parágrafos). Enfim, ficou clara a opção do legislador pela discricionariedade regulada ou regrada.". (GRINOVER, Ada Pellegrini. Juizados especiais criminais: comentários à Lei 9.099, de 26.09.1995. 5ª ed. rev., atual. e ampl. São Paulo: Editora Revista dos Tribunais, 2005, p. 68.

No entanto, convém mencionar que a figura do juiz das garantias é objeto das Ações Diretas de Inconstitucionalidade n°s 6298 e 6299[12] ajuizadas, respectivamente, pela Associação dos Magistrados do Brasil (AMB) e pela Associação dos Juízes Federais do Brasil (Ajufe). Em razão de decisão liminar proferida pelo Ministro do Supremo Tribunal Federal Luiz Fux, em 22/01/2020, a implementação do juiz das garantias ao Poder Judiciário brasileiro está suspensa.

No que tange à obrigatoriedade de oferecimento do acordo pelo membro do Ministério Público, o art. 28 – A, § 14, da Lei nº 13.964/19 dispõe que, caso haja recusa em propor o acordo, o investigado pode requerer remessa dos autos ao órgão superior, nos termos do art. 28 do Código de Processo Penal, que de igual modo foi objeto de alteração pela Lei Anticrime e que, por ora, está suspenso em razão da referida decisão liminar emanada do Supremo Tribunal Federal.

Desse modo, no caso de recusa, cabe ainda a aplicação da norma constante da redação anterior do art. 28 do Código de Processo Penal, segundo a qual o juiz fará remessa dos autos ao Procurador-Geral de Justiça para que celebre o acordo, designe outro órgão do Ministério Público para fazê-lo ou insista na recusa. Somente após o percurso deste caminho, o magistrado ficará vinculado à posição do Ministério Público.

Corroborando a maior participação do Poder Judiciário no acordo de não persecução penal, segundo a Lei nº 13.964/19, compete à Vara de Execuções Penais a sua execução, enquanto na Resolução do CNMP era atribuição do próprio Ministério Público.

O termo *whistleblower*, traduz-se em "denunciante"[13] ou "assoprador de apito"[14]. Trata-se daquele que ao tomar conhecimento da prática de ilícito civis ou penais em ambientes corporativos ou da administração pública realiza a denúncia dos fatos. No entanto, a figura não se limita a de um mero comunicador, uma vez que se está a falar de agente inserido em meio no qual os ilícitos estão sendo praticados, de modo que possui informações prestigiadas para o combate à corrupção.

---

12 SUPREMO TRIBUNAL FEDERAL. *Criação de juiz das garantias é objeto de ações no Supremo*. Disponível em: http://portal.stf.jus.br/noticias/verNoticiaDetalhe.asp?idConteudo=433929&ori=1. Acesso: 04 fev. 2020.

13 GOOGLE TRADUTOR. *Busca pelo termo "whistleblower"*. Disponível em: https://translate.google.com.br/?hl=pt-BR#view=home&op=translate&sl=auto&tl=pt&text=whistleblower. Acesso em: 04 fev. 2020.

14 ENCCLA. *O que é o whistleblower?* Disponível em: http://enccla.camara.leg.br/noticias/o-que-e-o-whistleblower. Acesso em: 04 fev. 2020.

Destaque-se que o *whisteblower* não deve possuir envolvimento com os ilícitos praticados. É sujeito desinteressado, pois não almeja redução de pena ou perdão judicial como no caso do delator. O "denunciante" age com vistas a interromper a prática do ilícito com o intuito de beneficiar a coletividade ao ver cessar os atos lesivos, tanto ao patrimônio público quanto ao patrimônio privado em ambientes corporativos. Portanto, a figura do "denunciante" e a do "delator" não se confundem.

No âmbito das empresas privadas, precipuamente aquelas que possuem relações diretas com a administração pública, como no caso das empresas públicas e concessionárias de serviço público, a figura do *whistleblower* ganha relevância nos "programas de conformidade" (*compliance programs)"*. Empresas privadas vinculadas ao serviço público devem estar atentas às condutas de seus colaboradores, porquanto a prática de atos ímprobos compromete a credibilidade das companhias perante a sociedade e o ente público cuja relação se estabelece.

No plano internacional, o instituto do *whistleblowing* encontra respaldo em diversos países ao redor do mundo, além de contar com o incentivo de organizações intergovernamentais como a ONU (Organizações das Nações Unidas)[15] e o COE (Conselho da União Europeia)[16]. Atualmente, os Estados Unidos da América possuem forte engajamento na utilização do instituto do *whistleblowing*. Em fevereiro de 2020, as declarações de um *whistleblower* levaram ao julgamento de impeachment de Donald Trump por abuso de poder e obstrução do Congresso. O Presidente dos Estados Unidos foi absolvido pelo Senado.[17]

As denúncias realizadas se dão em contextos de prática de atos de improbidade ou mesmo crimes supostamente cometidos pelas altas cúpulas de corporações ou por agentes do alto escalão da Administração Pública, com a prática dos conhecidos crimes de colarinho branco. Por tais motivos, percebe-se no cenário internacional uma tendência legislativa de proteção aos *whistleblowers*.

---

15 UN NEWS. *Secretary-General Guterres approves updated UN whistleblower protection policy.* Disponível em: https://news.un.org/en/story/2017/01/550032-secretary-general-guterres-approves-updated-un-whistleblower-protection-policy. Acesso em: 04 fev. 2020.

16 CONSELHO DA UE. *Melhor proteção dos denunciantes: novas regras da UE entrarão em vigor em 2021.* Disponível em: https://www.consilium.europa.eu/pt/press/press-releases/2019/10/07/better-protection-of-whistle-blowers-new-eu-wide-rules-to-kick-in-in-2021/. Acesso em: 04 fev. 2020.

17 BBC NEWS. *Trump impeachment: Who's who in the Ukraine story?* Disponível em: https://www.bbc.com/news/world-us-canada-49838433. Acesso em: 04 fev. 2020.

Os Estados Unidos da América contam com a *Whistleblower Protection Enhancement Act,* de 2012, instrumento normativo cujo escopo consiste em conferir proteção aos funcionários federais que divulgam evidências de fraude ou abuso na Administração Pública.

> The Whistleblower Protection Enhancement Act of 2012 (WPEA) was signed into law in 2012. The law strengthened the protections for federal employees who disclose evidence of waste, fraud, or abuse. The WPEA also requires that any non-disclosure policy, form, or agreement include the statement copied below, and provides that any such policy, form or agreement executed without the language may be enforced as long as agencies give employees notice of the statement. This serves as notice to current and former employees.[18]

Além do diploma legal, o país possui um Programa de Proteção aos Denunciantes coordenado pelo United States Department of Labor, a fim de investigar casos de retaliação no ambiente laboral decorrente da atividade do empregado como *whistleblower*[19], *a*gências de incentivo a denúncias[20 e 21], com recompensas financeiras, inclusive.

A possibilidade de realização de denúncias há muito se verifica no ordenamento jurídico brasileiro. A título de ilustração, convém mencionar a Lei nº 12.846/13 (Lei Anticorrupção), que prevê expressamente o incentivo às denúncias de irregularidades para fins de responsabilização administrativa e civil de pessoas jurídicas pela prática de atos contra a administração pública, bem como a Lei nº 13.608/18, que dispõe sobre o serviço telefônico de recebimento de denúncias e recompensa por informações que auxiliem nas investigações policiais.

Entretanto, a figura do "informante do bem", mais semelhante ao *whistleblower* do direito alienígena, foi incorporada ao ordenamento jurídico brasileiro por intermédio da Lei nº 13.964/19 (Lei Anticrime). O artigo 15 da referida lei acresce à Lei nº 13.608/18 os artigos 4º-A, 4º-B e 4º-C para estatuir a criação de unidades de ouvidoria ou correição pe-

---

18 US DOJ. Whistleblower Protection Enhancement Act. Disponível em: https://www.justice.gov/pardon/whistleblower-protection-enhancement-act. Acesso em: 12 fev. 2020.

19 US Department of Labor. The Whistleblower Protection Program. Disponível em: https://www.whistleblowers.gov/. Acesso em: 12 fev. 2020.

20 US SEC. *Office of the Whistleblower*. Disponível em: https://www.sec.gov/whistleblower. Acesso em: 12 fev. 2020.

21 US OSC. About OSC. Disponível em: https://osc.gov/Agency. Acesso em: 12 fev. 2020.

los entes da administração pública direta e indireta, com o intuito de facilitar os relatos acerca de eventuais crimes cometidos contra a administração pública e demais atos lesivos ao interesse público.[22]

Tal qual ocorre nos demais Estados ao redor do mundo que se valem do instituto do *whistleblowing* para a obtenção de informações privilegiadas no combate à corrupção, seja ela em âmbito público ou privado, é perceptível nas disposições dos novos artigos 4º-B e 4º-C da Lei nº 13.608/18 a dedicação do legislador às medidas de proteção ao informante. São evidentes os riscos aos quais os potenciais denunciantes estão submetidos no Brasil, cujo histórico de corrupção não é motivo de orgulho.[23]

A redação dada pela Lei Anticrime confere ao informante do bem proteção contra a exposição de sua identidade, contra retaliações ao exercício do direito de relatar, contra prejuízos remuneratórios ou ma-

---

22 Art. 15 da Lei nº13.964/19: "A Lei nº 13.608, de 10 de janeiro de 2018, passa a vigorar com as seguintes alterações: 'Art. 4º-A. A União, os Estados, o Distrito Federal e os Municípios e suas autarquias e fundações, empresas públicas e sociedades de economia mista manterão unidade de ouvidoria ou correição, para assegurar a qualquer pessoa o direito de relatar informações sobre crimes contra a administração pública, ilícitos administrativos ou quaisquer ações ou omissões lesivas ao interesse público. Parágrafo único. Considerado razoável o relato pela unidade de ouvidoria ou correição e procedido o encaminhamento para apuração, ao informante serão asseguradas proteção integral contra retaliações e isenção de responsabilização civil ou penal em relação ao relato, exceto se o informante tiver apresentado, de modo consciente, informações ou provas falsas.'; 'Art. 4º-B. O informante terá direito à preservação de sua identidade, a qual apenas será revelada em caso de relevante interesse público ou interesse concreto para a apuração dos fatos. Parágrafo único. A revelação da identidade somente será efetivada mediante comunicação prévia ao informante e com sua concordância formal.'; 'Art. 4º-C. Além das medidas de proteção previstas na Lei nº 9.807, de 13 de julho de 1999, será assegurada ao informante proteção contra ações ou omissões praticadas em retaliação ao exercício do direito de relatar, tais como demissão arbitrária, alteração injustificada de funções ou atribuições, imposição de sanções, de prejuízos remuneratórios ou materiais de qualquer espécie, retirada de benefícios, diretos ou indiretos, ou negativa de fornecimento de referências profissionais positivas. § 1º A prática de ações ou omissões de retaliação ao informante configurará falta disciplinar grave e sujeitará o agente à demissão a bem do serviço público. § 2º O informante será ressarcido em dobro por eventuais danos materiais causados por ações ou omissões praticadas em retaliação, sem prejuízo de danos morais. § 3º Quando as informações disponibilizadas resultarem em recuperação de produto de crime contra a administração pública, poderá ser fixada recompensa em favor do informante em até 5% (cinco por cento) do valor recuperado."

23 TRANSPARÊNCIA INTERNACIONAL BRASIL. *Índice de percepção da corrupção em 2019*. Disponível em: https://transparenciainternacional.org.br/ipc/. Acesso em: 08 fev. 2020.

teriais de qualquer espécie, contra a retirada de benefícios e contra a negativa de referências profissionais positivas. Certamente, tais medidas aumentam a tranquilidade dos cidadãos para que possam exercer o papel cívico de denunciar ilicitudes sem temor de retaliação, sobretudo daquelas que possam interferir na carreira profissional do denunciante.

Além da tutela ao *whistleblower* brasileiro, a lei estabelece recompensa de 5% (cinco por cento) sobre o valor recuperado quando das informações prestadas resulte o retorno dos valores aos cofres dos quais foram desviados. Outro incentivo relevante, pois, ainda que pareça um percentual baixo, deve-se lembrar que, em regra, o informante está diante de corrupções que envolvem valores vultuosos.

Merece destaque a importância da contribuição da figura do informante do bem, ou *whistleblower* brasileiro, ao direito pátrio e às políticas públicas de combate à corrupção. Até então, com as colaborações premiadas foi possibilitado ao agente envolvido prestar declarações com algum interesse pessoal no resultado.

Com o desenvolvimento do instituto do *whistleblowing* no Brasil, ilícitos civis e penais que ficariam às escondidas pelo medo podem vir à tona com mais frequência. O que se vê agora, à luz da Lei nº 13.964/19, é a possibilidade de o cidadão probo agir de forma participativa na prevenção e repressão de desvios e fraudes.

4.3. Natureza jurídica da colaboração premiada. Fonte de prova, meio de prova ou meio de obtenção de prova? Negócio jurídico processual?

No capítulo anterior foram traçadas as distinções entre fonte de prova, meio de prova e meio de obtenção de prova. Em síntese, e citando as lições de Tiago Cintra Essado, são as seguintes:

> Fonte de prova relaciona-se ao fato *probandum*, constituindo-se tudo o que for útil para o esclarecimento quanto à própria existência do fato. Trata-se, pois, de conceito que independe do processo. Também se define fonte de prova como "as pessoas ou coisas a partir das quais se pode obter os elementos de prova". Percebe-se que a fonte confunde-se com aspectos da realidade que permitem elucidas os fatos.
>
> O conhecimento das fontes de prova pode ensejar a introdução de elementos probatórios no processo, o que se realiza pelos meios de prova. As fontes de prova destinam-se às partes, sendo elas que possuem o ônus de identificá-las e introduzi-las no processo. Contudo, nessa linha de raciocínio, é de se concluir que o imputado também

> pode constituir-se fonte de prova, na medida em que pode deter conhecimentos sobre a realidade dos fatos, objeto da imputação.
>
> Os meios de prova, conforme já adianta, são os instrumentos pelos quais as fontes de prova são encaminhadas ao processo. Produzem resultados probatórios que podem ser utilizados na decisão judicial.
>
> O meio de obtenção de prova, por sua vez, é o mecanismo processual que permite o acesso à fonte de prova ou meio de prova. As medidas de busca e apreensão, interceptação telefônica, quebras de sigilo bancário e fiscal são exemplos de meios de obtenção de prova.
>
> [...]
>
> A principal característica do meio de obtenção de prova é a instrumentalidade. Por si só é inerte e seu manejo pode ou não levar à descoberta de fatos que interessem para investigação ou processo.[24]

A colaboração premiada foi objeto de intensa controvérsia acerca de sua natureza jurídica. Dois são os enquadramentos que a doutrina dá para o instituto, um como prova (sentido abrangente do conceito de prova) e outro situado entre os atos jurídicos processuais.

Atualmente a lei prevê expressamente que a colaboração premiada é meio de obtenção de provas.[25] Entrementes, o instituto deve ser analisado sob dois prismas, o material e o processual.[26]

---

24 ESSADO, Tiago Cintra. Op. cit., pp. 203-227. Versão *on-line*. p. 4.

25 "Art. 3º Em qualquer fase da persecução penal, serão permitidos, sem prejuízo de outros já previstos em lei, os seguintes meios de obtenção da prova: I - colaboração premiada; II - captação ambiental de sinais eletromagnéticos, ópticos ou acústicos; III - ação controlada; IV - acesso a registros de ligações telefônicas e telemáticas, a dados cadastrais constantes de bancos de dados públicos ou privados e a informações eleitorais ou comerciais; V - interceptação de comunicações telefônicas e telemáticas, nos termos da legislação específica; VI - afastamento dos sigilos financeiro, bancário e fiscal, nos termos da legislação específica; VII - infiltração, por policiais, em atividade de investigação, na forma do art. 11; VIII - cooperação entre instituições e órgãos federais, distritais, estaduais e municipais na busca de provas e informações de interesse da investigação ou da instrução criminal. § 1º Havendo necessidade justificada de manter sigilo sobre a capacidade investigatória, poderá ser dispensada licitação para contratação de serviços técnicos especializados, aquisição ou locação de equipamentos destinados à polícia judiciária para o rastreamento e obtenção de provas previstas nos incisos II e V. (Incluído pela Lei nº 13.097, de 2015) § 2º No caso do § 1o, fica dispensada a publicação de que trata o parágrafo único do art. 61 da Lei nº 8.666, de 21 de junho de 1993, devendo ser comunicado o órgão de controle interno da realização da contratação. (Incluído pela Lei nº 13.097, de 2015)."

26 "Os enfoques processual e material da colaboração premiada não são excludentes, e sim complementares, o que reforça a natureza híbrida do instituto. Eduardo

Leonardo Dantas da Costa registra que Mariana Lauand classifica a colaboração como meio de prova atípica.[27] Segundo o autor, a julgar pelas diferenças essenciais, o instituto caracteriza-se como meio de obtenção de provas, e não como meio de prova, visto que possível a sua realização na fase investigativa. Nota, citando Paolo Tonini,[28] que o instituto não se reveste do fator surpresa. Com efeito, não necessariamente os meios de obtenção de prova terão essa característica. Se forem determinados no bojo de uma ação criminal em curso, *v.g.*, uma busca e apreensão domiciliar para arrecadar um documento ou instrumento de crime, não haverá surpresa.

Também há situações em que os elementos de prova são perenes e a surpresa não importa, como, por exemplo, a quebra do sigilo fiscal. No mais das vezes, o investigado não terá nenhuma vantagem em saber com antecedência, que foi determinada a quebra do sigilo fiscal. Os dados constantes dos bancos da Receita Federal não poderão ser modificados. O investigado poderá até fazer uma declaração retificadora, mas os dados já declarados permanecem arquivados.[29]

Com relação à classificação como ato processual, o Supremo Tribunal Federal fixou o entendimento de que a colaboração premiada tem a natureza de negócio jurídico processual, celebrado entre o investigado e o Estado.[30] Este negócio jurídico processual, escrito, está

Araújo da Silva igualmente advoga-lhe o caráter misto, salientando que o acordo, em si, rege-se por normas processuais, mas a repercussão é inteiramente material. Excepciona, todavia, a colaboração, enquanto causa para o não oferecimento da denúncia pelo Ministério Público (art. 4º, §4º, da Lei nº 12.850/13), hipótese em que teria natureza apenas adjetiva. Discordamos da ressalva, pois, à medida em que a cooperação deságua no não oferecimento da denúncia, preservam-se o estado de inocência e a liberdade do delator, produzindo efeitos também materiais. A natureza da delação premiada, em verdade, é processual material – forma e conteúdo processuais, mas com efeitos materiais." (SANTOS, Marcos Paulo Dutra. Op. cit., p. 97).

---

27 COSTA, Leonardo Dantas. Op. cit., p. 104.

28 TONINI, Paolo. *A prova no processo penal italiano*. Trad. Alexandra Martins e Daniela Mróz. São Paulo: Revista dos Tribunais, 2002. pp. 242-243.

29 Neste sentido: "De fato, a colaboração premiada caracteriza-se por ser um acordo de vontades entre os sujeitos que atuam na persecução penal e voltado exclusivamente para a produção de efeitos no próprio ambiente processual, sejam estes efeitos materiais – concernentes à aplicação da pena criminal – ou efeitos processuais – relativos à cooperação do indivíduo na atividade probatória, sua renúncia do deito ao silêncio e confissão explícita." (COSTA, Leonardo Dantas. Op. cit., p. 108).

30 SANTOS, Marcos Paulo Dutra. Op. cit., p. 85.

condicionado à homologação pela autoridade judicial competente (formalidade legal que será analisada em capítulo próprio).

Na celebração do acordo de delação premiada o Estado estará personificado pelo Ministério Público ou pelo delegado de polícia, conforme estabelece o parágrafo segundo do artigo 4º da Lei 12.850/2013. Em ambos os casos, consoante alterações promovidas pela Lei nº 13.964/19, compete ao juiz o controle de regularidade e legalidade do acordo firmado.

A convenção poderá ser prévia, celebrada na fase pré-processual, incidental, firmada durante o transcurso no processo de conhecimento, antes, ou depois da sentença, inclusive durante a execução da pena.

A possibilidade, ou não, de o delegado de polícia poder celebrar o acordo de colaboração premiada foi assaz questionada na doutrina e jurisprudência.[31] Recentemente, na Ação Direta de Inconstitucionalidade (ADI) nº 5508, a matéria foi decidida pelo Supremo Tribunal Federal, que assentou a constitucionalidade da legitimidade do delegado de polícia. Na Ação Direta de Constitucionalidade, o Ministério Público Federal questionava a legitimidade da autoridade policial para celebrar o pacto de colaboração premiada, porquanto a titularidade da ação penal é atribuída constitucionalmente ao *Parquet*. A maioria dos Ministros destacou que, conquanto o delegado de polícia proponha ao colaborador a redução da pena ou o perdão judicial, a concretização desses benefícios ocorre apenas judicialmente, pois se trata de pronunciamentos privativos do Poder Judiciário.[32] Vale destacar:

> O Tribunal, por maioria e nos termos do voto do Relator, julgou improcedente o pedido, assentado a constitucionalidade do § 2º e do § 6º do art. 4º da Lei 12.850/13. Vencidos, em parte, os Ministros Edson Fachin, Rosa Weber, Luiz Fux e Dias Toffoli. Nesta assentada, reajustaram seus votos, para acompanhar o Relator, os Ministros Alexandre de Moraes e Roberto Barroso. Presidiu o julgamento a Ministra Cármen Lúcia.
>
> (Decisão de Julgamento na ADI nº 5508; Plenário, 20.6.2018)[33]

---

31 JARDIM, Afrânio Silva. Nova interpretação sistemática do acordo de delação premiada. In: ESPIÑERA, Bruno; CALDEIRA, Felipe (orgs.). *Delação premiada*: estudos em homenagem ao Ministro Marco Aurélio de Mello. 2ª ed., Belo Horizonte: Editora D'Plácido, 2017, p. 33.

32 Notícia disponível em: http://www.stf.jus.br/portal/cms/verNoticiaDetalhe.asp?idConteudo=382031. Acesso em: 04 out. 2018.

33 Disponível em: https://portal.stf.jus.br/processos/detalhe.asp?incidente=4972866

Fredie Didier e Daniela Bomfim tratam a colaboração como contrato entre as partes, sendo este dotado de sinalagma, onerosidade e bilateralidade.[34] Aduzem que sem a reciprocidade não haveria razão na existência da colaboração premiada. Acrescentam, ainda, que o acordo de colaboração premiada tem uma faceta material e outra processual.[35]

Leonardo Dantas Costa classifica a colaboração premiada como negócio jurídico bilateral, uma vez que surge da manifestação de vontade de múltiplos sujeitos se desdobrando em deveres para os envolvidos.[36]

---

34 DIDIER Jr., Fredie; BOMFIM, Daniela Santos. A colaboração premiada como negócio jurídico processual atípico nas demandas de improbidade administrativa. *A&C-Revista de Direito Administrativo & Constitucional*. Belo Horizonte, jan. /mar. 2017, n. 67, pp. 108-116. Disponível em: https://www.academia.edu/32483221/A_colabora%C3%A7%C3%A3o_premiada_como_neg%C3%B3cio_processual_at%C3%Adpico_no_processo_da_improbidade_administrativa. Acesso em: 30 jan. 2018.

35 "A obrigação de colaborar é uma situação jurídica de natureza processual; ela tem como direito correspectivo, titularizado pela parte contrária, o direito à colheita da prova oral. Além disso, como visto, é possível que se pactue a suspensão do inquérito ou do processo penal, também consequências jurídicas processuais. Se presentes os pressupostos do §4º, pode-se, ainda, estabelecer o não oferecimento da denúncia pelo Ministério Público, em outras palavras, cuidar-se-ia de renúncia ao direito de denunciar, situação jurídica pré-processual. Nessa perspectiva, o negócio é processual – ressalvada a hipótese da renúncia ao direito de denunciar –, pois se estabelecem, extinguem ou modificam situações jurídicas processuais. Na perspectiva da vantagem intencionada pelo colaborador, o negócio é material. Por meio dele, pactua-se o perdão judicial, causa de extinção de punibilidade, nos termos do art. 107, IX, do Código Penal, ou a redução da pena restritiva de liberdade ou a sua conversão em pena restritiva de direito. Com a homologação do pacto, o colaborador terá em seu favor uma decisão judicial penal que lhe é, em alguma medida, favorável – é isso que busca com o negócio celebrado. As situações jurídicas pactuadas têm, nessa perspectiva, natureza penal material. Não se referem ao procedimento de investigação, nem ao processo de acusação; elas se referem à aplicação da pena prevista para o delito. Em síntese, a colaboração premiada prevista na Lei nº 12.850.2013 é (i) ato jurídico em sentido lato, já que a exteriorização de vontade das partes é elemento cerne nuclear do seu suporte fático; (ii) é negócio jurídico, pois a vontade atua também no âmbito da eficácia do ato, mediante a escolha, dentro dos limites do sistema, das categorias eficaciais e seu conteúdo; (iii) é negócio jurídico bilateral, pois formado pela exteriorização de vontade de duas partes, e de natureza mista (material e processual), haja vista que as consequências jurídicas irradiadas são de natureza processual e penal material; (iv) é contrato, considerando a contraposição dos interesses envolvidos." Ibidem, pp. 115-116.

36 "Posto que é formada a partir de declarações de vontade múltiplas (Ministério Público ou Autoridade Policial e o colaborador) e acarreta obrigações para todos os sujeitos". COSTA, Leonardo Dantas. Op. cit., p. 108

Afrânio Silva Jardim, da mesma maneira, classifica como negócio jurídico processual.[37] Aduz o professor que o acordo de cooperação premiada é um negócio jurídico de Direito Público, dependendo a sua existência jurídica de homologação judicial.[38]

Humberto Dalla e José Roberto Sotero de Mello Porto, em trabalho que analisa verticalmente a natureza jurídica da colaboração premiada, concluem que o acordo pode ser autêntico negócio jurídico processual *inter partes*, quando não há necessidade de manifestação do juiz (é o caso da não apresentação de denúncia pelo Ministério Público), ou *ultra partes*, quando necessita de manifestação do juiz. Neste último caso, o negócio jurídico é *sui generis* e os efeitos do acordo apenas são plenamente conhecidos com a prolação da sentença, e o juiz, terceiro estranho ao acordo, que não se vincula completamente à avença das partes, mantém margem de autonomia para aplicar a resposta que entenda ideal dentro dos parâmetros legais fixados pelas partes.[39] O colaborador deve estar acompanhado de defensor, público ou privado, sob pena de invalidade. Importante notar que o Magistrado não terá assento nas tratativas, conforme sufraga o parágrafo sexto do artigo 4º da Lei nº 12.850/2013, restando-lhe tão somente a análise de regularidade, legalidade, adequação e voluntariedade do acordo celebrado, conforme estabelecido no parágrafo sétimo do artigo 4º da lei, com as alterações promovidas pela Lei Anticrime.[40] A classificação proposta por estes autores é tecnicamente

---

37 "Também não tenho grandes restrições ao novo 'instituto', que julgo ter a natureza de negócio jurídico processual". JARDIM, Afrânio Silva. Nova interpretação sistemática do acordo de delação premiada..., p. 33.

38 Ibidem, p. 37

39 PINHO, Humberto Dalla Bernardina de; PORTO, José Roberto Sotero de Mello. Colaboração premiada: um negócio jurídico processual?..., pp. 135-138.

40 Art. 4º, §§ 6º e 7º da Lei nº 12.850/13: "§ 6º O juiz não participará das negociações realizadas entre as partes para a formalização do acordo de colaboração, que ocorrerá entre o delegado de polícia, o investigado e o defensor, com a manifestação do Ministério Público, ou, conforme o caso, entre o Ministério Público e o investigado ou acusado e seu defensor; §7º Realizado o acordo na forma do § 6º deste artigo, serão remetidos ao juiz, para análise, o respectivo termo, as declarações do colaborador e cópia da investigação, devendo o juiz ouvir sigilosamente o colaborador, acompanhado de seu defensor, oportunidade em que analisará os seguintes aspectos na homologação: (Redação dada pela Lei nº 13.964, de 2019) I - regularidade e legalidade; (Incluído pela Lei nº 13.964, de 2019) II - adequação dos benefícios pactuados àqueles previstos no caput e nos §§ 4º e 5º deste artigo, sendo nulas as cláusulas que violem o critério de definição do regime inicial de cumprimento de pena do art. 33 do Decreto-Lei nº 2.848, de 7 de dezembro de 1940 (Código Penal), as regras de cada um dos regimes previstos no Código Penal e na Lei nº 7.210, de 11 de julho de 1984 (Lei de Execução Penal) e os requisitos de progressão de re-

a mais acertada. Decerto, a colaboração premiada, principalmente nos aspectos materiais, precisará mais do que uma simples chancela do julgador: é o próprio quem aplicará a pena, dentro dos limites acordados pelas partes.

Parece enxergar o mesmo norte Marco Paulo Dutra Santos, quando leciona:

> Aplicação da pena e declaração de extinção de punibilidade são matérias com reserva de jurisdição, norteadas pelo princípio da legalidade, logo, não lhes pode dispensar visão tão privatista. A interferência do Ministério Público no conteúdo da prestação jurisdicional feriria de norte o art. 2º da Constituição e comprometeria a relação harmônica e independente entre os Poderes da República, considerando-se o *Parquet* um Quarto Poder ou uma extensão avantajada e autônoma do Executivo.[41]

Quanto ao objeto do acordo, a lei estatui que o colaborador poderá pretender o perdão judicial, a redução em até 2/3 (dois terços) da pena privativa de liberdade ou sua substituição por restritiva de direitos.[42]

O Ministério Público poderá, ainda, deixar de oferecer denúncia se o colaborador não for o líder da organização criminosa e for o primeiro a prestar efetiva colaboração, concomitantemente ao fato de a proposta

---

gime não abrangidos pelo § 5º deste artigo; (Incluído pela Lei nº 13.964, de 2019) III - adequação dos resultados da colaboração aos resultados mínimos exigidos nos incisos I, II, III, IV e V do caput deste artigo; (Incluído pela Lei nº 13.964, de 2019) IV - voluntariedade da manifestação de vontade, especialmente nos casos em que o colaborador está ou esteve sob efeito de medidas cautelares. (Incluído pela Lei nº 13.964, de 2019).".http://www.planalto.gov.br/ccivil_03/_ato2011-2014/2013/lei/l12850.htm

41 SANTOS, Marcos Paulo Dutra. Op. cit., p. 86.

42 "Art. 4º, *caput*, da Lei nº 12.850/13: "Art. 4º O juiz poderá, a requerimento das partes, conceder o perdão judicial, reduzir em até 2/3 (dois terços) a pena privativa de liberdade ou substituí-la por restritiva de direitos daquele que tenha colaborado efetiva e voluntariamente com a investigação e com o processo criminal, desde que dessa colaboração advenha um ou mais dos seguintes resultados: I - a identificação dos demais coautores e partícipes da organização criminosa e das infrações penais por eles praticadas; II - a revelação da estrutura hierárquica e da divisão de tarefas da organização criminosa; III - a prevenção de infrações penais decorrentes das atividades da organização criminosa; IV - a recuperação total ou parcial do produto ou do proveito das infrações penais praticadas pela organização criminosa; V - a localização de eventual vítima com a sua integridade física preservada."

de acordo de colaboração se referir à infração de cuja existência o *parquet* não tenha prévio conhecimento.[43]

Todavia, o que se tem visto na prática forense é a entabulação de avenças fora dos limites legais, prática questionada pela melhor doutrina. Afrânio Silva Jardim deixa clara a restrição à forma com que o instituto vem sendo utilizado, que denota o emprego de visão acentuadamente privatista a este fenômeno processual.[44 e 45]

O acordo e os depoimentos do colaborador deverão ser sigilosos até o recebimento da denúncia ou da queixa-crime, sendo vedado ao juiz decidir sobre a sua publicidade em qualquer hipótese, por força da norma estatuída no parágrafo terceiro do artigo 7º da Lei nº 12.850/2013 com a redação dada pela Lei nº 13.964/19. Nada obstante, o Supremo Tribunal Federal vinha admitindo o levantamento do sigilo em momento anterior ao recebimento da denúncia, quando, na ponderação de interesses, a publicidade do conteúdo dos depoimentos for de relevante interesse público.[46]

---

43 Art. 4º, §4º da Lei nº 12.850/2013.

44 JARDIM, Afrânio Silva. Nova interpretação sistemática do acordo de delação premiada..., p. 34.

45 "Como o magistrado não pode deixar de homologar o acordo de cooperação, salvo ilegalidades de aspecto formal e como este magistrado fica vinculado a este ato jurídico perfeito, na prática, a sanção penal fica quase que totalmente ao alvedrio das partes contratantes, o que é verdadeira revolução em nosso sistema jurídico. Desta maneira, impõe-se interpretar a lei de modo a não impedir que o juiz possa aplicar a pena que mais se aproxime de sua convicção, já que está vinculado pelo acordo das partes, podendo até conceder o perdão judicial. Não podem as partes, via acordo, obrigar o magistrado a uma sentença que ele repudia, a uma entrega da prestação jurisdicional exigida por um órgão do Ministério Público e um membro da organização criminosa". Ibidem, p. 35.

46 Em agravo regimental interposto no inquérito nº 4419/DF contra decisão que determinou o levantamento do sigilo dos depoimentos prestados em acordo de colaboração premiada, realizado entre o Ministério Público e Mario Amaro da Silveira, os quais culminaram na instauração de inquérito em face da Senadora Kátia Regina de Abreu e de Moisés Pinto Gomes, alegou o colaborador prejuízo para si e para sua família no levantamento do sigilo estabelecido no acordo de delação, antes do recebimento da denúncia, com base nos artigos 5º, inciso II, e 7º, §3º, da Lei nº 12.850/2013. Instado a decidir, o Ministro Relator Edson Fachin analisou a relação que guarda a preservação da intimidade e da imagem do colaborador, à luz da Constituição Federal, e a publicidade que deve ser conferida aos atos processuais, principalmente, em matérias de relevante interesse coletivo como o combate à corrupção. Em que pese a argumentação do agravante de violação dos termos estabelecidos no acordo de colaboração premiada, o relator assegurou, na ponderação de interesses, a primazia do interesse público à informação, fulcrado no artigo 93, inciso IX, da Carta Constitucional.

4.4. Espécies de colaboração premiada

Adotando como base o artigo 4º da Lei nº 12.850/2013, a colaboração premiada pretende os seguintes resultados: I - a identificação dos demais coautores e partícipes da organização criminosa e das infrações penais por eles praticadas; II - a revelação da estrutura hierárquica e da divisão de tarefas da organização criminosa; III - a prevenção de infrações penais decorrentes das atividades da organização criminosa; IV - a recuperação total ou parcial do produto ou do proveito das infrações penais praticadas pela organização criminosa; V - a localização de eventual vítima com a sua integridade física preservada.

Marcos Paulo Dutra Santos giza que Vladimir Aras classifica a colaboração premiada como gênero que se divide em quatro espécies: delação premiada *stricto sensu*; colaboração premiada para a libertação; colaboração premiada para a recuperação de ativos; e colaboração preventiva.

A primeira espécie, qual seja, a delação propriamente dita, equivaleria aos incisos I e II do artigo 4º, da Lei nº 12.850/2013. A segunda, colaboração para a libertação, corresponderia ao inciso V. A terceira, colaboração para localização e recuperação de ativos, ao inciso IV. E quarta, colaboração preventiva, seria referente ao inciso III.

Após mencionar a classificação, Marcos Paulo Dutra Santos salienta que, apesar de alguns autores terem a adotado, a classificação não tem cientificidade, pois delação e colaboração são sinônimos, e criar jogos de palavras para escamotear o que efetivamente representa – a traição - é um atentado à honestidade intelectual. De acordo com o autor, a delação não pode ser espécie de colaboração premiada, pois colaboração, delação e cooperação significam a mesma coisa.[47]

4.5. Colaboração premiada unilateral

A colaboração premiada no ordenamento jurídico pátrio, inicialmente não era um negócio jurídico processual.

Suas raízes remontam às Ordenação Filipinas, como consignado alhures, que assim diziam:

> Qualquer pessôa, que der á prisão cada hum dos culpados, e participantes em fazer moeda falsa, ou em cercear, ou [...] havemos por

47 SANTOS, Marcos Paulo Dutra. Op. cit., pp. 81-84.

> bem que, sendo igual na culpa, seja perdoado livremente, postoque não tenha perdão da parte.
>
> E se não fôr participante no mesmo maleficio, queremos que haja perdão para si (tendo perdão das partes) de qualquer malefício, que tenha, postoque grave seja, e isto não sendo maior daquelle, em que he culpado o que assi deu á prisão.
>
> E se não tiver perdão das partes, havemos por bem de lhe perdoar livremente o degredo, que tiver para Africa, até quatro annos, ou qualquer culpa, ou maleficio, que tiver commettido, porque mereça degredo até os ditos quatro annos.
>
> Porém, isto se estenderá, que o que dér á prisão o malfeitor, não haja perdão de mais pena, nem degredo, que de outro tanto, quanto o malfeitor merecer.
>
> E além do sobredito perdão, que assi outorgamos, nos praz, que sendo o malfeitor, que assi foi dado á prisão, salteador de caminhos, que aquelle, que o descobrir, e dér á prisão, e lho provar, haja de Nós trinta cruzados de mercê.

Observa-se, pois, que a delação era unilateral e tinha como consequência o perdão da pena ou do degredo. Após retornar ao ordenamento jurídico, com a Lei nº 8.072/90, a delação manteve igual contorno.[48]

A delação nestes moldes, não é ato decorrente de acordo entre o Estado e o acusado. É sim, declaração unilateral que gera efeitos jurídicos. Marcos Paulo Dutra Santos, em estudo específico sobre o tema,[49] sinaliza que, embora tenha sido introduzida a colaboração premiada bilateral no ordenamento jurídico, diversas leis continuam em vigor e podem ser aplicadas havendo colaboração unilateral do acusado, como, por

---

48 Art. 7º Ao art. 159 do Código Penal fica acrescido o seguinte parágrafo:
"Art. 159. [...] § 4º Se o crime é cometido por quadrilha ou bando, o coautor que denunciá-lo à autoridade, facilitando a libertação do sequestrado, terá sua pena reduzida de um a dois terços."
Art. 8º Será de três a seis anos de reclusão a pena prevista no art. 288 do Código Penal, quando se tratar de crimes hediondos, prática da tortura, tráfico ilícito de entorpecentes e drogas afins ou terrorismo.
Parágrafo único. O participante e o associado que denunciar à autoridade o bando ou quadrilha, possibilitando seu desmantelamento, terá a pena reduzida de um a dois terços.

49 SANTOS, Marcos Paulo Dutra. Colaboração unilateral premiada como consectário lógico das balizas constitucionais do devido processo legal brasileiro. *Revista Brasileira de Direito Processual Penal*, Porto Alegre, vol. 3, n.1, jan./abr. 2017. Disponível em: www.ibraspp.com.br/revista/index.php/RBDPP/article/view/49/55. Acesso em: 28 out. 2018.

exemplo, na Lei nº 12.683 (Lavagem de Dinheiro), na Lei nº 9.807/1999 (Proteção da Testemunha e Vítimas Ameaçadas), na Lei nº 11.343/2006 (Lei Antidrogas), no parágrafo quarto do artigo 159 do Código Penal (extorsão mediante sequestro), dentre outras. Afrânio Silva Jardim defende a mesma ideia.[50]

As audiências de custódia, implementadas por determinação da Resolução nº 213/2015 do CNJ, em respeito a tratados internacionais dos quais o Brasil é signatário, como a Convenção Americana sobre Direitos Humanos, seriam uma sede propícia para a colaboração unilateral, vez que, com a investigação ainda em curso, a autoridade policial poderia se valer das informações obtidas por meio da entrevista do réu, para identificação de coautores do ilícito penal, recuperação de bens, localização de vítimas, etc. Bastaria que, acompanhado do seu defensor, o acusado manifestasse o propósito de colaborar e, colhidas as informações, a autoridade judicial encaminhasse as declarações à autoridade policial e/ou ao Ministério Público.[51]

De igual forma, a colaboração unilateral seria aplicável na hipótese em que o capturado em flagrante delito aponta aos seus captores os coautores, o objeto ou produto do ilícito, etc.[52]

50 "Melhor explicando: Faço distinção entre 'cooperação premiada unilateral', prevista nas várias leis anteriores à lei n. 12.850/13, do "acordo de cooperação premiada". Este seria um negócio jurídico processual público e aquela funcionaria como causa especial de diminuição de pena. [...] Como faço distinção entre a colaboração premiada (causa especial de diminuição de pena) do acordo de cooperação previsto apenas na lei n. 12.850 (negócio jurídico processual público), que vincula o Poder Judiciário que o homologou, entendo que não estão revogadas tacitamente as diversas leis que cuidam de outorgar ao réu ou indiciado o benefício de atenuação da pena em razão de sua colaboração com as investigações." JARDIM, Afrânio Silva. Nova interpretação sistemática do acordo de delação premiada.., pp. 37-39.

51 Marco Paulo Dutra Santos advoga que o artigo 8º da Resolução nº 213/2015 do CNJ, que veda a formulação de perguntas sobre os fatos criminosas que embasaram a lavratura do auto de prisão em flagrante, deve ser interpretado *cum grano salis*, a fim de não tolher o direito a autodefesa do indiciado, estampados no inciso LV do art. 5º da CRFB/88, assim como no art. 8º, 2, "d", do Pacto de São José da Costa Rica e no art. 14, 3, d, do Pacto de Direitos Civis e Políticos da ONU, ambos firmados pelo Brasil e internalizados por meio dos Decretos 678/92 e 592/92. (SANTOS, Marcos Paulo Dutra. *Colaboração (delação) premiada...*, pp. 89-91).

52 Idem.

5 A PALAVRA DO COLABORADOR (DELATOR) PREMIADO

5.1. Depoimento do colaborador

Como dito anteriormente, muitos repreendem o instituto da colaboração premiada por se escorar nas palavras do delator para a pesquisa de provas. Nessa perspectiva, a palavra do "traidor" não seria digna de ter credibilidade pelo ordenamento jurídico, mormente para justificar uma sentença penal. Ademais, o colaborador seria pessoa suspeita, já que interessada na obtenção de um prêmio que pode livrá-lo do cárcere, ou torná-lo menos penoso. [1]

Entrementes, sob outra ótica, o depoimento do delator, no mais das vezes, é sim, confiável. E sua fidúcia é até mesmo maior do que a da simples testemunha.[2] Explica-se.

Normalmente, a testemunha é pessoa desinteressada na resolução da lide penal. Todavia, não raro verificam-se desvios dolosos nos depoimentos testemunhais. A testemunha mentirosa, se o falso testemunho for identificado, pode se retratar, hipótese em que se extingue a punibilidade. Caso mantenha a mentira, se for acusada criminalmente, deverá ser condenada à pena privativa de liberdade que, muito provavelmente, será substituída por sanções restritivas de direitos.

A situação do colaborador é diferente. A sua aposta é muito mais alta. Ele não pode errar. Não pode mentir ou omitir fatos, sob pena de perder todo o prêmio. Neste caso, os elementos de prova poderão ser usados contra si e terceiros. Pagará multas; terá bens perdidos; a liberdade restrita; será vigiado; prestará serviços à comunidade; limitação de finais de semana; ostentará, muito provavelmente, uma tornozeleira

---

1 PEREIRA, Frederico Valdez. Op. cit., p. 186.

2 "[...] virou lugar comum a afirmação de que a palavra do colaborador é imprestável, indigna de crédito, porque obtida em um acordo no qual há troca de interesse e, por isso, deve ser desprezada. Nada mais falacioso. Para a celebração do acordo de colaboração premiada é condição *sine qua non* que as informações prestadas pelo colaborador sejam legítimas, tenham interesse público e que contribuam efetivamente com a investigação de fatos criminosos." (DOMENICO, Carla. Com a palavra: o colaborador. In: MOURA; Maria Thereza de Assis; BOTTINI, Pierpaolo Cruz. *Colaboração premiada*. 1ª ed., São Paulo: Editora Revista dos Tribunais, 2017, p. 107).

eletrônica, a marca de que é um criminoso. Por tudo isso, a melhor opção é não mentir em hipótese alguma.

Por certo, ninguém delata se não tiver um forte motivo. É contra a natureza humana. Até quem delata "um segredo" busca um prêmio, qual seja a atenção do seu interlocutor. Mas há ônus. O "fofoqueiro" é pessoa malquista.

O colaborador premiado tem ônus muito maiores. Tem que assumir seu(s) crime(s),[3] abrindo mão do direito ao silêncio. E tem que agir dessa forma porque o dever de colaboração implica a renúncia ao *nemo tenetur se detegere*. A sua intimidade é exposta. A sua imagem é a de um criminoso assumido. Será odiado pelos delatados, erigido à condição de "Judas". Passará por um longo período de provações por meios das entrevistas com os representantes das polícias investigativas ou do Ministério Público que poderá durar meses.[4] Sua família sofrerá a crítica implacável da sociedade. Tudo isso, para ter a chance de ter um recomeço, para poder virar a página em episódios criminosos existentes em sua vida, como repara Carla Domenico.[5]

E se o colaborador premiado omitir a verdade ou mentir no depoimento prestado em juízo?

Registre-se novamente: o colaborador premiado deve, quando da celebração do acordo, renunciar ao direito ao silêncio e, por ocasião do seu depoimento em juízo, prestar compromisso de dizer a verdade. Assim, nos parece intuitivo que, se mentir ou omitir a verdade em sua oitiva judicial, além de perder o prêmio, deverá responder pelo falso testemunho[6], pelo crime do artigo 19 da Lei nº 12.850/2013 (Imputar fal-

---

3 VERÍSSIMO, Carla. Principais questões sobre a competência para a homologação do acordo de colaboração premiada. In: MOURA, Maria Thereza de Assis; BOTTINI, Pierpaolo Cruz. *Colaboração premiada*. 1ª ed., São Paulo: Editora Revista dos Tribunais, 2017, p. 112.

4 "São meses de testes sobre os limites do colaborador e a veracidade dos dados trazidos. As mesmas informações são checadas inúmeras vezes. A mesma pergunta é respondida de diversas formas para ter a certeza de que o colaborador não ocultou ou distorceu minimante a verdade". (DOMENICO, Carla. Op. cit., 107).

5 Ibidem, p. 108.

6 Art. 342. Fazer afirmação falsa, ou negar ou calar a verdade como testemunha, perito, contador, tradutor ou intérprete em processo judicial, ou administrativo, inquérito policial, ou em juízo arbitral: Pena - reclusão, de 2 (dois) a 4 (quatro) anos, e multa. § 1 º As penas aumentam-se de um sexto a um terço, se o crime é praticado mediante suborno ou se cometido com o fim de obter prova destinada a produzir efeito em processo penal, ou em processo civil em que for parte entidade da administração pública direta ou indireta. § 2º O fato deixa de ser punível se, antes da sentença no processo em que ocorreu o ilícito, o agente se retrata ou declara a verdade.

samente, sob pretexto de colaboração com a Justiça, a prática de infração penal a pessoa que sabe ser inocente, ou revelar informações sobre a estrutura de organização criminosa que sabe inverídicas),ou ainda, auto acusação falsa.[7]

As relações interpessoais devem ser pautadas pela ética e, em regra, pela verdade. Esta premissa deve ser cotejada com o fato de que o Estado deve preservar os direitos fundamentais dos indivíduos. Revelar a verdade sobre os fatos é opção do réu. Se for mera confissão, será beneficiado por uma atenuante penal. Se for em acordo de colaboração, terá com prêmios penais de maior monta. No entanto, está comprometido com a revelação da verdade, não poderá valer do direito ao silêncio, tampouco omitir a verdade ou mentir.

Há quem sustente que o direito de mentir ou omitir estaria compreendido no direito ao silêncio.[8 e 9] Para esta linha de pensamento, o direito a não autoincriminação compreenderia o direito de mentir. De outro modo, existe corrente que sustenta que o réu não tem esse direito.[10] Com efeito, para além da questão ética, os personagens processuais têm o dever de boa-fé. O direito a não autoincriminação é garantia

7 Art. 341 - Acusar-se, perante a autoridade, de crime inexistente ou praticado por outrem: Pena - detenção, de três meses a dois anos, ou multa.

8 GOMES, Luiz Flávio. Princípio da não autoincriminação: significado, conteúdo, base jurídica e âmbito de incidência. Disponível em <http://lfg.jusbrasil.com.br/noticias/2066298/principio-da-nao-auto-incriminacao-significado-conteudo-base-juridica-e-ambito-de-incidencia>. Acesso em: 03 de jul. de 2020.

9 EMENTA: - "Habeas corpus". Falsidade ideológica. - No caso, a hipótese não diz respeito, propriamente, à falsidade quanto à identidade do réu, mas, sim, ao fato de o então indiciado ter faltado com a verdade quando negou, em inquérito policial em que figurava como indiciado, que tivesse assinado termo de declarações anteriores que, assim, não seriam suas. Ora, tendo o indiciado o direito de permanecer calado e até mesmo o de mentir para não auto-incriminar-se com as declarações prestadas, não tinha ele o dever de dizer a verdade, não se enquadrando, pois, sua conduta no tipo previsto no artigo 299 do Código Penal. "Habeas corpus" deferido, para anular a ação penal por falta de justa causa. Decisão: A Turma deferiu o pedido de habeas corpus, nos termos do voto do Relator. Unânime. (Órgão julgador: 1ª. Turma do STF; julgamento: 17.06.97; Relator(a): Min. MOREIRA ALVES; Publicação: 29/08/1997).

10 REZENDE, Fernando Augusto Chacha de. *Direito à mentira no interrogatório do réu?* Disponível em https://www.migalhas.com.br/depeso/265703/direito-a--mentira-no-interrogatorio-do-reu. Acesso em 01 jul. 2020. PALIS, Marco Aurélio Plazzi. *Suposto direito de mentir*: abordagem legal, doutrinária, jurisprudencial e filosófica. Disponível em: http://www.conteudojuridico.com.br/consulta/Artigos/46832/suposto-direito-de-o-reu-mentir-abordagem-legal-doutrinaria-jurisprudencial-e-filosofica. Acesso em: 03 de jul. 2020.

fundamental, e consta, inclusive, da Convenção Americana de Direito Humanos de 1969 (Pacto de San José da Costa Rica).[11] Todavia, a ampliação deste direito à possibilidade de mentir não parece ser a oposição mais acertada. Não há qualquer diploma legal que estatua expressamente esta conduta como sendo um direito do réu. Decerto, este comportamento não é ético. Assim, na colaboração premiada se restabelece a ética ao se narrar a verdade. Não se pode estimular a mentira e a ocultação de fatos como comportamentos sociais. Relembre-se que vários países democráticos punem o perjúrio. É mais grave ainda o quadro quando a mentira consiste na atribuição de responsabilidade a terceiro. Alguns vão além e sustentam que a tentativa de ludibriar o Estado-juiz pode até mesmo ser reconhecida como circunstância judicial negativa para estabelecimento da dosimetria.[12]

---

11 Artigo 8º - Garantias judiciais
1. Toda pessoa terá o direito de ser ouvida, com as devidas garantias e dentro de um prazo razoável, por um juiz ou Tribunal competente, independente e imparcial, estabelecido anteriormente por lei, na apuração de qualquer acusação penal formulada contra ela, ou na determinação de seus direitos e obrigações de caráter civil, trabalhista, fiscal ou de qualquer outra natureza.
2. Toda pessoa acusada de um delito tem direito a que se presuma sua inocência, enquanto não for legalmente comprovada sua culpa. Durante o processo, toda pessoa tem direito, em plena igualdade, às seguintes garantias mínimas:
a) direito do acusado de ser assistido gratuitamente por um tradutor ou intérprete, caso não compreenda ou não fale a língua do juízo ou tribunal;
b) comunicação prévia e pormenorizada ao acusado da acusação formulada;
c) concessão ao acusado do tempo e dos meios necessários à preparação de sua defesa;
d) direito do acusado de defender-se pessoalmente ou de ser assistido por um defensor de sua escolha e de comunicar-se, livremente e em particular, com seu defensor;
e) direito irrenunciável de ser assistido por um defensor proporcionado pelo Estado, remunerado ou não, segundo a legislação interna, se o acusado não se defender ele próprio, nem nomear defensor dentro do prazo estabelecido pela lei;
f) direito da defesa de inquirir as testemunhas presentes no Tribunal e de obter o comparecimento, como testemunhas ou peritos, de outras pessoas que possam lançar luz sobre os fatos;
g) direito de não ser obrigada a depor contra si mesma, nem a confessar-se culpada; e
h) direito de recorrer da sentença a juiz ou tribunal superior.
3. A confissão do acusado só é válida se feita sem coação de nenhuma natureza.
4. O acusado absolvido por sentença transitada em julgado não poderá ser submetido a novo processo pelos mesmos fatos.
5. O processo penal deve ser público, salvo no que for necessário para preservar os interesses da justiça.

12 REIS, André Wagner Melgaço. A mentira e a dosimetria da pena. Disponível em: <https://s3.meusitejuridico.com.br/2019/05/a184383b-a-mentira-do-reu-e-a-

Marco Aurélio Plazzi Palis nota que a jurisprudência vem dando uma guinada para reconhecer que os comportamentos dos sujeitos da relação processual penal devem ser conduzidos de forma ética. Cita como exemplo a alteração do enunciado nº 522 da súmula de jurisprudência do Superior Tribunal de Justiça, que reviu entendimento anterior e consolidou a orientação de que atribuir-se falsa identidade perante autoridade policial, ainda que em alegada situação de autodefesa, configura fato típico.[13]

A título de exemplo da mudança de postura dos Tribunais com relação a condutas violadoras da boa-fé processual, vale mencionar também recente julgado sobre o abandono de plenário do júri pelo defensor como forma de se procrastinar o julgamento. No recurso em mandado de segurança nº 54. 183 – SP. Julgado em 13 de agosto de 2019, a Quinta Turma do Superior Tribunal de Justiça entendeu que tal artifício configura abandono da causa, passível de multa com fundamento no artigo 265 do Código de Processo Penal.[14]

-dosimetria-da-pena-versao-ampliada-e-atualizada.pdf.> Acesso em: 08 de jul. 2020.

13 PALIS, Marco Aurélio Plazzi. Op. cit.

14 RECURSO EM MANDADO DE SEGURANÇA Nº 54.183 - SP (2017/0124039-7) RELATOR : MINISTRO RIBEIRO DANTAS R.P/ACÓRDÃO : MINISTRO REYNALDO SOARES DA FONSECA RECORRENTE : DEFENSORIA PÚBLICA DO ESTADO DE SÃO PAULO ADVOGADO : DEFENSORIA PÚBLICA DO ESTADO DE SÃO PAULO RECORRIDO : MINISTÉRIO PÚBLICO DO ESTADO DE SÃO PAULO INTERES. : ROSANA APARECIDA GOMES DOS SANTOS EMENTA PENAL E PROCESSO PENAL. RECURSO EM MANDADO DE SEGURANÇA. 1. NULIDADE DO ACÓRDÃO RECORRIDO. OFENSA AO ART. 489, § 1º, DO CPC. NÃO OCORRÊNCIA. 2. INCONSTITUCIONALIDADE DO ART. 265 DO CPP. NÃO VERIFICAÇÃO. PRECEDENTES DESTA CORTE. 3. ABANDONO DO PLENÁRIO DO JÚRI. SITUAÇÃO QUE CONFIGURA ABANDONO DA CAUSA. PRECEDENTES. 4. EXISTÊNCIA DE SANÇÃO DISCIPLINAR. IRRELEVÂNCIA. CARÁTER ADMINISTRATIVO. MULTA DO ART. 265 DO CPP. CARÁTER PROCESSUAL. INDEPENDÊNCIA DAS INSTÂNCIAS. 5. ALEGADO MOTIVO IMPERIOSO. NÃO CONFIGURAÇÃO. TESTEMUNHA FALTANTE. AUSÊNCIA DE CLÁSULA DE IMPRESCINDIBILIDADE. ART. 461 DO CPP. INDEFERIMENTO DE OITIVA DE TESTEMUNHA REFERIDA. ART. 400, § 1º, DO CPP. 6. MULTA APLICADA AO DEFENSOR PÚBLICO. IMPOSSIBILIDADE. ATUAÇÃO EM NOME DA DEFENSORIA PÚBLICA. PRINCÍPIO DA IMPESSOALIDADE. MULTA QUE DEVE SER SUPORTADA PELA INSTITUIÇÃO. POSSIBILIDADE DE AÇÃO REGRESSIVA. 7. RECURSO EM MANDADO DE SEGURANÇA PROVIDO EM PARTE, PARA QUE A MULTA SEJA APLICADA À DEFENSORIA PÚBLICA. 1. Encontram-se devidamente refutados todos os argumentos que, em tese, poderiam infirmar a conclusão adotada pelo acórdão recorrido, não havendo se falar, portanto, em ofensa ao art. 489, § 1º, do CPC. 2. O "Superior Tribunal de Justiça firmou entendimento pela constitucionalidade do art. 265 do CPP, cuja aplicação

Se o colaborador premiado se arrependeu e não deseja revelar a verdade, tem todo o direito de rever a sua estratégia de defesa, mas o caminho correto neste caso, é resilir o acordo.

---

não acarreta ofensa ao contraditório e à ampla defesa, mas representa, isto sim, estrita observância do regramento legal". (AgInt no RMS 58.366/SP, Rel. Ministro Ribeiro Dantas, Quinta Turma, julgado em 19/03/2019, DJe 25/03/2019). 3. A Quinta Turma tem rechaçado a postura de abandonar o plenário do Júri como tática da defesa, considerando se tratar de conduta que configura sim abandono processual, apto, portanto, a atrair a aplicação da multa do art. 265 do Código de Processo Penal. Precedentes. 4. A punição do advogado, nos termos do art. 265 do Código de Processo Penal, não entra em conflito com sanções aplicáveis pelos órgãos a que estão vinculados os causídicos, uma vez que estas têm caráter administrativo, e a multa do Código de Processo Penal tem caráter processual. Ademais, o próprio texto da norma ressalva a possibilidade de aplicação de outras sanções. Recorde-se que o reconhecimento de que os advogados, membros do Ministério Público e da Defensoria Pública exercem funções essenciais à Justiça não lhes outorga imunidade absoluta. As instâncias judicial-penal e administrativa são independentes. 5. O abandono do Tribunal do Júri se deu em virtude de alegado cerceamento de defesa, uma vez que a Magistrada indeferiu o pedido de adiamento da sessão, em razão do não comparecimento de testemunha, e indeferiu o pedido de oitiva de testemunha referida. Contudo, como é de conhecimento, o art. 461, caput, do CPP dispõe que o julgamento não será adiado se a testemunha deixar de comparecer, salvo se uma das partes tiver requerido sua intimação com cláusula de imprescindibilidade, o que não é a hipótese dos autos. Da mesma forma, o art. 400, § 1º, do mesmo Diploma autoriza o juiz a indeferir as provas consideradas irrelevantes, impertinentes ou protelatórias. Nesse contexto, estando devidamente fundamentado o indeferimento do pleito da defesa, nos estritos termos da lei, considero que a justificativa apresentada pelo Defensor Público não revela motivo imperioso para abandono do Plenário do Júri. Não se pode descurar, ademais, que existem meios processuais próprios para que a defesa possa se insurgir contra o indeferimento de seus pleitos, motivo pelo qual não se pode ressalvar a conduta sancionada. 6. No que concerne à questão institucional, entendo que o Defensor Público, em sua atuação na defesa das pessoas hipossuficientes, exerce *munus* público em nome da Defensoria Pública. Assim, as sanções aplicadas aos seus membros, nesse contexto, devem ser suportadas pela instituição, sem prejuízo de eventual ação regressiva, acaso verificado excesso nos parâmetros ordinários de atuação profissional, com abuso do direito de defesa. 7. Recurso em mandado de segurança a que se dá parcial provimento, para que a multa seja aplicada à Defensoria Pública, e não ao Defensor Público. (RECURSO EM MANDADO DE SEGURANÇA Nº 54.183 - SP (2017/0124039-7) RELATOR : MINISTRO RIBEIRO DANTAS R.P/ACÓRDÃO : MINISTRO REYNALDO SOARES DA FONSECA RECORRENTE : DEFENSORIA PÚBLICA DO ESTADO DE SÃO PAULO ADVOGADO : DEFENSORIA PÚBLICA DO ESTADO DE SÃO PAULO RECORRIDO : MINISTÉRIO PÚBLICO DO ESTADO DE SÃO PAULO INTERES. : ROSANA APARECIDA GOMES DOS SANTOS).

5.2. Homologação do acordo

Formalizado o acordo de colaboração premiada, deverá ser lavrado um termo, por escrito, que conterá, conforme determina o artigo 6º da Lei nº 12.850/2013, o relato da colaboração e seus possíveis resultados, as condições da proposta do Ministério Público ou do delegado de polícia, e a declaração de aceitação do colaborador e de seu defensor.[15] Este termo, acompanhado das declarações do colaborador e de cópia da investigação, será remetido ao juiz das garantias para homologação, segundo a redação dada pela Lei nº 13.964/19 ao CPP, a fim de que verifique a sua regularidade, legalidade e voluntariedade.[16]

O magistrado poderá ouvir o colaborador, na presença de seu defensor e poderá (poder-dever) recusar homologação à proposta que não atender aos requisitos legais, ou adequá-la ao caso concreto.

No protagonismo conferido às partes pela Lei nº 12.850/2013, o juiz na celebração do acordo tem atribuição apenas homologatória. O magistrado não pode participar das negociações. O parágrafo sexto do

15 SALOMI, Maíra Beauchamp. Op. cit., p. 159.

16 "A importância do registro audiovisual da prova foi tratada em obra específica: "O direito processual, pensado como meio de efetivação do direito material, deve focar na temática do acesso à justiça. A ampla defesa abarca o direito de postular e de se defender em juízo mediante utilização de todos os meios legítimos de prova. A prova oral, meio de prova constituendo, necessita ser documentada em audiência. Entretanto, a redução a termo dos depoimentos acarreta inexoravelmente a perda de parte do conteúdo da prova obtida, já que os depoimentos passam pela interpretação do magistrado. A verdade é pressuposto de prolação da decisão justa e, neste contexto, o registro por meio de recurso eletrônico audiovisual dos depoimentos prestados em juízo contribui veementemente para a formação da convicção do julgador, porquanto a originalidade da prova é preservada. A documentação eletrônica da prova oral permite a sua reprodução fiel e aumenta o seu grau de perenidade, logo, é instrumento que traz segurança processual, facilita a ampla defesa e o contraditório, e efetiva o acesso à justiça. É possível perceber que os benefícios superam em muito e os inconvenientes da utilização da tecnologia da informação, tanto no processamento das demandas judiciais, quanto no registro de provas. Não se pode negar o relevante papel que têm assumido o registro eletrônico para o exercício da jurisdição e o acesso à justiça, como instrumento contributivo para efetivação de direitos. A utilização do registro eletrônico da prova oral, por meio de utilização de recurso audiovisual, deve ser estimulada em todos os Tribunais, para que se obtenha mais fidelidade e segurança quando da avaliação da prova. Somente assim, permite-se que os julgadores, de piso e das instâncias recursais, mormente aqueles que não participaram da sua produção, tenham maior imediatidade com a fonte e o conteúdo da prova." (SILVA, Felipe Carvalho Gonçalves da. O registro eletrônico da prova oral e o novo código de processo civil..., p. 180).

artigo 4º da referida lei veda expressamente a participação do juiz.[17] A *mens legis* é a preservação do sistema acusatório, segundo o qual cada um dos sujeitos processuais tem papel bem definido, cabendo ao Ministério Público a função de acusar e ao Poder Judiciário a de julgar.

Ao participar das negociações o magistrado poderia ter sua imparcialidade contaminada pelo contato com as provas entregues ao Ministério Público pelo acusado. Em caso de retratação da proposta de acordo, o julgamento ficaria prejudicado pela ciência prévia do juiz da prova que não poderia mais ser utilizada em desfavor do réu.

No *pattegiamento* italiano, o juiz exerce função semelhante, podendo aceitar o pedido ou rejeitá-lo, vedada a modificação do conteúdo estipulado pelo *imputato* e o *Pubblico Ministero*. As partes podem rever o estipulado e ao julgador é permitido absolver o acusado se assim entender, com base no disposto no artigo 129 do *Codice di Procedura Penale*.

Afrânio Silva Jardim entende que a decisão de homologação do acordo de cooperação premiada tem a natureza de jurisdição voluntária, necessária para a concretização e eficácia do negócio jurídico."[18]

No mesmo sentido, o Supremo Tribunal Federal decidiu que a homologação é condição de eficácia do acordo de colaboração premiada. O acordo tem que passar pelo juízo de delibação.[19]

Quando da análise do acordo, o juiz verificará a integridade da vontade do investigado – se não está maculada por vício do consentimento

17 "Art. 4º. O juiz poderá, a requerimento das partes, conceder o perdão judicial, reduzir em até 2/3 (dois terços) a pena privativa de liberdade ou substituí-la por restritiva de direitos daquele que tenha colaborado efetiva e voluntariamente com a investigação e com o processo criminal, desde que dessa colaboração advenha um ou mais dos seguintes resultados: [...] § 6º. O juiz não participará das negociações realizadas entre as partes para a formalização do acordo de colaboração, que ocorrerá entre o delegado de polícia, o investigado e o defensor, com a manifestação do Ministério Público, ou, conforme o caso, entre o Ministério Público e o investigado ou acusado e seu defensor."

18 "Julgo que o acordo de cooperação premiada é um negócio jurídico de Direito Público, dependendo a sua existência jurídica da manifestação estatal (do juiz)". JARDIM, Afrânio Silva. Nova interpretação sistemática do acordo de delação premiada...., p. 37.

19 "A homologação judicial do acordo de colaboração, por consistir em exercício de atividade de delibação, limita-se a aferir a regularidade, a voluntariedade e a legalidade do acordo, não havendo qualquer juízo de valor a respeito das declarações do colaborador." (Habeas Corpus nº 127.483. Paraná; Relator: Min. Dias Toffoli; Paciente: Erton Medeiros Fonseca; Impetrante: José Luiz Oliveira Lima e outro.). Acórdão disponível em: http://redir.stf.jus.br/paginadorpub/paginador.jsp?docTP=TP&docID=10199666. Acesso em: 23 out. 2018.

–, o erro, o dolo, a coação, o estado de perigo e a lesão, a observância pelo acordo da forma estabelecida em lei e a licitude do seu objeto.[20]

Decisão emblemática foi proferida pelo Ministro Ricardo Lewandowski nos autos da petição nº 7265. O Ministério Público Federal requereu a homologação de acordo de colaboração premiada celebrado por aquela instituição com um investigado que delatou supostos crimes cometidos por uma Senadora da República. O relator verificou que o requisito da voluntariedade estava presente, pois o investigado declarou que propôs o acordo ao *Parquet* e estava acompanhado de defensor. No entanto, o Ministro Relator deixou de homologar o acordo e oportunizou a sua adequação sob o fundamento de que o acordo não cumpria os requisitos da regularidade e legalidade, pois no negócio jurídico foram fixados pena privativa de liberdade, regime de cumprimento da pena, multa penal, entabulado perdão judicial, dentre outras avenças cujos objetos são matérias com reserva de jurisdição.[21]

---

20 "A homologação do acordo serve para garantir ao colaborador que ele receberá, ao final, caso cumpra a sua parte, os benefícios (a quantidade e o tipo de penas) que lhe foram prometidos com a avença, porque o juízo que profere a decisão de homologação fica vinculado aos seus termos. Como explica Didier Jr., ao se homologar, está-se dizendo que o ato praticado pelas partes é homólogo (tem a mesma razão de ser) da decisão que julga o pedido; equivale à decisão que julga o mérito do pedido: 'A exigência de homologação, como fator de eficácia do negócio, é consonante com a *ratio* subjacente ao sistema penal, já que, em princípio, caberia ao órgão jurisdicional o juízo de aplicação das consequências penais punitivas.' A homologação igualmente se destina a garantir que os atos jurídicos sejam praticados de acordo com os limites que lhes são estipulados. Assim, a decisão homologatória está, ela também, sujeita ao plano de validade. A decisão poderá ser viciada tanto em razão de vício do seu conteúdo (o ato homologado) como em razão de defeito próprio, se o pedido de homologação for processado e julgado por juiz incompetente, impedido ou suspeito." (VERÍSSIMO, Carla. Op. cit., p. 113).

21 "Nesse sentido, após realizar um exame perfunctório, de mera delibação, único possível nesta fase embrionária da persecução penal, identifiquei, a partir do confronto mencionado acima, que se mostra inviável homologar o presente acordo tal como entabulado, pelas razões a seguir deduzidas. Inicialmente, observo que não é lícito às partes contratantes fixar, em substituição ao Poder Judiciário, e de forma antecipada, a pena privativa de liberdade e o perdão de crimes ao colaborador. No caso, o Ministério Público ofereceu ao colaborador os seguintes prêmios legais: '[...] o perdão judicial de todos os crimes, à exceção daqueles praticados por ocasião da campanha eleitoral para o Governo do Estado do Rio de Janeiro no ano de 2014, consubstanciados nos tipos penais descritos no art. 350 do Código Eleitoral, no art. 1º, § 2º, inciso I, § 2º, inciso I da Lei 9.613/98 e art. 22, parágrafo único da Lei nº 7.492/86, pelos quais a pena acordada é a condenação à pena unificada de 4 anos de reclusão, nos processos penais que vierem a ser instaurados [...]' (fl. 14). No entanto, como é de conhecimento geral, o Poder Judiciário detém, por força de disposição constitucional, o monopólio da jurisdição, sendo certo que somente

Diante da redação conferida ao Código de Processo Penal pela Lei nº 13.964/19, mais especificamente em seu art. 3º-B, XVII, o juízo competente para homologar o acordo é o juízo das garantias. No entanto, conforme elucidado no item "4.2" do presente trabalho, em razão de liminar proferida pelo Ministro do Supremo Tribunal Federal Luiz Fux, a implementação da figura do juiz das garantias está suspensa. Desse modo, a realização da homologação do acordo de colaboração premiada se mantém sob a competência do mesmo magistrado que julgará a demanda criminal. Se houver algum delator ou delatado com foro de prerrogativa de função, será necessário distribuir o acordo ao tribunal competente para julgar o réu detentor da prerrogativa.[22]

Para Afrânio Silva Jardim, na hipótese de crimes cuja competência originária é dos tribunais, o acordo deve ser homologado pelo colegiado, pois caso contrário, a homologação do relator obrigaria a todos os julgadores, violando a sua liberdade de julgar segundo a convicção de cada um.[23] Entretanto, o entendimento que está consolidado no Supremo Tribunal Federal é o de que a decisão homologatória do acordo de colaboração premiada nos órgãos colegiados é do relator.[24]

No caso de recusa à homologação ou adequação não querida pelos acordantes, parte da doutrina sustenta a aplicação do artigo 593, II, do Código de Processo Penal. Outras correntes advogam a possibilidade de correição parcial; a aplicação do 28 do Código de Processo Penal; ou a irrecorribilidade. A posição sustentada pela procuradora regional da república Carla Veríssimo, no sentido do cabimento da apelação residual, parece ser a mais técnica.[25]

por meio de sentença penal condenatória, proferida por magistrado competente, afigura-se possível fixar ou perdoar penas privativas de liberdade relativamente a qualquer jurisdicionado". (Petição nº 7.265/DF; Relator: Min. Ricardo Lewandowski; Requerente: Ministério Público Federal; decisão proferida em 14 de novembro de 2017. pp. 21-22).

22 VERÍSSIMO, Carla. Op. cit., p. 115.

23 JARDIM, Afrânio Silva. Nova interpretação sistemática do acordo de delação premiada..., pp. 39-40.

24 "A competência para homologar, nos órgãos colegiados, é do relator, na forma do art. 2º da Lei 8.038/1990. Como afirma a Min. Rosa Weber. No HC 127.483/2017, isso é típica atribuição de relatoria, instrutória e monocrática." (VERÍSSIMO, Carla. Op. cit., p. 125).

25 Ibidem, p. 116.

Quando a decisão for pela incompetência do juízo para homologação, o recurso cabível é o em sentido estrito, aplicável com arrimo no artigo 581, II, do Código de Processo Penal.[26]

Questão interessante versa sobre a possibilidade ou não, de os terceiros prejudicados recorrerem. Humberto Dalla e Paulo Wunder sustentam que os corréus delatados detém legitimidade para pleitear a sua invalidade por serem diretamente atingidos pela colaboração.[27] Fredie Didier Jr. e Daniela Bomfim entendem que terceiros não podem recorrer da decisão de homologação, podendo, entretanto, requerer a invalidade do acordo por ação autônoma.[28] Carla Veríssimo, alerta que, a despeito dos entendimentos doutrinários, o Supremo Tribunal Federal disse o contrário no julgamento do HC nº 127.483/PR, pois o delatado não é parte no contrato.[29]

---

26 Ibidem, p. 117.

27 PINHO, Humberto Dalla Bernardina de; WUNDER, Paulo. A revisão do acordo de colaboração premiada e o aproveitamento da prova já produzida..., p. 8.

28 DIDIER JR., Fredie; BOMFIM, Daniela Santos. Colaboração premiada (Lei 12.850/2013): natureza jurídica e controle da validade por demanda autônoma – Um diálogo com o direito processual civil. In: CABRAL, Antonio do Passo; PACELLI, Eugêncio. CRUZ, Rogerio Schieto (Org.). *Processo penal*. Salvador: JusPodivm, 2016, pp. 202-203 e 208, apud VERÍSSIMO, Carla. Op. cit., p. 117.

29 "O Supremo Tribunal Federal, contudo, disse o contrário no julgamento do HC 127. 483/PR. Segundo o entendimento do Plenário, os terceiros, eventualmente atingidos pelas provas produzidas em decorrência do acordo de colaboração, não têm legitimidade para impugnar o acordo ou questionar sua validade, inclusive quanto ao aspecto da competência para impugnar o acordo ou questionar sua validade, inclusive quanto ao aspecto da competência para sua homologação, porque não são parte no contrato que, de resto, é um negócio jurídico processual personalíssimo. De acordo com o Relator: [...] a homologação do acordo de colaboração, por si só, não produz nenhum efeito na esfera jurídica do delatado, uma vez que não é o acordo propriamente dito que poderá atingi-la, mas sim as imputações constantes do depoimento do colaborador ou as medidas restritivas de diretos fundamentais que vierem a ser adotadas com base nesses depoimentos e nas provas por ele indicadas ou apresentadas – o que aliás, poderia ocorrer antes, ou mesmo independentemente, de um acordo de colaboração. Esse argumento é bastante importante, a justificar a impossibilidade de o coautor ou partícipe dos crimes praticados pelo colaborador impugnar o acordo ou sua homologação: o colaborador pode prestar os depoimentos mesmo na ausência ou na invalidade do acordo de colaboração. O contraditório é garantido com a possibilidade de os imputados confrontarem em juízo as afirmações feitas pelo colaborador e as provas por ele indicadas, assim como impugnarem as medidas cautelares restritivas de direitos fundamentais adotadas em seu desfavor com base naquelas declarações e provas, como deixou claro o voto do Min. Relator. Se não houver acordo de colaboração formal, ou se esse, por qualquer motivo, for viciado, o prejuízo recai somente sobre a pessoa do colaborador, que não terá a garantia de ser condenado a uma determinada pena, em limites máximos preestabelecidos." VERÍSSIMO, Carla. Op. cit., pp. 117-118.

No caso de existir ação penal que tenha sido remetida à instância superior em razão de interposição de recurso contra decisão terminativa ou sentença, a sede própria para homologação será o Tribunal competente para o processamento e julgamento do recurso, seja ele ordinário, especial ou extraordinário.

Vale relembrar que as regras de conexão e continência previstas nos artigos 76 a 82 do Código de Processo Penal devem ser observadas para a homologação dos acordos que tratem sobre mais de um fato e que demandem processamento perante diferentes órgãos.[30]

5.3. Retratação do colaborador. Revisão do acordo de colaboração premiada. Aspecto temporal

A negociação sobre os termos do acordo é longa, pode durar meses. Não raro a defesa muda de estratégia e deixa de considerar a avença interessante, ou o próprio Ministério Público ou a autoridade policial podem desistir de sua celebração por terem encontrado provas em outras fontes.[31]

O artigo 4º, §10, da Lei nº 12.850/2013, dispõe que as partes podem retratar-se da proposta de acordo de colaboração premiada.

Humberto Dalla e Paulo Wunder ensinam que a retratação é resultado do exercício do direito ao arrependimento e a lei admite essa possibilidade nos artigos 427, in fine, c/c 428, inciso IV, ambos do Código Civil.[32]

É importante que se tenha muito bem definido o momento até o qual as partes podem exercer o direito de retratação. Contudo, o dispositivo não traz o termo final para o arrependimento, razão pela qual caberá à doutrina e à jurisprudência construírem a solução para esta questão.

Notável doutrina entende que a retratação do acordo de colaboração premiada somente pode ocorrer até a ratificação em juízo.[33] Não à toa. Se

30 SALOMI, Maíra Beauchamp. Op. cit., pp. 167-164.

31 "Não há dúvidas, então, que essa obrigação se dá através de um longo e árduo procedimento, onde cada um irá defender o seu interesse, o que, evidentemente, pode levar a divergências, desencontros, desacordos". (PINHO, Humberto Dalla Bernardina de; WUNDER, Paulo. A revisão do acordo de colaboração premiada e o aproveitamento da prova já produzida..., p. 2).

32 Idem.

33 "A decisão de homologação do acordo de cooperação premiada tem a natureza de jurisdição voluntária, vale dizer, trata-se de uma decisão judicial (não jurisdicional) que a lei exige para a concretização e eficácia de um determinado negócio jurídico. Aqui não temos pretensão (no sentido técnico, Carnelutti) e muito menos lide

a homologação é condição de existência do próprio acordo, deixando de haver o requisito essencial "vontade" antes da homologação, o negócio jurídico não se concretiza.

No entanto, há quem entenda que a retratação pode ocorrer antes ou depois da homologação do acordo[34] ou somente após a homologação e antes da sentença.[35]

Humberto Dalla e Paulo Wunder enfatizam que a retratação não invalida a prova produzida. Os elementos de prova colhidos no bojo do inquérito e das medidas cautelares, encontrados em decorrência direta dos depoimentos do colaborador não produzem efeitos exclusivamente em desfavor do colaborador que se retratou, como se dessume do texto da Lei 12.850/2013.[36]

A ineficácia seria, então, relativa, pois as provas obtidas por meio da colaboração podem ser utilizadas para incriminar os demais integrantes da organização criminosa e, por via reflexa, o próprio colaborador.[37] Logo, ainda que não possa ser utilizada contra si diretamente, a

(não há como resistir ao que não existe, pretensão). Assim, a retratação prevista no parágrafo 10º do sempre referido art. 4º só terá eficácia se manifestada antes da homologação. O desfazimento do acordo homologado dependerá sempre de uma decisão judicial desconstitutiva." (JARDIM, Afrânio Silva. Nova interpretação sistemática do acordo de delação premiada..., p. 36). Também Renato Brasileiro, Rogério Sanches e Ronaldo Batista Pinto, apud COURA Alexandre de Castro; BEDÊ Jr., Américo. A Atuação do juiz em face de acordos de colaboração premiada. In: ESPIÑERA, Bruno; CALDEIRA, Felipe (orgs.). *Delação premiada*: estudos em homenagem ao Ministro Marco Aurélio de Mello. 2ª ed., Belo Horizonte: Editora D'Plácido, 2017, p. 69.

34 Neste sentido, Alexandre de Castro Coura e Américo Bedê Júnior. COURA Alexandre de Castro; BEDÊ Jr., Américo. Op. cit., p. 69.

35 "Essa retratação deve ocorrer depois da homologação do juiz e antes da sentença condenatória. [...] segundo cremos, a retratação também deveria ser submetida ao crivo judicial, para homologação, avaliando-se as vantagens e desvantagens da medida." (NUCCI, Guilherme de Souza. *Organização criminosa...*, pp. 60-61).

36 Artigo 4º. § 10 da Lei nº 12.850/13: "As partes podem retratar-se da proposta, caso em que as provas autoincriminatórias produzidas pelo colaborador não poderão ser utilizadas exclusivamente em seu desfavor".

37 "Se esse conjunto probatório for suficiente para demonstrar unicamente a responsabilidade do ex-colaborador, porém insuficiente em relação à responsabilidade do restante da organização criminosa, não irá produzir efeitos, ou seja, não será usado 'exclusivamente em seu desfavor' (art. 4º, § 10). Entretanto, essa causa especial de ineficácia relativa dos elementos probatórios colhidos durante o inquérito, através da contribuição do ex-colaborador, deixa de incidir se forem suficientes para embasar a responsabilização da organização criminosa. Neste caso,

palavra do delator continua válida, e pode ser manejada para condenação de toda a organização criminosa.[38]

A retratação da proposta de acordo de colaboração premiada não se confunde, em absoluto, com a revisão realizada após ter sido homologado judicialmente. Após a chancela judicial, o negócio jurídico tem eficácia e merece ser executado.

O acordo pode deixar de ser executado pelas partes. Neste caso, deve o julgador, em sua sentença, avaliar a implicação da inexecução do negócio jurídico.

As lições de Afrânio Silva Jardim não albergam a possibilidade de distrato entre as partes:

> Assim, até mesmo para a estabilidade da relação processual penal, não vejo como admitir o distrato por ambas as partes. Evidentemente,

todos poderão ser acusados com base naquele acervo probatório, inclusive o ex-colaborador e mesmo tendo ocorrido a sua retratação". (PINHO, Humberto Dalla Bernardina de; WUNDER, Paulo. A revisão do acordo de colaboração premiada e o aproveitamento da prova já produzida..., p. 4).

38 Em igual sentido: NUCCI, Guilherme de Souza. *Organização criminosa...*, p. 60. Andrey Mendonça sustenta que as provas não poderão ser utilizadas em desfavor do delator, tampouco do(s) delatado(s): "Assim, havendo ou não o pré-acordo, ocorrendo retratação da proposta – por qualquer motivo – as provas apresentadas pelo colaborador não poderão ser utilizadas em desfavor do investigado. O que significa a expressão 'exclusivamente em seu desfavor'? Segundo nos parece, embora a lei não tenha sido clara, significa que aquelas provas apresentadas pelo colaborador não poderão ser utilizadas pela acusação em face dele, para prejudicá-lo, sob pena de ilicitude, em decorrência da violação ao princípio do *nemo tenetur se detegere*, conforme bem lembra Vladimir Aras. Porém, nada impede que o investigado utilize aquelas provas apresentadas para se defender em juízo das acusações formuladas contra ele, razão pela qual o legislador utiliza a expressão 'exclusivamente em seu favor'. Ou seja, não haverá ilicitude ou proibição de utilização da prova por parte do colaborador. Porém, poderia o MP utilizar as provas apresentadas em desfavor de outros agentes, que foram incriminados durante as tratativas? Não nos parece que seja possível. Se não houve um acordo efetivo, homologado pelo juiz, é como se aquelas provas não tivessem nunca chegado ao conhecimento do MP. Essa situação é diferente, porém, quando há um acordo homologado e esse é rescindido pelo acusado, em razão do descumprimento do acordo homologado. Nessa hipótese (rescisão), não há nenhum óbice a que as provas sejam utilizadas em desfavor do acusado ou de terceiros incriminados." (MENDONÇA, Andrey Borges de. A Colaboração premiada e a nova Lei do Crime Organizado (Lei 12.850/2013). *Revista Custos Legis*. A Revista do Ministério Público Federal. vol. 4, 2013. pp. 15-16). Disponível em: file:///C:/Users/User/Downloads/2013_Direito_Publico_Andrey_delacao_premiada.pdf. Acesso em: 03 nov. 2018.

> pode haver inadimplemento em relação aos deveres assumidos. Por exemplo: o réu opta para, em juízo, ficar em silêncio ou mentir sobre a atuação dos outros ao "prêmio" avençado e a prova produzida será valorada livremente pelo magistrado, sendo tudo decidido na sentença final, impugnável por recurso de apelação.[39]

A doutrina, no entanto, admite a resilição unilateral, ou seja, a possibilidade de desfazimento do acordo pelo colaborador como corolário do seu direito de defesa.[40] Sustenta-se, sob essa ótica, que o acusado não pode ser obrigado a manter uma só linha de defesa até o desfecho do processo. O réu tem o direito de mudar de estratégia. No entanto, a resilição unilateral, ou seja, a denúncia do contrato, tal qual estatuída no artigo 473 do Código Civil, não encontra guarida na Lei nº 12.850/2013. Assim, caso o colaborador mude de estratégia e decida não mais cumprir as obrigações assumidas, estará verdadeiramente rescindindo o acordo. Importante salientar, ainda, que a Lei nº 13.964/19 acrescentou ao artigo 4º da Lei nº 12.850/13 o parágrafo 17, de modo a permitir a rescisão do acordo em caso de omissão dolosa sobre os fatos objeto da colaboração.[41]

Esta possibilidade não se confunde com a retratação. Aqui, o negócio jurídico processual é válido e eficaz. Assim, a contribuição do colaborador não será desprezada nem mesmo para ele. As provas obtidas por meio das declarações do colaborador serão valoradas na sentença.

5.4. Ratificação em juízo. Da submissão ao contraditório

Dispõe a Lei nº 12.850/2013, em seu artigo 4º:

> § 12. Ainda que beneficiado por perdão judicial ou não denunciado, o colaborador poderá ser ouvido em juízo a requerimento das partes ou por iniciativa da autoridade judicial.
>
> § 13. O registro das tratativas e dos atos de colaboração deverá ser feito pelos meios ou recursos de gravação magnética, estenotipia, digital ou técnica similar, inclusive audiovisual, destinados a obter

39 JARDIM, Afrânio Silva. Nova interpretação sistemática do acordo de delação premiada..., pp. 36-37.

40 PINHO, Humberto Dalla Bernardina de; WUNDER, Paulo. A revisão do acordo de colaboração premiada e o aproveitamento da prova já produzida..., p. 5.

41 Art. 4º § 17: "O acordo homologado poderá ser rescindido em caso de omissão dolosa sobre os fatos objeto da colaboração. (Incluído pela Lei nº 13.964, de 2019)"

> maior fidelidade das informações, garantindo-se a disponibilização de cópia do material ao colaborador. (Redação dada pela Lei nº 13.964, de 2019)
>
> § 14. Nos depoimentos que prestar, o colaborador renunciará, na presença de seu defensor, ao direito ao silêncio e estará sujeito ao compromisso legal de dizer a verdade.

Caso se pretenda a colheita do depoimento do colaborador premiado, a lei prevê que ele deverá renunciar ao direito ao silêncio, na presença do seu defensor, e prestará compromisso de dizer a verdade. Frederico Valdez Pereira destaca que esta exigência legal decorre do direito dos delatados de confrontarem a prova testemunhal,[42] com o objetivo de a desqualificarem.[43]

Existem duas formas de constituição da prova: a) as provas pré-constituídas são produzidas em procedimentos extraprocessuais, através de fontes pré-existentes, e quando juntadas aos autos são submetidas a contraditório judicial posterior, diferido; b) as provas constituendas são constituídas e produzidas com atos do processo, formadas em contraditório de partes e perante um juiz, terceiro imparcial.

A prova oral, tal como a pericial e a inspeção judicial, é constituenda.[44]

Os réus atingidos pelos elementos de prova advindos do depoimento do colaborador têm o direito de lhe fazerem reperguntas justamente para participarem da constituição da prova e influenciarem na convicção do julgador. Trata-se de legítimo exercício do direito ao contraditório para a construção daquilo que é o cerne do processo, porque de sua análise depende o julgamento do pedido.[45]

---

42 Sobre o direito ao confronto, teceremos considerações adiante.

43 "O fato de as declarações de colaborador advirem de pessoa interessada no objeto do processo exige que se racionalize sua valoração tendo em conta exatamente suas peculiaridades, exigindo, conforme mencionado, que o agente exaura seu conhecimento sobre os fatos em apuração, apresente narrativa sólida, coerente e constante, e que, principalmente, haja elementos exteriores de confirmação das revelações de modo a atestar sua credibilidade. Por certo que, acaso se insira o colaborador no processo como meio de prova, dever-se-á submeter o agente ao confronto, permitindo aos delatados contraditar suas informações em juízo de modo a buscarem retirar a credibilidade das revelações" (PEREIRA, Frederico Valdez. Op. cit., p. 186).

44 DINAMARCO, Cândido Rangel. *Instituições de direito processual civil.* 6ª ed., São Paulo: Malheiros, v. II, 2009, p. 96.

45 "Em verdade, desde Lessona e Chiovenda, passando por Lopes da Costa e Leonardo Greco, é correto afirmar que a prova é o cerne do processo. Isso porque é de sua

Destaque-se que acordo de colaboração premiada e as declarações prestadas pelo colaborador não se confundem.

O colaborador premiado, ao prestar depoimento em juízo, renuncia ao direito ao silêncio e firma o compromisso de dizer a verdade.[46] Age desta forma para se despir completamente do direito constitucional de não se autoincriminar, o conhecido *nemo tenetur se detegere*, porquanto precisa revelar fatos desabonadores que geram contra si graves consequências. Naturalmente, o faz porque nutre a expectativa de que irá usufruir os benefícios ajustados.[47]

Não se confunda o depoimento do colaborador premiado com o interrogatório. Este é considerado por renomados professores como exercício do direito à autodefesa.[48] O interrogatório não é meio de prova e sim de defesa.

O que antes seria o interrogatório se transmuda em prova oral equiparada a depoimento testemunhal.[49] Este entendimento foi fixado pela academia jurídica paulista, no enunciado nº 675 das Súmula das Mesas de Processo Penal da USP.[50]

Renato Brasileiro, citado por Antônio Sérgio Peixoto Marques, tem idêntico entendimento:

> [...] tendo em conta que a delação ganha novos contornos de verdadeira prova testemunhal em detrimento do corréu delatado, há de se permitir ao defensor deste último a possibilidade de fazer per-

---

análise que depende o julgamento do pedido (ou atendimento prático da pretensão deduzida em Juízo). Ou seja, o exame da prova é tema caro e fulcral ao deslinde do caso penal." (MIRZA, Flávio. Valoração da prova: reflexões sobre os sistemas de apreciação..., p.138).

46 "Art. 4º § 14. Nos depoimentos que prestar, o colaborador renunciará, na presença de seu defensor, ao direito ao silêncio e estará sujeito ao compromisso legal de dizer a verdade."

47 SALOMI, Maíra Beauchamp. Op. cit., p. 152.

48 TOURINHO FILHO, Fernando da Costa. *Processo penal.* vol. 3. 23ª ed., rev., atual. e ampl., São Paulo: Editora Saraiva, 2001, p. 261.

49 "Na doutrina brasileira, prevalece o entendimento de que, embora o depoimento do colaborador seja consubstanciado no interrogatório, a parte relativa à delação assume uma natureza equivalente à prova testemunhal." (MARQUES, Antonio Sergio Peixoto. Op. cit., p. 61).

50 Enunciado nº 675 das Súmula das Mesas de Processo Penal da USP: "O interrogatório do corréu, incriminando outro, tem, com relação a este, natureza de depoimento testemunhal, devendo, por isso, se admitirem reperguntas".

> guntas ao delator, exclusivamente no tocante à relação realizada, sob pena de indevido cerceamento de defesa.[51]

Interessante notar que esta regra foi importada, com adaptações, da legislação italiana que, no artigo 197 do *Codice di Procedure Penale* estabelece que o colaborador, já sentenciado, será tratado como testemunha assistida, renunciando o seu direito ao silêncio e assumindo o compromisso de dizer a verdade. No caso do colaborador ainda não sentenciado, vige a regra do artigo 201 do mencionado código, preservando o réu o seu direito ao silêncio.[52]

Como aduzem Fredie Didier Jr. e Daniela Santos Bomfim, o colaborador precisa agir assim, pois a própria lei exige esta consequência jurídica.[53] A revelação da verdade é própria da obrigação assumida. E a obrigação decorre da escolha do colaborador, que tem que ser livre de vícios do consentimento.

Assim, parece claro que o colaborador deve responder pelo crime de falso testemunho. Aliás, a Lei nº 12.850/2013 modificou o artigo o artigo 342 do Código Penal e aumentou a pena do falso testemunho ou falsa perícia para 01 (um) a 04 (quatro) anos de reclusão e multa.[54]

Diogo Malan adverte que a imposição do compromisso de dizer a verdade às testemunhas, a despeito de não ser garantia de sua integridade, funciona como desincentivo a depoimentos mendazes, especialmente frente à sanção penal cominada pela maioria dos ordenamentos jurídicos nacionais ao agente que se aparta da verdade ao prestar depoimento.[55]

O depoimento do delator tem a natureza jurídica de meio de prova e pode, ainda que não isoladamente, servir para lastreio da fundamentação judicial.

James Walker Jr. e Lucas O. M. Azeredo da Silveira albergam este entendimento:

---

51 Idem.

52 Idem.

53 DIDIER Jr., Fredie; BOMFIM, Daniela Santos. A colaboração premiada como negócio jurídico processual atípico ..., p. 111.

54 Art. 19 da Lei nº 12.850/13: "Imputar falsamente, sob pretexto de colaboração com a Justiça, a prática de infração penal a pessoa que sabe ser inocente, ou revelar informações sobre a estrutura de organização criminosa que sabe inverídicas: Pena - reclusão, de 1 (um) a 4 (quatro) anos, e multa."

55 MALAN, Diego Rouge. *Direito ao confronto no processo penal.* 1ª ed., Rio de Janeiro: Editora Lumen Juris, 2009, p. 86.

> [...] muito embora a colaboração não seja meio de prova, o colaborador pode ter seu depoimento prestado judicialmente, após ter renunciado ao seu direito ao silêncio, e, consequentemente, submetido ao contraditório. "Uma das exigências para se conferir valor probatório às declarações do delator no processo, desfazendo o direito à presunção da inocência do acusado, é a necessidade de se submeter esse elemento de prova ao contraditório" - "permitindo aos delatados contraditar suas informações em juízo de modo a buscarem retirar a credibilidade das informações.[56]

Gustavo Badaró também percebe que as declarações do colaborador são valoráveis.[57] Evidentemente, o depoimento do colaborador deve ser submetido ao contraditório por meio de reperguntas para que tenha a natureza jurídica de prova constituenda. Somente assim o contraditório será pleno.

O Supremo Tribunal Federal reconhece no depoimento do colaborar um meio de prova.[58]

Sublinhe-se que a própria lei presume a fragilidade do depoimento do colaborador premiado, por ser pessoa interessada no resultado - muito embora a lei o cerque de dispositivos para evitar que minta em juízo, quando no parágrafo décimo sexto do artigo 4º, estabelece que medidas cautelares reais ou pessoais, recebimento de denúncia ou queixa-crime, bem como a sentença condenatória não devem se fundamentar exclusivamente nos depoimentos do colaborador[59] Desta maneira, o depoimento tem que estar acompanhado de elementos externos, que podem ser obtidos até mesmo por meio da própria colaboração premiada, como documentos, perícias, ou depoimentos testemunhas.

Assim como a confissão, isolado, o depoimento do colaborador não é apto a afastar a presunção de inocência.

---

56 WALKER Jr., James; SILVEIRA, Lucas O. M. Azeredo da. Op. cit., p. 732.

57 BADARÓ, Gustavo Henrique. Op. cit., p. 135.

58 Habeas Corpus nº 127.483 PR: "Enquanto o acordo de delação é meio de obtenção de prova, os depoimentos propriamente ditos do colaborador constituem meio de prova, que somente se mostrarão hábeis à formação do convencimento judicial se vierem, a ser corroborados por outros meios idôneos de prova." Disponível em: http://redir.stf.jus.br/paginadorpub/paginador.jsp?docTP=TP&docID=10199666.

59 WALKER Jr., James; SILVEIRA, Lucas O. M. Azeredo da. Op. cit., pp. 733-734.

Não é outro o entendimento de Frederico Valdez Pereira, para quem a palavra do delator premiado também é um meio de prova.[60] Comentando o posicionamento da Corte Constitucional, Frederico Valdez Pereira acrescenta:

> Por certo que esse acordo de colaboração, mero meio de obtenção da prova, ao menos nas palavras do STF, não se confunde com os depoimentos eventualmente prestados pelo colaborador em juízo como cumprimento dos compromissos assumidos, esses sim legítimos meios de prova, conforme afirmado pelos Ministros da Corte.[61]

Carla Veríssimo faz a mesma distinção entre o acordo de colaboração premiada e o depoimento do colaborador e salienta que o colaborador pode prestar depoimento na qualidade de testemunha, o que ratifica o posicionamento de que o colaborador pode ser sujeito ativo do crime de falso testemunho.[62]

Por tudo, é forçado concluir que a lei estabeleceu na Lei nº 12.850/2013 uma subespécie de prova oral: o testemunho do colaborador premiado. É meio de prova de prova, se presta ao convencimento do julgador, mas o seu valor é relativizado pela própria lei, tal qual a confissão.

Note-se que o colaborador premiado pode ser chamado a prestar depoimento também perante juízo cível, em ação indenizatória ou civil pública, por hipótese, da qual não seja parte. Ainda assim, mesmo sendo interessado no resultado e, em tese suspeito, e ainda que as suas declarações importem confissão de crime objeto do acordo de colaboração premiada, deverá renunciar ao direito a manter-se em silêncio e prestar o compromisso de dizer a verdade no bojo do processo cível. Seria ilógico o colaborador premiado ser obrigado a falar a verdade tão somente

---

60 "O fato de as declarações de colaborador advirem de pessoa interessada no objeto do processo exige que se racionalize sua valoração tendo em conta exatamente suas peculiaridades, exigindo, conforme mencionado, que o agente exaura seu conhecimento sobre os fatos em apuração, apresente narrativa sólida, coerente e constante, e que, principalmente, haja elementos exteriores de confirmação das revelações de modo a atestar sua credibilidade. Por certo que, acaso se insira o colaborador no processo como meio de prova, dever-se-á submeter o agente ao confronto, permitindo aos delatados contraditar suas informações em juízo de modo a buscarem retirar a credibilidade das revelações". PEREIRA, Frederico Valdez. Op. cit., 186.

61 Ibidem, pp. 189-190.

62 VERÍSSIMO, Carla. Op. cit., pp. 125-126.

perante o juízo criminal. Afinal, o ato ilícito pode ter repercussões simultâneas nas competências penal, civil, administrativa, eleitoral, etc.

5.4.1. Ausência de ratificação. Implicações. O depoimento não ratificado tem valor probatório? Nas pegadas da solução: uma mudança de paradigma

A ausência de ratificação das declarações prestadas extrajudicialmente pode levar à rescisão do acordo, se decorrer de ato de vontade do réu, mas não necessariamente terá esse efeito.

Se decorrer da mudança de estratégia da defesa, hipótese de inadimplemento unilateral, o julgador pode deixar de aplicar os benefícios, entendendo o acordo como rescindido.

Nada impede, no entanto, que o julgador entenda por aplicar os benefícios, em sendo relevantes as provas levadas aos autos pelo colaborar, ainda que descumpra o acordo e não ratifique seu depoimento extrajudicial.

Humberto Dalla e Paulo Wunder defendem a posição de que o incriminado possui o direito à resilição unilateral, a qual tem como momento preclusivo a sentença.[63]

Cabe a relembrar, todavia, que é possível a realização de acordo de colaboração mesmo após a prolação da sentença, bem como na fase da execução penal. Neste caso, a sentença que será considerada como sendo o momento preclusivo para a mudança de estratégia defensiva é aquela que será prolatada em processo de terceiro delatado.

Registrou-se anteriormente que o depoimento colhido em juízo do colaborador premiado tem a natureza de meio de prova.

Mas e no caso de o depoimento não ser ratificado em juízo? Importa perquirir se o depoimento colhido extrajudicialmente pode ser manejado como meio de prova.

Para discussão desta questão, é preciso consignar que nem sempre a ausência de ratificação do depoimento decorre de mudança da estra-

---

63 "Ainda no exame da possibilidade de resilição unilateral do acordo homologado pela defesa, cabe frisar que essa prerrogativa possui, como momento preclusivo, a prolação da sentença. Após essa fase, a prestação jurisdicional foi entregue, inclusive com a sentença apreciando 'os termos do acordo homologado e sua eficácia'(art. 4º, § 11), não cabendo mais a desistência do acordo pela defesa." (PINHO, Humberto Dalla Bernardina de; WUNDER, Paulo. A revisão do acordo de colaboração premiada e o aproveitamento da prova já produzida..., p. 6).

tégia defensiva. Há fatos naturais e humanos que podem impedir que o colaborador deponha em juízo.

Como fatos impeditivos naturais, citem-se a morte, catástrofes que impliquem o desaparecimento do colaborador, e as enfermidades que acarretem incapacidades físicas ou mentais.

Como fatos impeditivos humanos, pode-se mencionar a ameaça, o suborno, o sequestro e a violência.

5.5. Traçando um paralelo com outros meios de prova

5.5.1. Prova emprestada

Prova emprestada é aquela que, tendo sido produzida em determinado processo (comunhão interna), ingressa em outro, para o qual não foi originalmente produzida[64] (comunhão externa), como prova documental, mas tem potencialidade de utilização e convencimento de sua natureza originária (testemunhal, pericial etc.).[65]

A prova emprestada é sempre documental, característica que é positivada em alguns ordenamentos jurídicos. Sem embargo, o seu valor é o da sua essência, e esta será sempre a originária, consoante foi produzida no processo primitivo.

O empréstimo da prova emprestada visa à economia processual, bem como à economia material, evitando-se a prática de atos inúteis, repetidos, e se presta também ao aproveitamento de atos probatórios na hipótese de efetiva impossibilidade de se repetir prova já produzida (quando a subtração do contraditório não ocorre voluntariamente, ou por fatos naturais (mortes), ou por ação humana (ameaça, violência, suborno etc.).[66] O alto custo da repetição da prova, despropositado, ou a dificuldade da nova produção, de igual modo justificam a prova emprestada.

---

64 De acordo com o escólio de Gustavo Badaró, "[...] a prova emprestada é a prova produzida em um determinado processo e, depois, trasladada, na forma documental, para outro processo. No segundo processo, em que se junta a prova emprestada, embora trasladada na forma documental, ela terá o valor probante originário (por exemplo: de prova testemunhal, de laudo pericial etc.)". (BADARÓ, Gustavo. Prova emprestada no processo penal e a utilização de elementos colhidos em comissões parlamentares de inquérito. *Revista Brasileira de Ciências Criminais*, São Paulo, v. 106, jan./mar. 2014, p. 161.

65 FERREIRA, Willian Santos. Op. cit., p. 1002.

66 BUIKA, Heloisa Leonor. Prova emprestada. *Revista Síntese Direito Civil e Processo Civil*, ano XII, n. 84, jul./ago. 2013, p. 25.

O juízo deverá atribuir o valor que entender adequado à prova emprestada, não tendo vinculação ao significado que foi atribuído no processo no qual foi produzida.[67]

Como sublinhado em capítulo anterior, a prova emprestada, antes meio de prova atípico, hoje tem sua tipicidade timbrada no Código de Processo Civil de 2015, empregado pelo processo penal com amparo no artigo 3º do Código de Processo Penal.

A dificuldade de aplicação da norma reside no fato de que o Código não traz as balizas para a produção da prova emprestada.

A única exigência que o Código de Processo Civil estabelece para a produção da prova emprestada é a observância do contraditório.[68] A disciplina foi tímida, insuficiente para dar cabo das controvérsias doutrinárias existentes.

Dito princípio impõe que, ao longo do procedimento, seja observado verdadeiro diálogo, com participação das partes. Representa, então, a garantia não apenas de ter ciência de todos os atos processuais, mas de ser ouvido, possibilitando a influência na decisão.[69]

Deverá o juiz provocar debate sobre todas as questões que comporão sua decisão, incluindo as que deve conhecer de ofício, bem como os fundamentos, submetendo todas as possibilidades em esgotar a discussão do tema aos principais interessados no desfecho da lide.

Coube à doutrina e à jurisprudência traçar os critérios para a utilização da prova emprestada. Entretanto, não há consenso, o tema é realmente espinhoso. No que diz respeito ao empréstimo de provas lícitas entendem os Tribunais Superiores:

---

67 LUCON, Paulo Henrique dos Santos. Comentário ao capítulo XII..., cit., p. 577.

68 De acordo com o enunciado 52 do Fórum Permanente de Processualistas Civis: "Para a utilização da prova emprestada, faz-se necessária a observância do contraditório no processo de origem, assim como no processo de destino considerando-se que, neste último, a prova mantenha sua natureza originária."

69 "La causa giustificatrice del principio del contraddittorio si rinviene nel normale carattere bilaterale della domanda che ha per destinatari il giudice e colui nei cui confronti chi propone la domanda pretende che il provvedimento richiesto produca i suoi effetti. La legge dialettica cui è ispirato il processo imprime carattere receptizio alla domanda, nel senso che il provvedimento non può essere emanato se la domanda non è stata portata a conoscenza sia del giudice sia della controparte" (PISANI, Andrea Proto. *Lezioni di diritto processuale civile*. 5ª ed., Napoli: Jovene, 2012, p. 200).

"INQUÉRITO. DESMEMBRAMENTO DOS AUTOS EM RELAÇÃO A ACUSADO SEM FORO POR PRERROGATIVA DE FUNÇÃO. INVIABILIDADE. NECESSIDADE DE PROCESSAMENTO CONJUNTO COM OS DEMAIS ENVOLVIDOS. INTERCEPTAÇÃO TELEFÔNICA. **PROVA EMPRESTADA. DECISÕES JUDICIAIS QUE AUTORIZARAM A MEDIDA E SEU COMPARTILHAMENTO JUNTADAS AOS AUTOS.** AUSÊNCIA DE TRANSCRIÇÃO INTEGRAL DOS DIÁLOGOS E DISPONIBILIZAÇÃO DOS ÁUDIOS. CERCEAMENTO DE DEFESA. INOCORRÊNCIA. DEGRAVAÇÃO DAS CONVERSAS ALUDIDAS NA EXORDIAL ACUSATÓRIA. **COMPARTILHAMENTO COM AÇÃO PENAL RELATIVA A CRIME PUNIDO COM DETENÇÃO. POSSIBILIDADE. PRECEDENTES.** INÉPCIA DA DENÚNCIA. PREENCHIMENTO DOS REQUISITOS DO ART. 41 DO CÓDIGO DE PROCESSO PENAL. DISPENSA INDEVIDA DE LICITAÇÃO MAJORADA (ART. 89, CAPUT, C/C ART. 84, § 2º, AMBOS DA LEI 8.666/1993). ATUAÇÃO EM CONFORMIDADE COM NORMAS LEGAIS E INFRALEGAIS VIGENTES. ERRO DE TIPO. PRECEDENTE. DOLO ESPECÍFICO DE CAUSAR DANO AO ERÁRIO OU ENRIQUECIMENTO ILÍCITO. NÃO DEMONSTRAÇÃO. ATIPICIDADE. IMPROCEDÊNCIA DA ACUSAÇÃO (ART. 6º, 2ª PARTE, DA LEI 8.038/1990). 1. Conforme firme jurisprudência do Supremo Tribunal Federal, afigura-se suficiente, para adimplir a determinação do art. 6º, § 1º, da Lei 9.296/1995 e assegurar o direito de defesa dos acusados, o acesso à degravação dos diálogos aludidos pela denúncia, sendo dispensável a disponibilização de todo o material oriundo da interceptação telefônica (HC 91.207-MC, Rel. Min. MARCO AURÉLIO, Rel. p/ Acórdão: Min. CÁRMEN LÚCIA, Tribunal Pleno, DJe de 21.9.2007; INQ 2.424, Rel. Min. CEZAR PELUSO, Tribunal Pleno, DJe de 26.3.2010; RHC 117.265, Rel. Min. RICARDO LEWANDOWSKI, Segunda Turma, DJe de 26.5.2014; INQ 4.023, Rel. Min. CÁRMEN LÚCIA, Segunda Turma, DJe de 1º.9.2016). **2. Esta Corte já assentou a legitimidade do compartilhamento de elementos probatórios colhidos por meio de interceptação telefônica autorizada judicialmente com processos criminais nos quais imputada a prática de crime punível com detenção (RE 810.906-AgR, Rel. Min. ROBERTO BARROSO, Primeira Turma, DJe de 14.9.2015; AI 626.214-AgR, Rel. Min. JOAQUIM BARBOSA, Segunda Turma, DJe de 8.10.2010; HC 83.515, Rel. Min. NELSON JOBIM, Tribunal Pleno, DJ de 4.3.2005), e até mesmo com processos de natureza administrativa (RMS 28.774, Rel. Min. MARCO AURÉLIO, Rel. p/ Acórdão: Min. ROBERTO BARROSO, Primeira Turma, DJe de 25.8.2016).** (...)."

(INQ 3.965, Rel. Min. Teori Zavascki, Segunda Turma, DJe de 6/12/2016)

DIREITO ADMINISTRATIVO. AGRAVO INTERNO EM RECURSO EXTRAORDINÁRIO COM AGRAVO. IMPROBIDADE ADMINISTRATIVA. AUSÊNCIA DE REPERCUSSÃO GERAL. TEMA 660. **PROVAS EMPRESTADAS. ADMSSIBILIDADE.** 1. O Supremo Tribunal Federal (STF) assentou entendimento que não há repercussão geral na controvérsia sobre suposta violação aos princípios do contraditório, da ampla defesa, dos limites da coisa julgada e do devido processo legal, por ausência de questão constitucional (Tema 660 - ARE 748.371-RG, Rel. Min. Gilmar Mendes). **2. A jurisprudência do STF é pacífica no sentido de que elementos informativos de uma investigação criminal, ou as provas colhidas no bojo de instrução penal, podem ser compartilhados para fins de instruir outro processo criminal ou procedimento administrativo disciplinar. Precedentes.** 3. Inaplicável o art. 85, § 11, do CPC/2015, uma vez que não é cabível condenação em honorários advocatícios. 4. Agravo interno a que se nega provimento.

(ARE 1189218 AgR / SE, Rel. Min. Roberto Barroso, Primeira Turma, DJe de 03/06/2019)

AGRAVO REGIMENTAL NO HABEAS CORPUS. PRISÃO PREVENTIVA. PROVA EMPRESTADA. POSSIBILIDADE. CONTRADITÓRIO E AMPLA DEFESA.

OBSERVÂNCIA. ART. 312 DO CPP. PERICULUM LIBERTATIS. MOTIVAÇÃO SUFICIENTE. RISCO DE REITERAÇÃO DELITIVA. ORGANIZAÇÃO CRIMINOSA.

CONDENAÇÕES PRÉVIAS. CONSTRANGIMENTO ILEGAL. AUSÊNCIA. AGRAVO REGIMENTAL NÃO PROVIDO. (...) 2. É cabível **prova emprestada** no âmbito do processo penal, nomeadamente se o réu fez parte do feito originário, de onde ela adveio, desde que os fatos possuam correlação e sejam observados os princípios da ampla defesa, do contraditório e do devido processo legal. (...)

(AgRg no HC 537387 / MS, Ministro ROGERIO SCHIETTI CRUZ, Sexta Turma, DJe 17/03/2020)

AGRAVO INTERNO NO AGRAVO EM RECURSO ESPECIAL. AÇÃO DE INDENIZAÇÃO POR DANOS MATERIAIS E MORAIS. ACIDENTE DE TRÂNSITO. 1. EXORBITÂNCIA DA INDENIZAÇÃO FIXADA. AUSÊNCIA DE INDICAÇÃO DO DISPOSITIVO OBJETO DE INTERPRETAÇÃO DIVERGENTE. SÚMULA 284/STF. **2. PROVA EMPRESTADA. DEVIDA OBSERVÂNCIA DO CONTRADITÓRIO. SÚMULA 83/STJ.** 3. GRATUIDADE DE JUSTIÇA. HIPOSSUFICIÊNCIA AFASTADA. REVISÃO. SÚMULA 7/STJ. 4. AGRAVO INTERNO DESPROVIDO. (...) **2. Esta Corte Superior orienta-se no sentido de que é admissível a prova emprestada, nas hipóteses em que observado o devido contraditório. Incidência, no ponto, da Súmula 83/STJ. (...)**

(AgInt no AREsp 1583701 / SP, Ministro MARCO AURÉLIO BELLIZZE, Terceira Turma, DJe 13/03/2020)

Provas documentais podem ser facilmente trasladadas, inclusive nos casos em que há partes diferentes no processo do qual foi emprestada, pois se trata de prova pré-constituída. Neste caso, não há autêntica prova emprestada.

O empréstimo das provas constituendas deve ser apreciado com acuidade.

Se houve contraditório entre as mesmas partes no processo em que foi produzida não há problema no seu empréstimo. Mas se o traslado é de prova produzida entre partes diversas a questão ganha complexidade.

Parte da doutrina, capitaneada pela saudosa Ada Pellegrini Grinover,[70] defende que dois princípios com sede constitucional, que se traduzem em requisitos, devem ser preservados.

O primeiro requisito de admissibilidade da prova emprestada é a de ter sido produzida em processo formado entre as mesmas partes, sob pena de ser ilegítima por afronta ao contraditório, pois as partes têm direito de participar na produção da prova (artigo 5º, LV, da CRFB/88).

Como segundo requisito, elenca-se a necessidade de que o contraditório no processo originário tenha sido instituído perante juiz que também será o julgador da segunda causa, sob pena de ofensa ao princípio do juiz natural (artigo 5º, LIII, da CRFB/88).

Além dessas, é preciso que se tenha observância dos princípios que regem a prova, vista em sua natureza jurídica original (prova testemunhal, depoimentos pessoais etc.), tanto no processo primitivo como no segundo processo; e o respeito aos princípios que regem a prova documental, no processo para o qual foi transferida.

Para Gustavo Badaró, são imprescindíveis os seguintes requisitos: (1) que a prova do primeiro processo tenha sido produzida perante um juiz natural; (2) que a prova produzida no primeiro processo tenha possibilitado o exercício do contraditório perante a parte do segundo processo; (3) que o objeto da prova seja o mesmo nos dois processos;[71] (4) que o âmbito de cognição do primeiro processo seja o mesmo do segun-

70 GRINOVER, Ada Pellegrini. Prova emprestada. *Revista Brasileira de Ciências Criminais*, São Paulo, v. 4, out./dez. 1993, pp. 66-67.

71 Eduardo Talamini mitiga este requisito: "Há quem ainda estabeleça outro pressuposto da prova emprestada: a identidade ou semelhança do fato probando nos dois processos. Não é, porém, requisito específico da prova emprestada, senão o pressuposto genérico de pertinência e relevância a ser considerado para a admissão de qualquer meio probatório." (TALAMINI, Eduardo. Prova emprestada no processo civil e penal. *Revista de Processo*. São Paulo, ano 23, n. 91, jul./set. 1998, p. 99).

do processo. Além disso, deve ser validamente produzida no processo originário e trasladada integralmente para o processo de destino.[72]

Estudando o primeiro requisito, enfatiza que não é imperioso que o juiz seja o mesmo, e sim que o órgão perante o qual a prova é produzida seja investido de jurisdição. Aqui, entende de forma diversa de Ada Pellegrini.

No que respeita ao segundo requisito, registra a imprescindibilidade de a produção da prova oral se dar entre as mesmas partes, do processo originário e do segundo, para que possa haver o empréstimo.

Sob a ótica de Moacyr Amaral Santos, há que se diferenciar três situações que podem ocorrer entre o processo do qual a prova será emprestada e aquele para onde será trasladada: a) se os litigantes forem os mesmos; b) se ao menos um dos litigantes for diferente; c) se todos os ligantes forem diferentes.

Na primeira hipótese, não há maiores controvérsias, a prova poderá ser emprestada. Na segunda hipótese, quando a prova houver sido produzida em processo em que uma das partes, do processo que recebeu o empréstimo, litigou com terceiro, é possível se vislumbrar duas situações: (1) a prova é trasladada por quem participou de sua produção no processo anterior, caso em que não terá ela eficácia em relação à parte contrária, que não participou de sua produção, podendo valer tão somente como adminículo probatório para a formação da convicção do juiz; (2) a prova é trasladada por quem não foi parte no processo anterior, caso em que conserva eficácia probatória, principalmente quando a prova foi reconhecida no processo anterior. Na terceira hipótese, na qual todos os litigantes forem diferentes, a prova emprestada não poderá ser admitida[73]. Pensam da mesma forma, Eduardo Cambi,[74] Heloisa Leonor Buika,[75] Alexandre Freitas Câmara[76] e Humberto Dalla.[77]

---

72 BADARÓ, Gustavo. Prova emprestada no processo penal..., 167.

73 SANTOS, Moacyr Amaral. *Primeiras linhas de direito processual civil.* v.2. 4ª ed. São Paulo: Saraiva, 1979. pp. 322-323.

74 CAMBI, Eduardo. *A prova civil, admissibilidade e relevância.* São Paulo: Revista dos Tribunais, 2006. p. 54.

75 BUIKA, Heloisa Leonor. Op. cit., p. 29.

76 CÂMARA, Alexandre Freitas. *O novo processo civil brasileiro.* São Paulo: Atlas, 2015. p. 236.

77 "A utilização da prova emprestada só poderá ser deferida se a produção de seus efeitos for direcionada a quem participou da demanda em que ela foi produzida. Não há necessidade de que as partes sejam as mesmas, mas a parte atingida pelos efeitos dessa prova precisa ter participado do processo originário no qual foi pro-

São ainda mais permissivos Manoel Alves Rabelo e Lais Zumach Lemos Pereira.[78] Salientam que se a prova foi colhida sem a participação da parte que será prejudicada por ela, deverá o magistrado levar em conta o baixo grau de contraditório e o risco à isonomia, diminuindo o valor daquela prova. Aduzem que a limitação da utilização da prova emprestada aos casos com identidades de partes, objeto e juízos colocaria em xeque o instituto, reduzindo excessivamente o seu campo de aplicação.[79]

Para aqueles que defendem a posição mais rígida, em não havendo observância dos requisitos, a prova será considerada ilícita. Nesse campo, a doutrina faz diferenciação entre prova atípica, por ofensa à norma constitucional, e ilegal, quando há inobservância de norma infraconstitucional.

Uma análise de julgados dos tribunais de segunda instância, assim como dos superiores, nos permite concluir que há uma tendência ao aproveitamento da prova emprestada, e para tanto, são utilizados os mais diversos argumentos, muitos dos quais estão em descompasso com as lições doutrinárias.

Sem dúvida, o que se busca com a prova emprestada é a descoberta da verdade, e a melhor posição é a de não desprezar o meio de prova que não cumpra todos os requisitos da prova constituenda, aproveitando-a com a ressalva de que a contraditório não foi pleno.

5.5.2. Confissão

A confissão é o reconhecimento feito pelo imputado da sua própria responsabilidade.[80] Tourinho Filho explica que a confissão pode ser explícita ou implícita. A primeira acontece quando o confitente reconhece

duzida, sob pena de violação ao contraditório." (PINHO, Humberto Dalla Bernardina de. PINHO, Humberto Dalla Bernardina de. *Direito processual civil contemporâneo*: processo de conhecimento, procedimentos especiais, processo de execução, processo nos tribunais e disposições finais e transitórias. vol. 2. 4ª ed. São Paulo: Saraiva, 2017. p. 184).

78 RABELO, Manuel Alves; PEREIRA, Lais Zumach Lemos. A prova emprestada e o contraditório no novo código de processo civil. *Revista Jurídica*, ano 64, n. 466, ago. 2016, pp. 19-23.

79 TEIXEIRA, Weldel de Brito Lemos. A prova emprestada no CPC/2015. In: DIDIER Jr., Fredie (coord.); MACÊDO, Lucas Buril de; PEIXOTO, Ravi; FREIRE, Alexandre (Org.). *Novo CPC - Doutrina selecionada*: processo de conhecimento - provas. v.3. Salvador: JusPodivm, 2015, p. 389.

80 TOURINHO FILHO, Fernando da Costa. *Processo penal*. Vol. 3..., p. 281.

de forma clara a autoria do fato que lhe é imputado. A segunda, quando o autor do suposto delito procura ressarcir o ofendido dos prejuízos decorrentes do ato ilícito.

De acordo com Rafael Estrela Nóbrega, há três espécies de confissão: simples, complexa e qualificada. Na simples, o confitente se limita a atribuir a si a prática de infração penal. A confissão complexa é aquela que abarca duas ou mais imputações. Na confissão qualificada, o imputado admite a infração, afirmando, todavia, que agiu acobertado por circunstância que exclua o crime ou o isente de pena.[81]

A confissão pode ser extrajudicial ou judicial. Esta é feita em juízo. A extrajudicial acontece na ausência do juiz, por exemplo, por meio de um documento assinado, ou perante uma autoridade policial. A confissão extrajudicial, segundo Tourinho Filho, tem valor de mero indício.[82]

Traço marcante da confissão é a espontaneidade. É retratável e divisível, conforme disciplina o artigo 200 do CPP. O imputado pode confessar em parte a prática de uma imputação. Se é atribuída a conduta de roubo a um réu e ele diz que praticou a subtração para si de coisa alheia móvel, mas sem emprego de violência ou grave ameaça, ele confessou em parte a imputação, atribuindo-se um furto.

Apesar da sua importância, ao menos em nosso ordenamento jurídico, que sempre a reconheceu como espécie premiada de colaboração processual, porquanto atenuante de pena, a confissão não é prova absoluta. Outrora foi considerada a rainha das provas, arrancada do réu por meio de torturas, a história mostra que seu valor deve ser relativo.

Em princípio, a confissão deve ser tida como verdadeira, porque ninguém melhor do que o autor da infração pode saber se é ou não culpado para imputação que lhe se faz.[83]

Sem embargo, é preciso se ter em mente que vários motivos podem levar um réu a confessar. Pode fazê-lo por arrependimento; para obtenção de uma atenuante; a fim de livrar um terceiro ou um coautor da responsabilização criminal; para afastamento de uma causa de diminuição de pena; nos países que admitem a pena de morte, em razão a vontade de encará-la; devido a enfermidade mental, etc.

Assim, o Código de Processo Penal, no artigo 197, como consignado anteriormente, estabelece que o valor da confissão se aferirá pelos critérios adotados para os outros elementos de prova, e para a sua

81 NÓBREGA, Rafael Estrela. Op. cit., p. 75.

82 Ibidem, p.284.

83 TOURINHO FILHO, Fernando da Costa. *Processo penal*. vol. 3..., pp. 281-282.

apreciação o juiz deverá confrontá-la com as demais provas do processo, verificando se entre ela e estas existe compatibilidade ou concordância. À guisa de exemplo:

> Recurso em Habeas Corpus recebido como Habeas Corpus. Princípio do livre convencimento motivado do Juiz. Valoração de provas. Confissão. Princípio do favor rei. 1. Recurso em habeas corpus, interposto contra acórdãos já transitados em julgado, que não observa os requisitos formais de regularidade providos no artigo 310 do RISTF, mas que merece ser recebido como habeas corpus. 2. Não constitui reexame de matéria fático-probatória a análise, em cada caso concreto, da força probante dos elementos de prova relativos a fatos incontroversos. **3. Vige em nosso sistema o princípio do livre convencimento motivado ou da persuasão racional, segundo o qual compete ao Juiz da causa valorar com ampla liberdade os elementos de prova constantes dos autos, desde que o faça motivadamente, com o que se permite a aferição dos parâmetros de legalidade e de razoabilidade adotados nessa operação intelectual. Não vigora mais entre nós o sistema das provas tarifadas, segundo o qual o legislador estabelecia previamente o valor, a força probante de cada meio de prova. 4. Tem-se, assim, que a confissão do réu, quando desarmônica com as demais provas do processo, deve ser valorada com reservas. Inteligência do artigo 197 do Código de Processo Penal.** 5. A sentença absolutória de 1º grau apontou motivos robustos para pôr em dúvida a autoria do delito. Malgrado a confissão havida, as demais provas dos autos sustentam, quando menos, a aplicação do princípio do favor rei. 6. Habeas corpus concedido.
> (RHC 91691 / SP, Rel. Min. Menezes Direito, Primeira Turma, DJe 07/04/2008)

O valor relativo da confissão deve-se ao interesse do Estado na conservação do direito de liberdade dos inocentes.

Como observa Paulo Rangel, para quem a verdade processual é princípio:

> O princípio da verdade processual faz com que, no processo penal, nem a confissão do acusado tenha valor absoluto, pois seu valor é relativo e deve ser contraposto aos demais elementos de prova do processo. Não mais a rainha das provas do processo penal nem é prefixada uma hierarquia entre ela (c.f. Exposição de Motivos, item VII).[84]

84 RANGEL, Paulo. *Direito processual penal.* 7ª ed., rev., ampl. e atual. Rio de Janeiro: Editora Lumen Juris, 2003, p. 10.

Importa consignar que o processo penal não admite confissão ficta.[85]

Lecionando sobre processo civil, Michele Taruffo e Gian Antonio Michele destacam que nos países do *civil law* o interrogatório das partes é encarado como uma maneira de instrução distinta do testemunho, em decorrência da presunção de que a declaração das partes se aproxima mais da verdade real. Todavia, isto se dá somente quando elas declaram os fatos desfavoráveis a elas mesmas. Enfatizam os renomados autores que a forma típica para que as partes colaborem com a procura da verdade deveria ser a confissão, mas a segurança da confissão ainda é muito debatida na doutrina. Pontuam, ainda, que a desconfiança sobre a disposição de direito por meio da confissão se deve ao fato de que a parte que confessa pode declarar fatos falsos contrários a seu interesse.

Comentando especificamente sobre o Direito Processual italiano, registram que a diferença fundamental que existe entre o interrogatório livre de uma parte (quando não se visa a obter uma confissão) e a confissão, propriamente dita, é a de que os resultados do primeiro são livremente apreciados pelo juiz,[86] ao passo que, normalmente, a confissão tem eficácia de "prova legal", não podendo, por conseguinte, ser livremente apreciada pelo juiz.[87]

5.5.3. *Hearsay evidence*

A Constituição dos Estados Unidos da América – *The Bill of Rights* – estatui, em sua Sexta Emenda, o direito de o acusado confrontar as testemunhas.[88]

---

85 BADARÓ, Gustavo Henrique. *Processo penal.* 3ª ed., São Paulo: Revista dos Tribunais, 2015, p. 447.

86 Segundo Antônio Magalhães Gomes Filho, trata-se de "argumento de prova". GOMES FILHO, Antonio Magalhães. Op. cit., pp. 312-313.

87 MICHELE, Gian Antonio; TARUFFO, Michele. *A prova...*, p. 158.

88 Amendment VI (6): Rights to a fair trial. In all criminal prosecutions, the accused shall enjoy the right to a speedy and public trial, by an impartial jury of the State and district wherein the crime shall have been committed; which district shall have been previously ascertained by law, and to be informed of the nature and cause of the accusation; to be confronted with the witnesses against him; to have compulsory process for obtaining witnesses in his favor, and to have the assistance of counsel for his defence. Tradução: "Sexta Emenda - Em todos os processos criminais o acusado terá direito a julgamento rápido e público, por júri imparcial no Estado e distrito onde o crime houver sido cometido, distrito esse que será previamente delimitado por lei; a ser informado da natureza e causa da acusação; a ser

Doutor no tema, Diogo Malan explica:

> A ideia central é a seguinte: o *right of confrontation* impõe que todo o saber testemunhal incriminador passível de valoração pelo juiz seja produzido sob a forma pública, oral, na presença do julgador e do acusado submetido à inquirição deste último. Logo, a declaração de uma determinada testemunha não pode ser admitida como elemento de prova contra o acusado, a não ser que ela tenha sido prestada nas sobreditas condições.[89]

Nos Estados Unidos da América, assim como nos países do *common law*, o direito de as partes contraditarem as testemunhas, de fazerem reperguntas, é enraizado no ordenamento jurídico. Os depoimentos prestados sem que haja a possibilidade de reperguntas é denominado *hearsay evidence* e tem utilização restrita.[90]

Malan chama a atenção para o conteúdo multifacetado do direito ao confronto, que se consubstancia no direito fundamental do acusado: a) à produção da prova testemunhal em audiência pública; b) a presenciar a produção da prova testemunhal; c) à produção da prova testemunhal na presença do julgador do mérito da causa; d) à imposição do compromisso de dizer a verdade às testemunhas; e) a conhecer a verdadeira identidade das fontes de prova testemunhal; f) a inquirir as fontes de prova testemunhal desfavoráveis, de forma contemporânea à produção de pro-

---

acareado com as testemunhas que lhe são adversas; a dispor de meios compulsórios para forçar o comparecimento de testemunhas da defesa e a ser assistido por advogado." Íntegra da tradução em: http://www.uel.br/pessoal/jneto/gradua/historia/recdida/ConstituicaoEUARecDidaPESSOALJNETO.pdf.

---

89 MALAN, Diego Rouge. *Direito ao confronto no processo penal...*, p. 78.

90 "Segundo reza a Sexta emenda à Carta Política estadunidense, 'em todas as persecuções penais o acusado terá o direito [...] a ser confrontado com as testemunhas contrárias a si'. [...] De início, é interessante notar que, segundo a doutrina e a jurisprudência anglo-americanas tradicionais, o conteúdo desse direito se confunde com o da *hearsay rule* (cf. Seção 1.5., supra). [...] A consequência prática dessa orientação é a seguinte: a aferição casuística do respeito ao *right of confrontation* é feita tão só com base no critério do enquadramento ou não da declaração testemunhal em uma das exceções à *hearsay rules*. Vale dizer: caso a declaração testemunhal se enquadre em uma dessas exceções, o direito ao confronto é automaticamente considerado respeitado, ao ensejo da admissão do elemento probatório." MALAN, Diego Rouge. *Direito ao confronto no processo penal....*, pp. 74-75.

va testemunhal; g) a se comunicar de forma livre, reservada e ininterrupta com seu defensor técnico, durante a inquirição das testemunhas.[91]

A fim de viabilizar este direito constitucional, as *Federal Rules of Evidence* vedam a utilização do testemunho indireto (*hearsay*). O *hearsay* é conceituado pelo artigo 801 (c) das *Federal Rules of Evidence*: "*hearsay é uma declaração diversa daquela proferida pela testemunha enquanto depõe no julgamento, oferecida como meio de prova para comprovar a veracidade da questão afirmada*".

A declaração, para fins de *hearsay*, se traduz como "*uma asserção oral ou escrita ou uma conduta não verbal de uma pessoa, caso a pessoa a pratique com a intenção de fazer uma asserção*" (artigo 801(a) das *Federal Rules of Evidence*).[92]

Mirjan Damaska explana que, tal como o testemunho de ouvir dizer[93], as declarações prestadas extrajudicialmente são consideradas testemunhos indiretos, revelando a sua preocupação com o uso deste instrumento.[94]

As declarações produzidas extrajudicialmente perante servidores públicos, em regra, não são admitidas em juízo, pois se daria azo a uma fenda para a produção de declarações na ausência dos incriminados. Haveria verdadeira burla ao procedimento legal instituído.[95]

Sem embargo, há exceções à inadmissão do *hearsay*. E são muitas, cerca de três dezenas de hipóteses. As regras contidas nos artigos 803 e 804 das *Federal Rules of Evidence* preveem dois grandes grupos de situações em que os testemunhos indiretos são admitidos. No primeiro,

---

91 Ibidem, pp. 85-86.

92 Ibidem, p. 52.

93 Alexandre Chini, Juiz do Tribunal de Justiça do Estado do Rio de Janeiro, tem interessante artigo sobre o tema no direito brasileiro. CHINI, Alexandre. *Ensaio sobre o testemunho de ouvir dizer.* Disponível em: http://portaltj.tjrj.jus.br/c/document_library/get_file?uuid=6c3f0f55-ff1b-42fd-bfee-cd47465baace&groupId=10136. Acesso em: 02 nov. 2018..

94 "A witness reproduces a previously made probativa statement in court. A letter submitted to the court describes an individual's observatiton of factis to be proved. In both situations, the means of prof-the witnesse and the letter-draw their probative validity from an ulterior informational source. In this sense they are derivative means of proof. That the use of such informational sources is potentially dangerous to accurate factfinding is an old insight, shared by a great variety of adjudicative systems, past and present, regardless of wheter they embraced an encompassing hearsay concept." (DAMASKA, Mirjan. Of hearsay ant its analogues. *Minnesota law review*, vol. 76:425, 1991. p.425).

95 MALAN, Diego Rouge. *Direito ao confronto no processo penal...*, pp. 80-81.

os testemunhos indiretos são aceitos porque considerados de boa qualidade epistemológica, tão confiáveis quanto os testemunhos diretos. No segundo, apesar de não tão fidedigno, vislumbra-se a impossibilidade material de produção da prova oral direta.[96] Dentre as várias possibilidades, estão elencadas as seguintes situações: a) a testemunha que se recusa a depor, não obstante a ordem do juiz; b) a testemunha alega não se recordar dos fatos; c) a testemunha não pode depor, por motivo de enfermidade física ou mental; d) a testemunha está ausente, pois a parte proponente não conseguiu forçar a testemunha a comparecer por notificação ou quaisquer outros meios razoáveis.

Daniel Paulo Fontana Bragagnollo, em profunda pesquisa apresentada em sua dissertação de mestrado, defende que o direito ao confronto ingressou no ordenamento jurídico pátrio, com *status* constitucional, através de tratados internacionais, em razão do que determina o artigo 5º, §§2º e 3º, da CRFB/88.[97 e 98]

São três os tratados que estatuem o direito ao confronto como integrante do rol de direitos humanos.

O PIDCP (Pacto Internacional sobre Direitos Civis e Políticos), que foi aprovado pela Assembleia Geral da Organização das Nações Unidas (ONU) em 16 de dezembro de 1966 e promulgado, sem ressalvas, pela República Federativa do Brasil em 06 de julho de 1992, por meio do Decreto nº 592.[99]

A CADH (Convenção Americana sobre Direitos Humanos), também conhecida o nome de Pacto de São José da Costa Rica. Foi adotada pela Organização dos Estados Americanos (OEA) em 22 de novembro de

---

96 Ibidem, p. 57.

97 BRAGAGNOLLO, Daniel Paulo Fontana. *Direito ao confronto e declarações do corréu*. Dissertação de Mestrado. Orientador: Professor Associado Dr. Maurício Zanoide de Moraes. Universidade de São Paulo - Faculdade de Direito. São Paulo - SP, 2018, pp. 30-36.

98 "Art. 5º [...] § 2º. Os direitos e garantias expressos nesta Constituição não excluem outros decorrentes do regime e dos princípios por ela adotados, ou dos tratados internacionais em que a República Federativa do Brasil seja parte. § 3º. Os tratados e convenções internacionais sobre direitos humanos que forem aprovados, em cada Casa do Congresso Nacional, em dois turnos, por três quintos dos votos dos respectivos membros, serão equivalentes às emendas constitucionais."

99 Art. 14(3)(e) do PIDCP: "Toda pessoa acusada de um delito terá direito, em plena igualmente, a, pelo menos, as seguintes garantias: [...] e) a interrogar ou fazer interrogar as testemunhas de acusação [...]".

1969 e promulgada pelo Brasil, com ressalvas, em 06 de novembro de 1992, por meio do Decreto nº 678.[100]

O ERTPI (Estatuto de Roma do Tribunal Penal Internacional), adotado em 17 de julho de 1988, em Roma, por 122 (cento e vinte e dois) Estados-membros da ONU, foi promulgado pelo Brasil em 25 de setembro de 2002, por meio do Decreto nº 4.38834.[101]

100 Art. 8(2)(f) do CADH: "2. [...] Durante o processo, toda pessoa tem direito, em plena igualdade, às seguintes garantias mínimas: [...] f) direito da defesa de inquirir as testemunhas presentes no tribunal [...]".

101 Art. 67 do ERTPI: "1. Durante a apreciação de quaisquer fatos constantes da acusação, o acusado tem direito [...] e) A inquirir ou a fazer inquirir as testemunhas de acusação".

CONCLUSÃO PARCIAL

O depoimento do colaborador é ponto nodal da colaboração premiada. A lei exige que o colaborador, caso não se retrate da proposta de acordo até a homologação judicial, ao ser chamado a prestar depoimento em juízo, renuncie ao direito de manter-se em silêncio e preste o compromisso de dizer a verdade.

A palavra do colaborador não se confunde com o acordo de delação premiada. O acordo tem natureza de negócio jurídico, ao passo que o depoimento tem natureza de prova testemunhal. Embora precise estar acompanhada de outros elementos de prova, a palavra do colaborador tem papel de destaque no desvelar da verdade.

Caso o colaborador não ratifique o depoimento colhido perante a autoridade policial ou Ministério Público na fase investigativa, é preciso avaliar o motivo por que a prova testemunhal não pôde ser produzida.

A depender da razão, a prova documental produzida a partir dos depoimentos extrajudiciais do delator poderá ser aproveitada. Para tanto, o julgador poderá traçar um paralelo com a avaliação que se faz à prova emprestada, à confissão e ao *hearsay testimony*.

Tanto os ordenamentos jurídicos de *civil law*, quanto de *common law*, abrem exceções à utilização de prova produzida extrajudicialmente. Ademais, há outros elementos de prova, como a confissão, que têm o valor relativo, mas são, ainda assim, considerados importantes instrumentos de revelação da verdade.

Em hipóteses como a mudança de estratégia defensiva após a homologação do acordo, ou a irrepetibilidade do depoimento por causas naturais ou humanas, o depoimento extrajudicial poderá ser utilizado, valorando-se de forma fundamentada. O julgador deverá levar em consideração que o contraditório foi mitigado, indicando concretamente a relação que o depoimento extrajudicial tem como os demais elementos de convicção.

Deste modo, o julgador terá se desincumbido da sua tarefa de aplicar a persuasão racional.

CONCLUSÃO

O homem organizou-se em sociedade para se proteger. Apesar de dispor de parcela de sua liberdade, ainda não descobriu forma melhor de viver. As sociedades, em sua maioria, ordenam-se por meio da constituição de Estados, que fixam regras de convivência entre seus membros. Os Estados Modernos são dotados de elementos essenciais: soberania; território; povo e finalidade.

O Estado Constitucional, ajustado a um sistema de princípios constitucionais, surge simultaneamente ao Estado Democrático, como reação ao absolutismo. A limitação aos poderes do Estado Absolutista justificou a teoria da separação de poderes, desenvolvida como um modelo de coexistência dos Poderes Executivo, Legislativo e Judiciário, harmônicos e independentes entre si, relacionados por meio de um sistema de freios e contrapesos (*check and balances*).

As Constituições pensadas a partir das aspirações liberais burguesas, depois do segundo pós-guerra, em genuína fase de redemocratização, com o propósito de efetivarem os direitos civis e políticos, proclamaram de igual sorte os direitos econômicos, sociais e culturais. Aumentou-se, com isso, o papel do Estado como garantidor e efetivador de direitos, dando início ao movimento que se denominou Neoconstitucionalismo.

Seguindo a linha do processo constitucional, o Código de Processo Civil de 2015 reconhece uma série de garantias fundamentais e tem preocupação em dar máxima efetividade aos direitos e acesso à ordem jurídica justa.

O Código de Processo Penal não acompanhou a evolução perpetrada no plano do processo civil, tendo recebido apenas algumas alterações pontuais, a exemplo da Lei nº 10.792/2003 (interrogatório na presença do defensor e advertência sobre o direito ao silêncio sem prejuízo da defesa), da Lei nº 13.257/2016 (informação sobre a existência de filhos para eventual cumprimento de prisão provisória em regime domiciliar), da Lei nº 11.719/2008 (procedimento com interrogatório ao final), bem como da recente Lei nº 13.964/19 (Lei Anticrime).

É forte a corrente doutrinária que advoga a existência de uma Teoria Geral do Processo e a aplicação de institutos dos ramos do Direito Processual uns aos outros, de forma supletiva e subsidiária. O Código de Processo Penal, em seu artigo 3º, admite expressamente a interpretação extensiva e a aplicação analógica dos princípios gerais do direito. Desse modo, aplicam-se os princípios do direito processual civil ao processo penal no que não forem incompatíveis, em legítimo diálogo das fontes.

Abalizada doutrina alberga a possibilidade de utilização das seguintes normas próprias do processo civil ao processo penal, dentre outras: a) cooperação entre as partes; b) oportunidade de exercício do contraditório para se proceder à *emendatio libelli*; c) a participação de *amicus curiae*; d) convenções processuais e flexibilização procedimental; e) uniformização de jurisprudência; f) produção de prova emprestada; g) conciliação e mediação no processo penal.

Sem embargo, a doutrina processual penal mais tradicional ainda é refratária às inovações do processo civil, reflexo da utilização de um diploma processual penal forjado sob a cobertura da ditadura.

Os conflitos de interesses são resolvidos pelo Estado por meio do Poder Judiciário, tendo sido restringido o exercício da autotutela. No orbe criminal, o Estado é responsável por tutelar o seu próprio direito de punir, sem se descurar de proteger o direito de liberdade do incriminado. Desincumbe-se desta empreitada por meio do processo penal.

Atualmente, os Estados estimulam a autocomposição, inclusive com a utilização da Justiça Criminal Negocial. A transação penal, a composição civil, a suspensão condicional do processo e o acordo de delação premiada são exemplos de que, na seara penal, cooperação e composição de interesses podem ser boas medidas para o atingimento de soluções que alcancem resultados efetivos e mitiguem prejuízos.

O Estado não pode autoexecutar a sua pretensão. É necessário criar um ambiente dialético, cercado de garantias essenciais à dignidade humana (artigo 1º, III, da CRFB/88) para o reconhecimento do crime e aplicação da pena ao seu autor.

A resolução do processo depende da obtenção do máximo de elementos possíveis para a aproximação da verdade dos fatos em discussão. Do estabelecimento da verdade depende a prolação de decisões justas. Muito se debruça na discussão sobre a importância da verdade na resolução das lides. Os sistemas derivados do *common law* admitem a verdade como um fator acessório na resolução do conflito, tendo como mote central para a pacificação social a justa composição da lide (Carnelutti). Enxergam, pois, a verdade como coerência. Neste cenário, a prova tem tarefa persuasiva. Por outro lado, os sistemas conformados ao *civil law* veem na verdade um elemento de alicerce, a correspondência com os fatos no mundo empírico.

Desta feita, a prova teria o escopo de demonstrar a verdade para a aplicação da lei aos casos concretos, como base em critérios objetivos e no interesse geral da Justiça (Chiovenda).

Não se pode desprezar o papel retórico da prova, mas não a ponto de a verdade parecer um mero efeito colateral. O ideal é que as duas posições comunguem, para que a justa composição da lide observe a atuação concreta da lei.

Nesta linha de pensamento, o juiz, em havendo versões coerentes dos fatos sob julgo, deve eleger para fundamento das decisões aquele que mais se aproxima da correspondência com a verdade, pois a probabilidade de se atingir a decisão justa será maior.

Para consecução deste objetivo, a prova tem o principal assento no processo. A palavra prova tem diversas acepções. É categoria metajurídica, emprestada da realidade da vida ao Direito. Na linguagem jurídica, é utilizada para designar, dentre outros significados: a) atividade probatória; b) meios de prova; c) resultado da atividade probatória; d) elementos de prova; e) meios de pesquisa ou de obtenção de prova

Meio de prova são os instrumentos ou atividades manejadas processualmente para a produção de dados probatórios (elementos de prova). Os meios de prova típicos são: o depoimento pessoal das partes (no processo civil); a prova documental; a prova pericial; a inspeção judicial; a prova emprestada; e a prova testemunhal. Os meios de prova atípicos são aqueles que não têm forma prevista em lei.

O nosso ordenamento jurídico não adota o sistema de prova legais. Não há valor tarifado para as provas, mas alguns meios e elementos de prova têm valor relativo (depoimento do colaborador premiado, prova emprestada, confissão). O sistema probatório brasileiro é o da persuasão racional, segundo o qual a valoração da prova tem que ser analítica.

Os meios de prova diferenciam-se dos meios de pesquisa ou obtenção de prova na medida em que este último tem por objetivo arrecadar provas materiais. São procedimentos previstos em lei, por exemplo, a busca e apreensão, a interceptação telefônica, a quebra de sigilo de dados bancários, a ação controlada, a infiltração de agentes e o acordo de colaboração premiada.

Característica distintiva consubstancia-se em que os meios de pesquisa ou obtenção de provas são produzidos, normalmente, sem contraditório, com o emprego de surpresa, ao passo que os meios de prova, mormente quando a prova é constituenda (produzida em juízo), são forjados sob o contraditório.

A colaboração premiada é instituto que na legislação pátria remonta às Ordenações Filipinas. Os resultados das Inconfidências Mineira e Baiana, a título de exemplo, decorreram de atos de colaboração premiada.

Após cair em desuso, por ter sido taxada de imoral, equipada à traição, a colaboração premiada foi reintroduzida ao ordenamento jurídico brasileiro com a Lei dos Crimes Hediondos, reação à explosão da violência urbana no final dos anos 80 e início dos 90. A Lei dos Crimes

Hediondos teve grande apelo público, e chegou a sofrer modificação por lei de iniciativa popular (Lei nº 8.930/1994), cujo embrião foi a morte de uma jovem atriz, Daniella Perez, em dezembro de 1992.

Nas duas décadas seguintes, várias outras leis alargaram o campo de aplicação do instituto (a título de ilustração: Lei nº 9.613/1998 - dispõe sobre os crimes de lavagem de dinheiro; Lei nº 9.807/1999 - proteção à testemunha e vítimas ameaçadas; Lei nº 11.343/2006 - Antidrogas).

Popularmente, o mecanismo é chamado de delação premiada, e caiu nas graças dos brasileiros após a deflagração de diversas operações policiais em conjunto com o Ministério Público, em especial aquela denomina "Lava Jato", que culminaram na prisão de famosos personagens do meio político.

A doutrina trava debate acerca da constitucionalidade da colaboração premiada, haja vista seu fomento à traição recompensada e caráter utilitarista. Em vista da falência dos instrumentos tradicionais de combate às organizações criminosas, a maioria da doutrina entende que o instituto se revela um "mal necessário", tendo recebido a chancela das Cortes de Vértice.

A colaboração premiada é adotada em diversos países, tais quais Itália, Espanha, Portugal, Alemanha, Argentina, Estados Unidos da América e Inglaterra. No Brasil, sofreu influência dos institutos norte-americano (*plea bargaining*) e italiano (*pentitismo*).

A colaboração premiada pode ser unilateral ou bilateral. Naquela, o incriminado resolve cooperar, unilateralmente, e recebe do julgador do benefício legal, redução de pena e alteração do regime do cumprimento, a depender da profundidade e efetividade de sua colaboração e seu grau de culpabilidade. A colaboração unilateral é aquela existente antes da edição da Lei nº 12.850/2013, que estatuiu a colaboração premiada bilateral. Ainda está em vigor na Lei de Crimes Hediondos, no Código Penal, na Lei de Proteção à Testemunha e Vítimas Ameaçadas, na Lei de Crimes de Lavagem de Dinheiro, na Lei dos Crimes contra o Sistema Financeiro Nacional, na Lei dos Crimes contra a Ordem Tributária, Econômica e contra as Relações de Consumo e na Lei Antidrogas.

A colaboração processual é gênero dentro do qual estão inseridas formas de cooperação do incriminado: confissão; chamamento de corréu; delação, colaboração (delação) premiada e colaboração processual *stricto sensu*.

A colaboração premiada bilateral é negócio jurídico previsto na Lei nº 12.850/2013 que tem natureza mista, material e processual e depende de homologação judicial para ter validade e eficácia. Para homologar o acordo, o juiz deve verificar sua a voluntariedade, adequação, regularidade e legalidade.

O acordo pode ser celebrado antes da denúncia, entre a autoridade policial e/ou o Ministério Público e o incriminado, ou, ainda, no curso do processo ou fase executiva da pena. Os benefícios são: concessão de perdão judicial; redução de pena privativa de liberdade em até 2/3, ou substituição por pena restritiva de direitos ao imputado que tenha colaborado efetiva e voluntariamente com a investigação e com o processo criminal, desde que dessa colaboração advenha um ou mais dos seguintes resultados: 1) a identificação dos demais coautores e partícipes da organização criminosa e das infrações penais por eles praticadas; 2) a revelação da estrutura hierárquica e da divisão de tarefas da organização criminosa; 3) a prevenção de infrações penais decorrentes das atividades da organização criminosa; 4) a recuperação total ou parcial do produto ou do proveito das infrações penais praticadas pela organização criminosa; 5) a localização de eventual vítima com a sua integridade física preservada.

O Ministério Público poderá deixar de oferecer a denúncia se o colaborador não foi o líder da organização criminosa e for o primeiro a prestar efetiva colaboração, concomitantemente ao fato de a proposta de acordo de colaboração se referir à infração de cuja existência o *parquet* não tenha prévio conhecimento.

O prazo para oferecimento da denúncia ou o processo, assim como a prescrição, poderão ficar suspensos relativamente ao colaborador pelo prazo de até seis meses, prorrogável por igual período, para cumprimento das medidas de colaboração.

O juiz não poderá participar nas negociações e o réu deverá obrigatoriamente estar acompanhado de defensor.

A despeito da controvérsia doutrinária sobre a natureza do acordo de colaboração premiada, a posição que prevalece e que se afigura mais técnica é a de que se trata de meio de pesquisa ou de obtenção de provas.

Várias avenças têm sido praticadas fora das hipóteses legais. Aguarda-se a definição jurisprudencial sobre esta possibilidade (a exemplo da fixação do quantitativo da pena e a imposição de multas).

O depoimento do colaborador não se confunde com o acordo de delação premiada. Tanto a colaboração unilateral, quanto o acordo de colaboração, dependem da palavra do colaborador (delator). Na colaboração unilateral, a palavra do incriminado é considerada pelo julgador independentemente de acordo. Na bilateral, as palavras (depoimento) são colhidas, sempre que possível, pelos meios ou recursos de gravação magnética, estenotipia, digital ou técnica similar, inclusive audiovisual, destinados a obter maior fidelidade das informações, e acompanham o termo do acordo, que contém as suas cláusulas, assim como cópia da investigação, para homologação judicial.

Efetivada a homologação judicial, o delator poderá rescindir o acordo, como estratégia defensiva, corolário do seu direito à ampla defesa. Neste caso, sofrerá os efeitos do negócio jurídico celebrado, podendo perder o direito aos prêmios e as provas poderão ser utilizadas contra si e em face dos delatados, pois o acordo mantém sua eficácia executiva.

O colaborador pode ser chamado a prestar declarações em juízo. Para tanto, deverá renunciar ao direito de manter-se em silêncio e prestará o compromisso de dizer a verdade. Conclui-se que se estabeleceu na Lei nº 12.850/2013 uma subespécie de prova oral: o testemunho do colaborador premiado, cujo valor é relativizado pela própria lei, tal qual a confissão.

Se o colaborador premiado for notificado a prestar depoimento perante outro juízo que não o criminal, em processo do qual não seja parte, mas sobre os mesmos fatos que foram objeto do acordo de colaboração premiada, ainda que interessado deverá renunciar ao direito a manter-se em silêncio e prestar o compromisso de dizer a verdade. Isto porque o ato ilícito pode ter repercussões simultâneas nas competências penal, civil, administrativa, eleitoral, etc.

O delator tem muito a perder caso minta ou omita a verdade em juízo. Ao celebrar o acordo, pratica ato de imensa renúncia. Cumprirá pena, pagará multa, terá sua intimidade exposta, bens perdidos, sua família sofrerá julgamento social e rompimento de círculos de amizade, dentre outras agruras. Ele não pode errar, pois a perda dos benefícios terá sido assaz custosa. Assim, malgrado a cautela legal de o depoimento do delator não poder ser prova exclusiva para se impor condenação, porquanto interessado no resultado do processo, a sua palavra merece, sim, crédito.

A retratação do acordo somente poderá ocorrer até a homologação judicial. Em havendo retratação, as provas entregues pelo colaborador não poderão ser empregadas em seu desfavor, somente em relação aos delatados. Sucede que, de forma indireta, as provas poderão acabar servindo para a comprovação do liame subjetivo do delator com os delatados, atingindo em ricochete, o ex-colaborador.

Se o colaborador mentir em juízo, poderá responder por falso testemunho (art. 342 do CP) ou por falsa colaboração (artigo 19 da Lei nº 12.850/2013). A exigência legal de prestar compromisso erige o delator, para todos os efeitos, à condição de testemunha, cuja palavra tem valoração legal relativa. Confere-se ao colaborador, no entanto, o direito de prestar depoimento sem o contato visual com os delatados, a fim de evitar maiores constrangimentos.

Caso o conteúdo do depoimento extrajudicial do colaborador não seja ratificado, em virtude de ter se tornado irrepetível por causas naturais (morte, desastre, enfermidade que comprometa a saúde física ou mental) ou por atos ilícitos (ameaça, suborno, sequestro, violência), o juiz, apropriando-se de paradigmas próprios de outros meios ou elementos de prova com valor relativo, a exemplo da confissão, da prova emprestada ou do *hearsay testimony*, observado o contraditório diferido, poderá valorar a palavra colhida pelo Ministério Público. Não se pode taxar de imprestável um depoimento prestado na presença de defensor. A toda evidência, o julgador deverá ser analítico ao cotejar todos os elementos de convicção e observar que o contraditório não foi perfeito, porquanto o colaborador não foi submetido ao confronto pelos delatados.

POSFÁCIO

Felipe Gonçalves é um dos mais promissores valores da nova geração de processualistas brasileiros. Tenho acompanhado sua carreira desde os bancos da graduação, na Faculdade de Direito da UERJ. Primeiro na graduação, depois ao longo do mestrado e, agora, como doutorando na Casa.

Paralelamente, vem consolidando sua brilhante carreira na magistratura fluminense. É um juiz sério, atento, sensível, humano e extremamente dedicado. Não é por acaso que foi precocemente escolhido e aclamado por seus colegas como Presidente da Associação dos Magistrados do Estado do Rio de Janeiro – AMAERJ, uma das mais combativas e atuantes associações de classe do país.

Em "Colaboração premiada: a palavra do colaborador como meio de prova e a busca da verdade", versão comercial de sua dissertação de mestrado aprovada com louvor por rigorosa banca examinadora que tive o privilégio de presidir, Felipe Gonçalves busca explorar a temática das novas técnicas de produção de provas.

O primeiro capítulo traça paralelos importantes entre o Direito Processual Civil e o Direito Processual Penal. O texto traz, ainda, abordagens de Direito Comparado com o objetivo de complementar os temas expostos.

A obra dedica um capítulo ao acordo de colaboração premiada. É notória a amplificação da utilização destes acordos no desmanche de grandes esquemas de corrupção no país nos últimos anos. Igualmente, o procedimento disciplinado pela Lei nº 12.850/13, alterada pela Lei nº 13.964/19 (Lei Anticrime), é detalhado neste livro.

Este meio de obtenção de prova, como é classificado pela Lei nº 12.850/13, propicia diversos questionamentos. Seu caráter utilitarista tem gerado críticas de parcela da doutrina. Sem embargo, para o autor, observadas as garantias constitucionais, é positiva a utilização da colaboração premiada em razão da atuação silenciosa das organizações criminosas. Uma das formas eficazes de obtenção de provas para a incriminação dos integrantes do grupo de infratores é, justamente, a colaboração de envolvidos.

Felipe Gonçalves sustenta que o depoimento do colaborador é ponto nodal da colaboração premiada. A lei exige que o colaborador, caso não se retrate da proposta de acordo até a homologação judicial, ao ser chamado a prestar depoimento em juízo, renuncie ao direito de manter-se em silêncio e preste o compromisso de dizer a verdade.

Ele destaca que, não obstante, a palavra do colaborador não se confunde com o acordo de delação premiada, uma vez que o acordo tem natureza de negócio jurídico, ao passo que o depoimento tem natureza de prova testemunhal.

Ainda assim, como o colaborador premiado é interessado no resultado do processo, sua palavra precisa estar acompanhada de mais elementos de prova, ainda que tenha papel de destaque na busca pela verdade.

Assim, é indiscutível, no atual estágio de nossa evolução normativa, a possibilidade de transacionar em matérias de direitos indisponíveis, mesmo que na seara penal e sancionadora.

É nesse cenário que o autor aborda temas relevantes e atuais. A Justiça Penal negociada, os acordos, os meios de obtenção de provas e o caráter instrumental das ferramentas de obtenção de consenso. O que de fato deve sempre subsistir é a reverência aos princípios constitucionais. É nesse sentido que se posiciona o autor, com a firmeza necessária.

Rio de Janeiro, agosto de 2020.

Humberto Dalla Bernardina de Pinho

Professor Titular na UERJ

Membro do MPRJ

REFERÊNCIAS BIBLIOGRÁFICAS

ABE, Jair Minoro. *Verdade pragmática*. Disponível em http://www.scielo.br/scielo.php?script=sci_arttext&pid=S0103-40141991000200010. Acesso em: 01 jun. 2020.

ALMEIDA, Lucas Laire Faria. Rompendo la omertá: considerações sobre a delação. In: ESPIÑERA, Bruno; CALDEIRA, Felipe (orgs.). *Delação premiada: estudos em homenagem ao Ministro Marco Aurélio de Mello*. 2ª ed., Belo Horizonte: Editora D'Plácido, 2017.

ALVES, Fábio Wellington Ataíde. O retorno dos prêmios pela cabeça? Um estudo sobre a possibilidade de reperguntas no interrogatório do corréu delator, com enfoque a partir do direito de mentor e do novo ordenamento da delação premial. In: *Revista dos Tribunais*. vol. 809, mar. 2003.

ANDREWS, Neil. Identifying fundamental principles of civil justice. *Revista de Processo*, vol. 178, dez. 2009.

ANGELINI, Roberto. A negociação das penas no direito italiano. *Revista JULGAR*, nº 19, Coimbra Editora, 2013, p. 221. Disponível em: julgar.pt/a-negociacao-das-penas-no-direito-italiano/. Acesso em: 30 jan. 2018.

AQUINO, José Carlos G. Xavier de. *A prova testemunhal no processo penal brasileiro*, 6ª ed., São Paulo: Editora Letras Jurídicas, 2016.

AQUINO, Santo Tomás de. *Escritos políticos de Santo Tomás de Aquino*. Tradução de Francisco Benjamin de Souza Neto. Petrópolis: Vozes, 1995.

ARISTÓTELES. *Política*. Tradução de José Oscar de Almeida Marques. IFCH-Unicamp, Departamento de Filosofia, Campinas. Disponível em: http://www.unicamp.br/~jmarques/cursos/1998-hg-022/politica.doc. Acesso em: 02 jun. 2020.

AROCA, Juan Montero. Sobre el mito autoritario de la "buena fé" procesal. *Revista Boliviana de Derecho*, n. 2, Santa Cruz, Bolivia: Fundacion Iuris Tantum, 2006, pp. 87-133. Disponível em: http://www.redalyc.org/articulo.oa?id=427539902006. Acesso em: 13 out. 2018.

BADARÓ, Gustavo Henrique. Meio de prova, meio de obtenção de prova ou um novo modelo de justiça penal? In: ASSIS, Maria Thereza de; BOTTINI, Pierpaolo Cruz (coords.). *Colaboração premiada*. 1 ed., São Paulo: Editora Revista dos Tribunais, 2017.

BADARÓ, Gustavo Henrique. *Processo penal*. 3ª ed., São Paulo: Revista dos Tribunais, 2015.

BADARÓ, Gustavo. Prova emprestada no processo penal e a utilização de elementos colhidos em comissões parlamentares de inquérito. *Revista Brasileira de Ciências Criminais*, São Paulo, v. 106, jan./mar. 2014.

BBC NEWS. *Trump impeachment: Who's who in the Ukraine story?* Disponível em: https://www.bbc.com/news/world-us-canada-49838433. Acesso em: 04 fev. 2020.

BARBOSA MOREIRA, José Carlos. *A Constituição e as provas ilicitamente adquiridas. Revista de Direito Administrativo*. Rio de Janeiro, n. 205, jul.-set. 1996.

BARBOSA MOREIRA, José Carlos. *Breves observaciones sobre algunas tendencias contemporâneas del proceso penal*. Temas de direito processual (sétima série). São Paulo: Saraiva, 2001.

BARBOSA MOREIRA, José Carlos. Mauro Cappelletti. *Revista de Processo*, vol. 119, jan. 2005.

BARBOSA MOREIRA, José Carlos. *O processo penal norte-americano e sua influência*. Temas de direito processual (oitava série). São Paulo: Saraiva, 2004.

BARBOSA MOREIRA, José Carlos. Processo civil e processo penal: mão e contramão? *Revista dos Tribunais*, vol. 985, nov. 2017.

BARBOSA MOREIRA, José Carlos. Provas atípicas. *Revista de Processo*, vol. 76, out./dez. 1994.

BELTRÁN, Jordi Ferrer Beltrán. *Prova e verdade no direito*. Trad. Vitor de Paula Ramos. São Paulo: Revista dos Tribunais, 2017.

BONAVIDES, Paulo. *Teoria geral do estado*. 11ª ed., rev. e aum., São Paulo: Malheiros, 2018.

BOTELHO, Jeferson. Direito penal premial: delação e colaboração premiada: ondas renovatórias do direito probatório. In: ESPIÑERA, Bruno; CALDEIRA, Felipe (orgs.). *Delação premiada: estudos em homenagem ao Ministro Marco Aurélio de Mello*. 2ª ed., Belo Horizonte: Editora D'Plácido, 2017.

BRAGAGNOLLO, Daniel Paulo Fontana. *Direito ao confronto e declarações do corréu*. Dissertação de Mestrado. Orientador: Professor Associado Dr. Maurício Zanoide de Moraes. Universidade de São Paulo – Faculdade de Direito. São Paulo – SP, 2018.

BRASIL. *Lei de crimes contra a ordem tributária*. Lei nº 8.137 de 27 de dezembro de 1990. Define crimes contra a ordem tributária, econômica e contra as relações de consumo, e dá outras providências. Brasília, 1990. Disponível em: http://www.planalto.gov.br/ccivil_03/leis/l8137.htm. Acesso em: 27 jun. 2020.

BRASIL. *Lei de Improbidade Administrativa*. Lei nº 8.429 de 02 de junho de 1992. Dispõe sobre as sanções aplicáveis aos agentes públicos nos casos de enriquecimento ilícito no exercício de mandato, cargo, emprego ou função na administração pública direta, indireta ou fundacional e dá outras providências. Brasília, 1992. Disponível em: http://www.planalto.gov.br/ccivil_03/leis/l8429.htm. Acesso em: 27 jun. 2020.

BRASIL. *Lei nº 11.343 de 23 de agosto de 2006*. Institui o Sistema Nacional de Políticas Públicas sobre Drogas - Sisnad; prescreve medidas para prevenção do uso indevido, atenção e reinserção social de usuários e dependentes de drogas; estabelece normas para repressão à produção não autorizada e ao tráfico ilícito de drogas; define crimes e dá outras providências. Brasília, 2006. Disponível em: http://www.planalto.gov.br/ccivil_03/_ato2004-2006/2006/lei/l11343.htm. Acesso em: 27 jun. 2020.

BRASIL. *Lei nº 12.683 de 09 de julho de 2012*. Altera a Lei nº 9.613, de 3 de março de 1998, para tornar mais eficiente a persecução penal dos crimes de lavagem de dinheiro. Brasília, 2012. Disponível em: http://www.planalto.gov.br/ccivil_03/_Ato2011-2014/2012/Lei/L12683.htm. Acesso em: 27 jun. 2020.

BRASIL. *Lei nº 12.846 de 1º de agosto de 2013*. Dispõe sobre a responsabilização administrativa e civil de pessoas jurídicas pela prática de atos contra a administração pública, nacional ou estrangeira, e dá outras providências. Brasília, 2013. Disponível em: http://www.planalto.gov.br/ccivil_03/_ato2011-2014/2013/lei/l12846.htm. Acesso em: 27 jun. 2020.

BRASIL. *Lei nº 12.850 de 02 de agosto de 2013*. Define organização criminosa e dispõe sobre a investigação criminal, os meios de obtenção da prova, infrações penais correlatas e o procedimento criminal; altera o Decreto-Lei nº 2.848, de 7 de dezembro de 1940 (Código Penal); revoga a Lei nº 9.034, de 3 de maio de 1995; e dá outras providências. Brasília, 2013. Disponível em: http://www.planalto.gov.br/ccivil_03/_Ato2011-2014/2013/Lei/L12850.htm. Acesso em: 27 jun. 2020.

BRASIL. *Lei nº 13.140 de 26 de junho de 2015*. Dispõe sobre a mediação entre particulares como meio de solução de controvérsias e sobre a autocomposição de conflitos no âmbito da administração pública; altera a Lei nº 9.469, de 10 de julho de 1997, e o Decreto nº 70.235, de 6 de março de 1972; e revoga o § 2º do art. 6º da Lei nº 9.469, de 10 de julho de 1997. Brasília, 2015. Disponível em: http://www.planalto.gov.br/ccivil_03/_Ato2015-2018/2015/Lei/L13140.htm. Acesso em: 27 jun. 2020.

BRASIL. *Lei nº 13.964 de 24 de dezembro de 2019*. Aperfeiçoa a legislação penal e processual penal. Brasília, 2019. Disponível em: http://www.planalto.gov.br/ccivil_03/_ato2019-2022/2019/lei/L13964.htm. Acesso em: 27 jun. 2020.

BRASIL. *Lei nº 7.492 de 16 de junho de 1986*. Define os crimes contra o sistema financeiro nacional, e dá outras providências. Brasília, 1986. Disponível em: http://www.planalto.gov.br/ccivil_03/LEIS/L7492.htm. Acesso em: 27 jun. 2020.

BRASIL. *Lei nº 9.034 de 03 de maio de 1995*. Dispõe sobre a utilização de meios operacionais para a prevenção e repressão de ações praticadas por organizações criminosas. Brasília, 1995. Disponível em: http://www.planalto.gov.br/ccivil_03/LEIS/L9034.htm. Acesso em: 27 jun. 2020.

BRASIL. *Lei nº 9.080 de 19 de julho de 1995*. Acrescenta dispositivos às Leis nºs 7.492, de 16 de junho de 1986, e 8.137, de 27 de dezembro de 1990. Brasília, 1995. Disponível em: http://www.planalto.gov.br/ccivil_03/leis/L9080.htm. Acesso em: 27 jun. 2020.

BRASIL. *Lei nº 9.269 de 02 de abril de 1996*. Dá nova redação ao § 4° do art. 159 do Código Penal. Brasília, 1996. Disponível em: http://www.planalto.gov.br/ccivil_03/LEIS/L9269.htm. Acesso em: 27 jun. 2020.

BRASIL. *Lei nº 9.613 de 03 de março de 1998*. Dispõe sobre os crimes de "lavagem" ou ocultação de bens, direitos e valores; a prevenção da utilização do sistema financeiro para os ilícitos previstos nesta Lei; cria o Conselho de Controle de Atividades Financeiras - COAF, e dá outras providências. Brasília, 1998. Disponível em: http://www.planalto.gov.br/ccivil_03/Leis/L9613.htm. Acesso em: 27 jun. 2020.

BRASIL. *Lei nº 9.807 de 13 de julho de 1999*. Estabelece normas para a organização e a manutenção de programas especiais de proteção a vítimas e a testemunhas ameaçadas, institui o Programa Federal de Assistência a Vítimas e a Testemunhas Ameaçadas e dispõe sobre a proteção de acusados ou condenados que tenham voluntariamente prestado efetiva colaboração à investigação policial e ao processo criminal. Brasília, 1999. Disponível em: http://www.planalto.gov.br/ccivil_03/leis/l9807.htm. Acesso em: 27 jun. 2020.

BUIKA, Heloisa Leonor. Prova emprestada. *Revista Síntese Direito Civil e Processo Civil*, ano XII, n. 84, jul./ago. 2013.

CAPPELLETTI, Mauro. *Acesso à justiça*. Traduzido por Ellen Gracie Northfleet. Porto Alegre: Sérgio Antônio Fabris Editor, 2002.

CAPPELLETTI, Mauro. *Fundamental guarantees of the parties in civil litigation: comparative constitutional, international, and social trends*. Stanford: 25 Stan. L. Rev. 651, May, 1973.

CARNEIRO, Paulo Cezar Pinheiro. Comentários ao capítulo I do título único do livro I: das normas fundamentais do processo civil. In: WAMBIER, Teresa Arruda Alvim; DIDIER Jr., Fredie; TALAMINI, Eduardo; DANTAS, Bruno (coords.). *Breves comentários ao novo código de processo civil*. São Paulo: Revista dos Tribunais, 2015.

CHAVES, Luciano Athayde. A prova oral e o problema da verdade no direito processual: as contribuições do construtivismo lógico-semântico. *Revista de Processo*, vol. 275, jan. 2018.

CÍCERO, Marco Túlio. *Da república*. 1 ed., livro digital. eBookBrasil.com. Disponível em: http://www.ebooksbrasil.org/adobeebook/darepublica.pdf. Acesso em: 02 jun. 2020.

CONSELHO DA UE. *Melhor proteção dos denunciantes: novas regras da UE entrarão em vigor em 2021*. Disponível em: https://www.consilium.europa.

eu/pt/press/press-releases/2019/10/07/better-protection-of-whistle--blowers-new-eu-wide-rules-to-kick-in-in-2021/. Acesso em: 04 fev. 2020.

COSTA, Leonardo Dantas. *Delação premiada: a atuação do estado e a relevância da voluntariedade do colaborador com a justiça*. Curitiba: Juruá, 2017.

COSTA, Marcos Dangelo da. *Evolução do direito premial no mundo*. Disponível em http://www.conteudojuridico.com.br/monografia-tcc-tese,delacao--premiada,22109.html. Acesso em: 05 jul. 2018.

CRUZ, Rogério Schietti Machado. A rainha das provas. *Conteúdo Jurídico*, Brasília-DF: 11 maio 2009. Disponível em: http://www.conteudojuridico.com.br/?artigos&ver=2.23963&seo=1. Acesso em: 07 fev. 2018.

DALLARI, Dalmo de Abreu. *Elementos de teoria geral do estado*. 30ª ed., São Paulo: Saraiva, 2001.

DEL ROIO, José Luiz. *Itália: operação mãos limpas/ e no Brasil? Quando?* São Paulo: Ícone. 1993.

DIDIER Jr., Fredie; BOMFIM, Daniela Santos. A colaboração premiada como negócio jurídico processual atípico nas demandas de improbidade administrativa. A&C- *Revista de Direito Administrativo & Constitucional*. Belo Horizonte, jan. /mar. 2017, n. 67, pp. 108-116. Disponível em: https://www.academia.edu/32483221/A_colabora%C3%A7%C3%A3o_premiada_como_neg%C3%B3cio_processual_at%C3%Adpico_no_processo_da_improbidade_administrativa. Acesso em: 30 jan. 2018.

DINAMARCO, Cândido Rangel. *Comentários ao código de processo civil – volume I (arts. 1º a 69): das normas processuais civis e da função jurisdicional;* BONDIOLI, Luis Guilherme Aidar; FONSECA, João Francisco Naves da; GOUVÊA, José Roberto Ferreira (coords.). 1ª ed., São Paulo: Saraiva Educação, 2018.

DINAMARCO, Cândido Rangel. *Instituições de direito processual civil*. vol. I. 9ª ed., rev. e atual. segundo o novo código de processo civil. São Paulo: Malheiros, 2017. pp. 210-214.

DINAMARCO, Cândido Rangel. *Instituições de direito processual civil*. vol. III. 2ª ed., São Paulo: Malheiros, 2002. p. 113.

DINAMARCO, Cândido Rangel. *Instituições de direito processual civil*. 6ª ed., São Paulo: Malheiros, v. II, 2009.

DOMENICO, Carla. Com a palavra: o colaborador. In: MOURA; Maria Thereza de Assis; BOTTINI, Pierpaolo Cruz. *Colaboração premiada*. 1ª ed., São Paulo: Editora Revista dos Tribunais, 2017.

EMERICH, Amanda Patussi. *Provas no processo civil - de prostituta à rainha*. Disponível em: http: amandapatussi.jusbrasil.com.br/artigos/113237911/provas-no-processo-civil-de-prostituta-a-rainha. Acesso em: 07 fev. 2018.

ENCCLA. *O que é o whistleblower?* Disponível em: http://enccla.camara.leg.br/noticias/o-que-e-o-whistleblower. Acesso em: 04 fev. 2020.

FERNADEZ, Atahualpa; FERNANDEZ, Marly. *Neuroética, direito e neurociência.* Curitiba: Juruá, 2008.

FERREIRA, Aurélio Buarque de Holanda. *Mini Aurélio século XXI.* 4ª ed., Rio de Janeiro, 2002.

FERREIRA, Willian Santos. Comentário ao capítulo XII – das provas. In: WAMBIER, Teresa Arruda Alvim; DIDIER Jr., Fredie; TALAMINI, Eduardo; DANTAS, Bruno (coords.). *Breves comentários ao novo código de processo civil.* São Paulo: RT, 2015.

FONSECA, Cibele Benevides Guedes da. *Colaboração premiada.* Belo Horizonte: Del Rey, 2017.

FOUCAULT, Michael. *Vigiar e punir (Surveiller et punir).* Trad. Raquel Ramalhete. 30ª ed., Petrópolis: Editora Vozes, 2005.

FREITAS, José Lebre de. *Introdução ao processo civil: conceito e princípios gerais.* 2ª ed., Coimbra: Editora Coimbra, 2009.

GABRIEL, Anderson Paiva. *O contraditório participativo no processo penal: uma análise da fase pré-processual à luz do código de processo civil de 2015 e da Constituição.* Rio de Janeiro: Gramma, 2017.

GOMES FILHO, Antonio Magalhães. Notas sobre a terminologia da prova (reflexos no processo penal brasileiro). In: YARSHEL, Flávio Luiz; MORAES, Maurício Zanoide de Moraes (orgs.). *Estudos em homenagem à professora Ada Pellegrini Grinover.* São Paulo: DPJ Editora, 2005.

GOMES, Christiano Leonardo Gonzaga. Delação premiada e a teoria dos jogos com base no equilíbrio de John Nash. In: ESPIÑERA, Bruno; CALDEIRA, Felipe (orgs.). *Delação premiada: estudos em homenagem ao Ministro Marco Aurélio de Mello.* 2ª ed., Belo Horizonte: Editora D´Plácido, 2017.

GOMES, Luiz Flávio. *Princípio da não autoincriminação*: significado, conteúdo, base jurídica e âmbito de incidência. Disponível em <http://lfg.jusbrasil.com.br/noticias/2066298/principio-da-nao-auto-incriminacao-significado-conteudo-base-juridica-e-ambito-de-incidencia>.

GONÇALVES, Carlos Eduardo. A delação como fundamento de prisão preventiva. In: ESPIÑERA, Bruno; CALDEIRA, Felipe (orgs.). *Delação premiada: estudos em homenagem ao Ministro Marco Aurélio de Mello.* 2ª ed., Belo Horizonte: Editora D´Plácido, 2017.

GOOGLE TRADUTOR. *Busca pelo termo "whistleblower".* Disponível em: https://translate.google.com.br/?hl=pt-BR#view=home&op= translate&sl=auto&tl=pt&text=whistleblower. Acesso em: 04 fev. 2020.

GRECO, Leonardo. Garantias fundamentais do processo: o processo justo. In: *Estudos de direito processual.* Campos dos Goytacazes: Editora Faculdade de Direito de Campos, 2005.

GRECO, Leonardo. *Instituições de processo civil.* vol. I. 5ª ed., Rio de Janeiro: Forense, 2015.

GRECO, Leonardo. Limitações probatórias no processo civil. *Revista Eletrônica de Direito Processual – REDP.* Volume IV - Periódico da Pós-Graduação Stricto Sensu em Direito Processual da UERJ, 2009.

GRECO, Leonardo. Publicismo e privatismo no processo civil. *Revista de Processo,* vol. 164/2008, out. 2008.

GRINOVER, Ada Pellegrini. Juizados especiais criminais: comentários à Lei 9.099, de 26.09.1995. 5ª ed. rev., atual. e ampl. São Paulo: Editora Revista dos Tribunais, 2005.

GRINOVER, Ada Pellegrini. O crime organizado no sistema italiano. In: PENTEADO, Jacques de Camargo (coord.). *Justiça penal 3: críticas e sugestões.* São Paulo: Editora Revista dos Tribunais, 1995.

GUIMARÃES, Filipe. *Processo, prova e verdade.* FUX, Luiz (coord.). Processo constitucional, 1ª ed., Rio de Janeiro: Forense, 2013.

HIFUME, Carlos. *Uma teoria da verdade pragmática: a quase-verdade de Newton C.A. da Costa* / Carlos Hifume - Campinas, SP: [s.n.], 2003.

HILL, Flávia Pereira. *O direito processual transnacional como forma de acesso à justiça no século XXI: os reflexos e desafios da sociedade contemporânea para o direito processual civil e a concepção de um título executivo transnacional.* 1ª ed., Rio de Janeiro: LMJ Mundo Jurídico, 2013.

JARDIM, Afrânio Silva. EMPÓRIO DO DIREITO. *O Conselho Nacional do Ministério Público está legislando sobre o direito processual penal!!! A que ponto chegamos!!!* Disponível em: https://emporiododireito.com.br/leitura/o-conselho-nacional-do-ministerio-publico-esta-legislando-sobre-o-direito-processual-penal-a-que-ponto-chegamos-por-afranio-silva-jardim-1508435906.

JARDIM, Afrânio Silva. *Não creem na teoria geral do processo, mas ela existe.* Disponível em: www.conjur.com.br/2014-jul-04/afranio-jardim-nao-creem-teoria-geral-processo-ela-existe. Acesso em: 11 ago. 2018.

JARDIM, Afrânio Silva. Nova interpretação sistemática do acordo de delação premiada. In: ESPIÑERA, Bruno; CALDEIRA, Felipe (orgs.). *Delação premiada: estudos em homenagem ao Ministro Marco Aurélio de Mello.* 2ª ed., Belo Horizonte: Editora D'Plácido, 2017.

KIRCHER, Luís Felipe Schneider. *Uma teoria dos precedentes vinculantes no processo penal. Dissertação de Mestrado sob a orientação do Professor Doutor Danilo Knijnik no Programa de Pós-graduação em Direito da Universidade Federal do Rio Grande do Sul.* Porto Alegre, 2017.

LEMOS, Bruno Espiñera; CALDEIRA, Felipe Machado. Delação Premiada de acusado preso. In: ESPIÑERA, Bruno; CALDEIRA, Felipe (orgs.). *Delação premiada: estudos em homenagem ao Ministro Marco Aurélio de Mello.* 2ª ed., Belo Horizonte: Editora D'Plácido, 2017.

LIMA, Márcio Barra. A Colaboração premiada como instrumento constitucionalmente legítimo de auxílio à atividade estatal de persecução. In: CALABRICH, Bruno; FISCHER, Douglas; PELELLA, Eduardo. *Garantismo penal integral.* 2ª ed., 2013.

LOEWENSTEIN, Karl. *Teoría de la Constitución.* Trad. Alfredo Gallego Anabitarte. 2ª ed., Barcelona: Ariel, 1976.

LOPES Jr., Aury. *Direito processual penal.* 11ª ed., São Paulo: Saraiva.

LUCON, Paulo Henrique dos Santos. Comentário ao capítulo XII – das provas. In: CABRAL, Antônio do Passo; CRAMER, Ronaldo. *Comentários ao novo código de processo civil.* Rio de Janeiro: Forense, 2016.

LUPO, Salvatore. *História da máfia: das origens aos nossos dias.* Tradução Álvaro Lorencini. São Paulo: Editora UNESP. 2002.

MALAN, Diego Rouge. *Direito ao confronto no processo penal.* 1ª ed., Rio de Janeiro: Editora Lumen Juris, 2009.

MALAN, Diogo. Aplicação consensual da pena. In: MORAES, Carlos Eduardo Guerra de; RIBEIRO, Ricardo Lodi (coords.); MIRZA, Flávio (org.). *Direito processual – coleção Direito UERJ 80 anos.* 1ª ed., Freitas Bastos Editora, 2015.

MALAN, Diogo; MIRZA, Flávio Mirza (orgs.). *Setenta anos do código de processo penal brasileiro: balanço e perspectivas de reforma.* 1ª ed. Rio de Janeiro: Lumen Juris, 2011.

MALATESTA, Nicola Framarino del. *A lógica das provas em matéria criminal.* Trad. J. Alves de Sá. 2ª ed., Lisboa: Livraria Clássica Editora, 1927.

MANZANO, Luís Fernando de Moraes. Verdade formal versus verdade material. *Revista dos Tribunais*, vol. 875, set. 2008.

MARQUES, Antonio Sergio Peixoto. A colaboração premiada: um braço da justiça penal negociada. *Revista Magister de Direito Penal e Processual Penal*, Ano X, n. 60, jun./jul. 2014, p. 35.

MARQUES, Cláudia Lima. O "diálogo das fontes" como método da nova teoria geral do direito: um tributo a Erik Jayme. In: MARQUES, Cláudia Lima. *Diálogo das fontes do conflito à coordenação de normas no direito brasileiro.* São Paulo: Revista dos Tribunais, 2012.

MATTOS FILHO, J. Maurício C.; URANI, Marcelo Fernandez. Aspectos Críticos da colaboração premiada. In: ESPIÑERA, Bruno; CALDEIRA, Felipe (orgs.). *Delação premiada: estudos em homenagem ao Ministro Marco Aurélio de Mello.* 2ª ed., Belo Horizonte: Editora D'Plácido, 2017.

MENDES DE ALMEIDA, Cândido. *Codigo Philippino ou Ordenações e Leis do Reino de Portugal - Recopiladas por mandado D'El-Rey D. Philippe Ordenações Filipinas.* 14ª ed., segundo a primeira de 1603 e a nona de Coimbra de 1824. Rio de Janeiro, 1870, p. 1272. Disponível em: http://www1.ci.uc.pt/ihti/proj/filipinas/l5p1272.htm. Acesso em: 22 nov. 2017.

MENDES, Aluisio Gonçalves de Castro; SILVA, Larissa Clare Pochmann da Silva. *Acesso à justiça: uma releitura da obra de Mauro Cappelletti e Bryant Garth, a partir do Brasil, após 40 anos.* Quaestio Iuris (Impresso), v. 08, 2015.

MENDES, Aluisio Gonçalves de Castro; SILVA, Larissa Clare Pochmann da. Normas fundamentais do código de processo civil de 2015: breves reflexões. *Revista Eletrônica de Direito Processual - REDP.* Rio de Janeiro, ano 10, vol. 17, número 2, jul./dez. de 2016.

MICHELE, Gian Antonio; TARUFFO, Michele. A prova. *Revista de Processo,* vol. 16, out./dez. 1979.

MILHOMENS, Eduardo Bruno Avellar; GUILHERME, Lázaro Samuel Gonçalves. Delação Premiada. In: ESPIÑERA, Bruno; CALDEIRA, Felipe (orgs.). *Delação premiada: estudos em homenagem ao Ministro Marco Aurélio de Mello.* 2ª ed., Belo Horizonte: Editora D'Plácido, 2017.

MIRZA, Flávio. Considerações sobre questões de direito probatório (em matéria penal). Revista Eletrônica de Direito Processual REDP. Volume XII. *Periódico da Pós-Graduação Stricto Sensu em Direito Processual da UERJ.*

MIRZA, Flávio. *Prova pericial: em busca de um novo paradigma.* Tese de doutoramento pela Universidade Gama Filho sob a orientação do Professor Leonardo Greco, 2007.

MIRZA, Flávio. Valoração da prova: reflexões sobre o sistema de apreciação. In: MORAES, Carlos Eduardo Guerra de; RIBEIRO, Ricardo Lodi (coords.); MIRZA, Flávio (org.). *Direito processual - coleção Direito UERJ 80 anos.* 1ª ed., Freitas Bastos Editora, 2015.

MORAES, José Rubens de. *Sociedade e verdade: evolução histórica da prova.* Tese de doutoramento sob a orientação de José Rogério Cruz e Tucci. Faculdade de Direito da Universidade de São Paulo (USP), em 2008.

MORO, Sérgio Fernando. *Considerações sobre a operação mani pulite.* R. CEJ, Brasília, n. 26, jul./set. 2004.

NUCCI, Guilherme de Souza. *Organização criminosa: comentários à lei 12.850, de 02 de agosto de 2013.* 1ª ed., São Paulo: Editora Revista dos Tribunais, 2013.

PALIS, Marco Aurélio Plazzi. *Suposto direito de mentir*: abordagem legal, doutrinária, jurisprudencial e filosófica. Disponível em: http://www.conteudojuridico.com.br/consulta/Artigos/46832/suposto-direito-de-o-reu-mentir-abordagem-legal-doutrinaria-jurisprudencial-e-filosofica.

PENTEADO, Jaques de Camargo. A natureza das normas sobre as provas criminais. *Revista dos Tribunais*, vol. 819/2004.

PEREIRA, Henrique Viana; SALLES, Leonardo Guimarães; BITENCOURT, Mateus Salles. Delação premiada: reflexões no contexto do estado democrático de direito. In: ESPIÑERA, Bruno; CALDEIRA, Felipe (orgs.). *Delação premiada: estudos em homenagem ao Ministro Marco Aurélio de Mello*, 2ª ed., Belo Horizonte: Editora D'Plácido, 2017.

PERES, Onir de Carvalho. Prova: essência do processo. *Revista dos Tribunais*, vol. 693, julho de 1993.

PICO I JUNOY, Joan. *El juez y la prueba: estudio de la errónea recepción del brocardo iudex iudicare debet secundum allegata et probata, non secundum conscientiam y su repercusión actual.* Barcelona, España: Jose María Bosch editor, 2007.

PINHO, Humberto Dalla Bernardina de; ALVES, Tatiana Machado. A cooperação no novo código de processo civil: desafios concretos para a sua implementação. *Revista Eletrônica de Direito Processual REDP*. Volume XV, jan./jun. de 2015.

PINHO, Humberto Dalla Bernardina de; PORTO, José Roberto Sotero de Mello. Colaboração premiada: um negócio jurídico-processual? In: ESPIÑERA, Bruno; CALDEIRA, Felipe (orgs.). *Delação premiada: estudos em homenagem ao Ministro Marco Aurélio de Mello.* 2ª ed., Belo Horizonte: Editora D'Plácido, 2017.

PINHO, Humberto Dalla Bernardina de; SILVA, Felipe Carvalho Gonçalves da. Prova emprestada: pontos de convergência e divergência entre a doutrina e a jurisprudência. *Revista de Processo*, vol. 275, jan./2018. pp. 163-190.

PINHO, Humberto Dalla Bernardina de; Wunder, Paulo. A revisão do acordo de colaboração premiada e o aproveitamento da prova já produzida. *Revista dos Tribunais*, vol. 987/2018, jan./2018, pp. 289-316.

PINTO, Kleber Couto. *Curso de teoria geral do estado [livro eletrônico]: fundamentos do direito constitucional positivo.* São Paulo: Atlas, 2013.

PISANI, Andrea Proto. *Lezioni di diritto processuale civile.* 5ª ed., Napoli: Jovene, 2012.

PITOMBO, Cleunice A. Valentim Bastos. *Processo penal: prova e verdade.* Tese de doutorado, São Paulo, USP, 2003.

RABELO, Manuel Alves; PEREIRA, Lais Zumach Lemos. A prova emprestada e o contraditório no novo código de processo civil. *Revista Jurídica*, ano 64, n. 466, ago. 2016.

RANELLETTI, Oreste. *Istituzioni di Diritto Pubblico.* 6ª ed., riv. ampl. Padova: Cedam, 1937.

RANGEL, Paulo. *Direito processual penal*. 7ª ed., rev., ampl. e atual. Rio de Janeiro: Editora Lumen Juris, 2003.

REZENDE, Fernando Augusto Chacha de. *Direito à mentira no interrogatório do réu?* Disponível em: https://www.migalhas.com.br/depeso/265703/direito-a-mentira-no-interrogatorio-do-reu. Acesso em: 01 jul. 2020.

RIBEIRO, Rafhael Lima. Delação premiada: da equivocada utilização do direito penal para garantir uma ética pública. In: ESPIÑERA, Bruno; CALDEIRA, Felipe (orgs.). *Delação premiada: estudos em homenagem ao Ministro Marco Aurélio de Mello*, 2ª ed., Belo Horizonte: Editora D'Plácido, 2017.

RODRIGUES, Marco Antonio dos Santos. *A modificação do pedido e da causa de pedir no processo civil*. 1ª ed., Rio de Janeiro: LMJ Mundo Jurídico, 2014.

RODRIGUES, Roberto de Aragão Ribeiro. Os limites do compromisso de ajustamento de conduta extrajudicial na tutela dos direitos transindividuais. *Revista Eletrônica de Direito Processual – REDP*. Volume IX. Periódico da Pós-Graduação Stricto Sensu em Direito Processual da UERJ.

ROMANO, Rogério Tadeu. Uma afronta ao princípio da legalidade e aos direitos e liberdades individuais. *Revista Jus Navigandi*, ISSN 1518-4862, Teresina, ano 23, n. 5402, 16 abr. 2018. Disponível em: https://jus.com.br/artigos/61658. Acesso em: 24 jan. 2020.

SALOMI, Maíra Beauchamp. Colaboração premiada: principais questões acerca da competência para homologação. In: MOURA; Maria Thereza de Assis; BOTTINI, Pierpaolo Cruz. *Colaboração premiada*. 1ª ed., São Paulo: Editora Revista dos Tribunais, 2017.

SANTOS, Marcos Paulo Dutra. *Colaboração (delação) premiada*. 2ª ed., rev. ampl. e atual., Salvador: JusPodivm, 2017.

SANTOS, Marcos Paulo Dutra. Colaboração unilateral premiada como consectário lógico das balizas constitucionais do devido processo legal brasileiro. *Revista Brasileira de Direito Processual Penal*, Porto Alegre, vol. 3, n.1, jan./abr. 2017. Disponível em: www.ibraspp.com.br/revista/index.php/RBDPP/article/view/49/55. Acesso em: 28 out. 2018.

SANTOS, Moacyr Amaral. *Primeiras linhas de direito processual civil*, v. II, 10ª ed., São Paulo: Saraiva, 1985.

SARCEDO, Leandro. A delação premiada e a mitigação do princípio da obrigatoriedade da ação penal. *Revista do Instituto dos Advogados de São Paulo*, vol. 27, jan./jun. 2011, p.191-205.

SENADO FEDERAL. *Codigo Philippino, ou, Ordenações e leis do Reino de Portugal : recopiladas por mandado d'El-Rey D. Philippe I*. Disponível em: http://www2.senado.leg.br/bdsf/handle/id/242733http://www2.senado.leg.br/bdsf/handle/id/242733. Acesso em: 22 nov. 2017.

SILVA, Bernardo Braga e. A influência do novo código de processo civil no processo penal. In: CARNEIRO, Paulo Cezar Pinheiro; GRECO, Leonardo; PINHO, Humberto Dalla Bernardina de (orgs.). *Direito intertemporal e o novo código de processo civil.* 1 ed., Rio de Janeiro: LMJ Mundo Jurídico, 2017.

SILVA, Felipe Carvalho Gonçalves da Silva. Do reconhecimento de garantias constitucionais processuais penais pelo ordenamento jurídico: uma década de evolução. In: BALDEZ, Paulo de Oliveira Lanzellotti; CARVALHO, Luis Gustavo Grandinetti de; CASARA, Rubens Roberto Rebello; NICOLITT, André Luiz. (orgs.). *O novo regime jurídico das medidas cautelares no processo penal.* 1.ed., Rio de Janeiro: EMERJ, 2011.

SILVESTRE, Jorge Augusto Buzetti. A flexibilização da prova emprestada. *Revista Síntese, Direito Civil e Processual Civil,* ano XII, n. 70, mar./abr. 2011.

SPENGLER, Adriana Maria Gomes de Souza; WEBER, Cleverson. A "troca de favores" entre estado e réu e o mito de assegurar a verdade real através da reconstrução histórica da imoralidade do traidor. In: ESPIÑERA, Bruno; CALDEIRA, Felipe (orgs.). *Delação premiada: estudos em homenagem ao Ministro Marco Aurélio de Mello.* 2ª ed., Belo Horizonte: Editora D'Plácido, 2017.

SÓ HISTÓRIA. *Inconfidência Mineira.* Disponível em: https://www.sohistoria.com.br/ef2/inconfidencia/. Acesso em: 23 out. 2018.

SÓ HISTÓRIA. *Movimentos nativistas e de libertação: Conjuração Baiana.* Disponível em: https://www.sohistoria.com.br/ef2/conjuracao/. Acesso em: 23 out. 2018.

SUPREMO TRIBUNAL FEDERAL. *Criação de juiz das garantias é objeto de ações no Supremo.* Disponível em: http://portal.stf.jus.br/noticias/verNoticiaDetalhe.asp?idConteudo=433929&ori=1. Acesso em: 04 fev. 2020.

TARUFFO, Michele. *A prova.* Trad. João Gabriel Couto. São Paulo: Marcial Pons, 2014.

TARUFFO, Michele. *Cultura y processo. Páginas sobre justicia civil.* Marcial Pons, Ediciones Jurídicas y Sociales, Madrid, Espanha, 2009.

TARUFFO, Michele. *Idee per una teoria della decisione giusta. Rivista Trimestrale di Diritto e Procedura Civile,* vol. LI (núm. 2), 1997.

TASSE, Adel El. Delação premiada: novo passo para um procedimento medieval. *Ciências Penais,* vol. 5/2006, jul./dez. 2006, p.269-283.

TÁVORA, Nestor; ALENCAR, Rosmar Rodrigues. *Curso de direito processual penal.* 11ª ed., revista, ampliada e atualizada, Salvador: Editora JusPodivm, 2016.

TEIXEIRA, Weldel de Brito Lemos. A prova emprestada no CPC/2015. In: DIDIER Jr., Fredie (coord.); MACÊDO, Lucas Buril de; PEIXOTO, Ravi;

FREIRE, Alexandre (Org.). *Novo CPC – Doutrina selecionada: processo de conhecimento – provas*. v.3. Salvador: JusPodivm, 2015.

THEODORO JUNIOR, Humberto. *Curso de direito processual civil: teoria geral do direito processual civil e processo de conhecimento*. vol. I. 47ª ed., Rio de Janeiro: Editora Forense, 2007.

TRANSPARÊNCIA INTERNACIONAL BRASIL. *Índice de percepção da corrupção em 2019*. Disponível em: https://transparenciainternacional.org.br/ipc/. Acesso em: 08 fev. 2020.

TOURINHO FILHO, Fernando da Costa. Op. cit., p. 170-171; NUCCI, Guilherme de Souza. *Código de processo penal comentado*. 5ª ed. rev., atual. e ampl., São Paulo: Revista dos Tribunais, 2006.

TOURINHO FILHO, Fernando da Costa. *Processo penal*. vol. 3. 23ª ed., rev., atual. e ampl., São Paulo: Editora Saraiva, 2001.

TOURINHO FILHO, Fernando da Costa. *Processo penal*. vol.1. 20ª ed. rev., mod. e ampl. São Paulo: Saraiva, 1998.

TRINDADE, André Karam. *Crítica à imprecisão da expressão neoconstitucionalismo*. Disponível em https://www.conjur.com.br/2013-jan-19/diario-classe-critica-imprecisao-expressao-neoconstitucionalismo. Acesso em: 17 jul. 2018.

TROCKER, Nicolò. *Processo civile e costituzione*. Milano: Giuffrè, 1974.

UN NEWS. *Secretary-General Guterres approves updated UN whistleblower protection policy*. Disponível em: https://news.un.org/en/story/2017/01/550032-secretary-general-guterres-approves-updated-un-whistleblower-protection-policy. Acesso em: 04 fev. 2020.

US Department of Labor. *The Whistleblower Protection Program*. Disponível em: https://www.whistleblowers.gov/. Acesso em: 12 fev. 2020.

US DOJ. *Whistleblower Protection Enhancement Act*. Disponível em: https://www.justice.gov/pardon/whistleblower-protection-enhancement-act. Acesso em: 12 fev. 2020.

US OSC. About OSC. Disponível em: https://osc.gov/Agency. Acesso em: 12 fev. 2020.

US SEC. *Office of the Whistleblower*. Disponível em: https://www.sec.gov/whistleblower. Acesso em: 12 fev. 2020.

VARGAS, Daniel Vianna. Estabilidade objetiva do IRDR: escritos sobre congruência e eficácia vinculante. In: PORTO, José Roberto Sotero de Mello; RODRIGUES, Roberto de Aragão Ribeiro (coords.). *Direito processual contemporâneo: estudos em homenagem a Humberto Dalla Bernardina de Pinho*. 1ª ed., Rio de Janeiro: LMJ Mundo Cristão, 2018.

VAZ, Denise Provasi. Estudo sobre a verdade no processo penal. *Revista Brasileira de Ciências Criminais*, vol. 83, mar./abr. 2010.

VERÍSSIMO, Carla. Principais questões sobre a competência para a homologação do acordo de colaboração premiada. In: MOURA, Maria Thereza de Assis; BOTTINI, Pierpaolo Cruz. *Colaboração premiada*. 1ª ed., São Paulo: Editora Revista dos Tribunais, 2017.

WALKER Jr., James; SILVEIRA, Lucas O. M. Azeredo da. O instituto da delação premiada e sua compatibilidade perante o ordenamento jurídico brasileiro. In: ESPIÑERA, Bruno; CALDEIRA, Felipe (orgs.). *Delação premiada: estudos em homenagem ao Ministro Marco Aurélio de Mello*. 2ª ed., Belo Horizonte: Editora D'Plácido, 2017.

WOLKMER, Antônio Carlos. *Ideologia, Estado e Direito*. São Paulo: Editora Revista dos Tribunais, 1989.